中華現代學術名著叢書

隋唐制度淵源略論稿
唐代政治史述論稿

陳寅恪 著

商務印書館

圖書在版編目(CIP)數據

隋唐制度淵源略論稿・唐代政治史述論稿/陳寅恪著.—北京:商務印書館,2011.12(2025.3重印)
(中華現代學術名著叢書)
ISBN 978-7-100-08764-3

Ⅰ.◯隋… Ⅱ.①陳… Ⅲ.①政治制度—研究—中國—隋唐時代 Ⅳ.①D691.2

中國版本圖書館CIP數據核字(2011)第236572號

本書據生活・讀書・新知三聯書店2009年版影印

中華現代學術名著叢書
隋唐制度淵源略論稿
唐代政治史述論稿
陳寅恪 著

商務印書館出版
(北京王府井大街36號 郵政編碼100710)
商務印書館發行
北京通州皇家印刷廠印刷
ISBN 978-7-100-08764-3

2011年12月第1版　開本880×1240 1/32
2025年3月北京第9次印刷　印張11⅜ 插頁4
定價:62.00元

陳寅恪
（一八九〇—一九六九）

陳寅恪與諸兄妹陪同父親游北平
香山，於白皮松前合影
一九三六年
前排左起：陳三立、俞方濟（新午子）、陳小彭，後排左起：陳新午、喻婉芬（隆恪夫人）、陳小從（隆恪女）、黃國巽（衡恪夫人）、陳隆恪、陳寅恪

與幼女美延（左）、次女小彭（右）合影
一九三九年暑假

陳寅恪全家攝於香港九龍太子道三六九號樓下潔瑩幼稚園側

一九四一年夏

左起：小彭、美延、唐篔、流求、寅恪

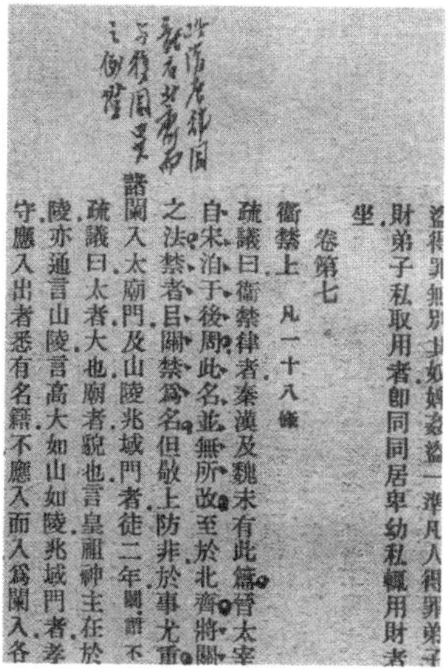

盜得罪無別其如姦盜一準凡人得罪弟子
財弟子私取用者即同同居卑幼私輒用財者
坐。
卷第七
衛禁上 凡一十八條
疏議曰衛禁律者秦漢及魏未有此篇晉太宰
自宋洎于後周此名並無所改至於北齊將關
之法禁者因關禁爲名但敬上防非於事尤重
諸闌入太廟門及山陵兆域門者徒二年闌謂不
疏議曰太者大也廟者貌也言皇祖神主在於
陵亦通言山陵言高大如山如陵兆域門者孝
守應入出者悉有名籍不應入而入爲闌入各

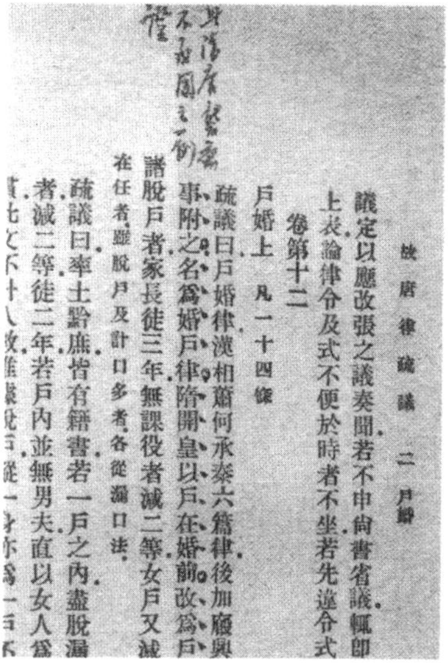

故唐律疏議 二 戶婚
議定以應改張之議奏聞若不申尚書省議輒即
上表論律令及式不便於時者不坐若先違令式
卷第十二
戶婚上 凡一十四條
疏議曰戶婚律漢相蕭何承秦六篇律後加廄興
事附之名爲婚戶律隋開皇以戶在婚前改爲戶
諸脫戶者家長徒三年無課役者減二等女戶又減
在任者雖脫戶及計口多者各從漏口法
疏議曰率土黔庶皆有籍書若一戶之內盡脫漏
者減二等徒二年若戶內並無男夫直以女人爲

「唐律疏議」一書陳寅恪批語，亦見於「隋唐制度淵源略論稿」四刑律正文

陳寅恪手寫清稿「唐代政治史略稿」（後易名為「唐代政治史述論稿」）書名頁

一九四一年

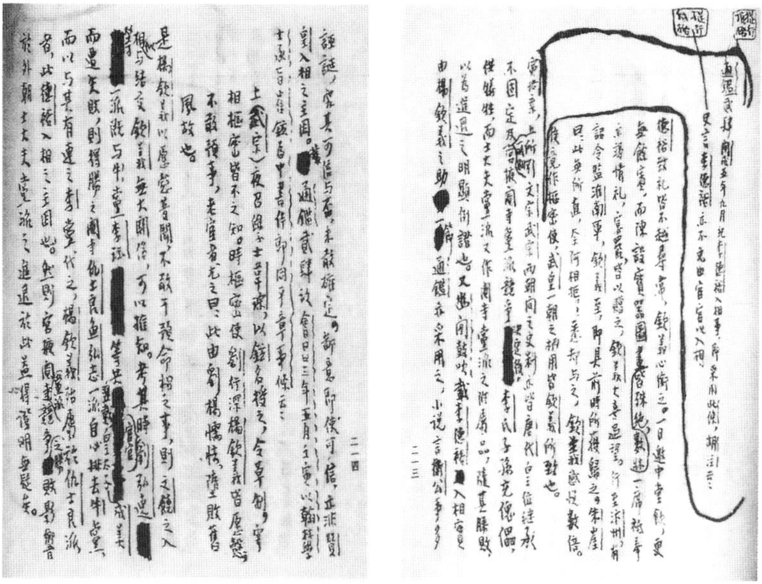

「唐代政治史略稿」手寫清稿正文

出版説明

百年前，張之洞嘗勸學曰：『世運之明晦，人才之盛衰，其表在政，其裏在學。』是時，國勢頽危，列强環伺，傳統頻遭質疑，西學新知亟亟而入。一時間，中西學并立，文史哲分家，經濟、政治、社會等新學科勃興，令國人亂花迷眼。然而，淆亂之中，自有元氣淋漓之象。中華現代學術之轉型正是完成於這一混沌時期，於切磋琢磨、交鋒碰撞中不斷前行，涌現了一大批學術名家與經典之作。而學術與思想之新變，亦帶動了社會各領域的全面轉型，爲中華復興奠定了堅實基礎。

時至今日，中華現代學術已走過百餘年，其間百家林立、論辯蜂起，沉浮消長瞬息萬變，情勢之複雜自不待言。温故而知新，述往事而思來者。『中華現代學術名著叢書』之編纂，其意正在於此，冀辨章學術，考鏡源流，收納各學科學派名家名作，以展現中華傳統文化之新變，探求中華現代學術之根基。

『中華現代學術名著叢書』收録上自晚清下至二十世紀八十年代末中國大陸及港澳臺地區、海外華人學者的原創學術名著（包括外文著作），以人文社會科學爲主體兼及其他，涵蓋文學、歷史、哲學、政治、經濟、法律和社會學等衆多學科。

出版『中華現代學術名著叢書』，爲本館一大夙願。自一八九七年始創起，本館以『昌明教育，開啓民智』爲己任，有幸首刊了中華現代學術史上諸多開山之著、扛鼎之作；於中華現代學術之建立與變遷而言，既爲參與者，也是見證者。作爲對前人出版成績與文化理念的承續，本館傾力謀劃，經學界通人擘畫，并得國家出版基金支持，終以此叢書呈現於讀者面前。唯望無論多少年，皆能傲立於書架，并希冀其能與『漢譯世界學術名著叢書』共相輝映。如此宏願，難免汲深綆短之憂，誠盼專家學者和廣大讀者共襄助之。

商務印書館編輯部

二〇一〇年十二月

凡例

一，『中華現代學術名著叢書』收録晚清以迄二十世紀八十年代末，爲中華學人所著，成就斐然、澤被學林之學術著作。入選著作以名著爲主，酌量選録名篇合集。

二，入選著作内容、編次一仍其舊，唯各書卷首冠以作者照片、手迹等。卷末附作者學術年表和題解文章，誠邀專家學者撰寫而成，意在介紹作者學術成就，著作成書背景、學術價值及版本流變等情况。

三，入選著作率以原刊或作者修訂、校閲本爲底本，參校他本，正其訛誤。前人引書，時有省略更改，倘不失原意，則不以原書文字改動引文；如確需校改，則出脚注説明版本依據，以『編者注』或『校者注』形式説明。

四，作者自有其文字風格，各時代均有其語言習慣，故不按現行用法、寫法及表現手法改動原文；原書專名（人名、地名、術語）及譯名與今不統一者，亦不作改動。如確係作者筆誤、排印舛誤、數據計算與外文拼寫錯誤等，則予徑改。

五，原書爲直（横）排繁體者，除個別特殊情况，均改作横排簡體。其中原書無標點或僅有簡單斷句者，一律改爲新式標點，專名號從略。

六，除特殊情况外，原書篇後注移作脚注，雙行夾注改爲單行夾注。文獻著録則從其原貌，稍加統一。

七，原書因年代久遠而字迹模糊或紙頁殘缺者，據所缺字數用『□』表示；字數難以確定者，則用『（下缺）』表示。

總目次

隋唐制度淵源畧論稿

唐篔題寫

目次

一 叙論

李唐傳世將三百年，而楊隋享國為日至短，兩朝之典章制度傳授因襲幾無不同，故可視為一體，並舉合論，此不待煩言而解者。獨其典章制度之資料今日得以依據以討論者，僅傳世之舊籍，而其文頗多重複，近歲雖有新出遺文，足資補證，然其關係，重要者實亦至少，故欲為詳確創獲之研究甚非易事。夫隋唐兩朝為吾國中古極盛之世，其文物制度流傳廣播，北逾大漠，南暨交趾，東至日本，西極中亞，而迄鮮通論其淵源流變之專書，則吾國史學之缺憾也。茲綜合舊籍所載及新出遺文之有關隋唐兩朝制度者，分析其因子，推論其源流，成此一書，聊供初學之參考，匪敢言能補正前賢之闕失也。

隋唐之制度雖極廣博紛複，然究析其因素，不出三源：一曰(北)魏、(北)齊，二曰梁、陳，三曰(西)魏、周。所謂(北)魏、(北)齊之源者，凡江左承襲漢、魏、西晉之禮樂政刑典章文物，自東晉至南齊其間所發展變遷，而為北魏孝文帝及其子孫摹仿採用，傳至北齊成一大結集者是也。其在舊史往往以「漢魏」制度目之，實則其流變所及，不止限於漢魏，而東晉南朝前半期俱包括在内。舊史又或以「山東」目之者，則以山東之地指北齊言，凡北齊承襲元魏所採用東晉南朝前半期之文物制度皆屬於此範圍也。又西晉永嘉之亂，中原魏晉以降之文化轉移保存於涼州一隅，至北魏取涼州，而河西文化遂輸入於魏，其後北魏孝文、宣武兩代所製定之典章制度遂深受其影響，故此(北)魏、(北)齊之源其中亦有河西之一支派，斯則前人所未深措意，而今日不可不詳論者也。所謂梁陳之源者，凡梁代繼承創作陳氏因襲無改之制度，迄楊隋統一中國吸收採用，而傳之於李唐者，易言之，即南朝後半期内其文物制度之變遷發展乃王肅等輸入之所不及，故魏孝文及其子孫未能採用，而北齊之一大結集中遂無此因素者也。舊史所稱之「梁制」實可兼該陳制，蓋陳之繼梁，其典章制度多因仍不改，其事舊史言之詳矣。所謂(西)魏、周之源者，凡西魏、北周之創作有異於山東及江左之舊制，或陰為六鎮鮮卑之野俗，或遠承魏、(西)晉之遺風，若就地域言之，乃關隴區内保存之舊時漢族文化，所適應鮮卑六鎮勢力之環境，而產生之混合品。所有舊史中關隴之新創設及依託周官諸制度皆屬此類，其影響及於隋唐制度者，實較微末。故在三源之中，此(西)魏、周之源遠不如其他二源之重要。然後世史家以隋唐繼承(西)魏、周之遺業，遂不能辨析名實真偽，往往於李唐之法制誤認為(西)魏、周之遺物，如府兵制即其一例也。

此書本為供初學讀史者參考而作，其體裁若與舊史附麗，則於事尤便，故分別事類，序次先後，約略參酌隋唐史志及通典、唐會要諸書，而稍為增省分合，庶幾不致盡易舊籍之規模，亦可表見新知之創獲，博識通人幸勿以童牛角馬見責也。

又此書微倣天竺佛教釋經論之例，首章備致詳悉，後章則多所闕略(見僧祐書三藏集記拾僧叡大智度論序及大智度論記。寅恪案：鳩摩羅什譯經雖有刪煩，然於大智度論實未十分略九，蓋天竺著述體例固如是也，後人於此殊多誤解，以其事非本書範圍，故不詳論)。故於前禮儀章已論證者，如三源中諸人之家世地域等，則於後諸章不復詳及，實則後章所討論仍與之有關也。謹附識於敘論之末，以見此書之體制焉。

二　禮　儀　附：都城建築

舊籍於禮儀特重，記述甚繁，由今日觀之，其制度大抵僅為紙上之空文，或其影響所屆，止限於少數特殊階級，似可不必討論，此意昔賢亦有論及者矣。如新唐書壹壹禮樂志云：

由三代而上，治出於一，而禮樂達於天下，由三代而下，治出於二，而禮樂爲虛名。及三代已亡，遭秦變古，後之有天下者，自天子百官、名號位序、國家制度、宮車服器，一切用秦。至於三代禮樂具其名物，而藏於有司，時出而用之郊廟朝廷，曰：「此爲禮也，所以教民。」此所謂治出於二，而禮樂爲虛名。故自漢以來史官所記事物名數、降登揖讓、拜俛伏興之節，皆有司之事爾，所謂禮之末節也。然用之郊廟朝廷，自搢紳大夫從事其間者皆莫能曉習，而天下之人至於老死未嘗見也。

又歐陽文忠公集附歐陽發等所述事蹟云：

其於唐書禮樂志發明禮樂之本，言前世治出於一，而後世禮樂爲空名；五行志不書事應，悉壞漢儒災異附會之説，皆出前人之所未至。

寅恪案：自漢以來史官所記禮制止用於郊廟朝廷，皆有司之事，歐陽永叔謂之為空名，誠是也。沈垚落颿樓文集捌與張淵甫書云：

六朝人禮學極精，唐以前士大夫重門閥，雖異於古之宗法，然與古不相遠，史傳中所載多禮家精粹之言。至明士大夫皆出草野，與古絕不相似矣。古人於親親中屬貴貴之意，宗法與封建相維。諸侯世國，則有封建；大夫世家，則有宗法。

寅恪案：禮制本與封建階級相維繫，子敦之説是也。唐以前士大夫與禮制之關係既如是之密切，而士大夫階級又居當日極重要地位，故治史者自不應以其僅為空名，影響不及於平民，遂忽視之而不加以論究也。

通鑑壹柒陸陳紀至德三年條云：

隋主命禮部尚書牛弘修五禮，勒成百卷，〔正月〕戊辰詔行新禮。

隋書壹高祖紀上（北史壹壹隋本紀上同）云：

開皇五年春正月戊辰詔行新禮。

同書貳高祖紀下（北史壹壹隋本紀上略同）云：

仁壽二年閏〔十〕月己丑詔曰：「尚書左僕射越國公楊素、尚書右僕射邳國公蘇威、吏部尚書奇章公牛弘、内史侍郎薛道衡、祕書丞許善心、内史舍人虞世基、著作郎王劭或任居端撰，博達古今，或器推令望，學綜經史，委以裁緝，實允僉議，可並修定五禮。」

同書陸禮志總序略云：

高堂生所傳士禮亦謂之儀，洎西京以降，用相裁準。黄初之詳定朝儀，則宋書言之備矣。梁武始命羣儒裁成大典，陳武克平建業，多準梁舊。〔隋〕高祖命牛弘、辛彦之等採梁及北齊儀注，以爲五禮云。

通典肆壹禮典序（參南齊書玖禮志序及魏書壹佰捌禮志序）略云：

魏以王粲、衛覬集創朝儀，而魚豢、王沈、陳壽、孫盛雖綴時禮，不足相變。晉初以荀顗、鄭沖典禮，參考今古，更其節文。羊祜、任愷、庾峻、應貞並加刪集，成百六十五篇。後摯虞、傅咸纘續未成，屬中原覆没，今虞之決疑注是其遺文也。江左刁協、荀崧補緝舊文，蔡謨又踵修綴。宋初因循，前史並不重述。齊武帝永明二年詔尚書令王儉製定五禮。至梁武帝命羣儒又裁成焉。陳武帝受禪，多準梁舊。後魏道武帝舉其大體，事多闕遺：孝文帝率由舊章，擇其令典，朝儀國範焕乎復振。隋文帝〔命〕牛弘、辛彦之等採梁及北齊儀注，以爲五禮。

隋書叄叄經籍志史部儀注類梁賓禮儀注九卷賀瑒撰注云：

案梁明山賓撰吉儀禮注二百六卷，録六卷；嚴植之撰凶儀注四百七十九卷，録四十五卷；

陸璉撰軍儀注一百九十卷，録二卷；司馬褧撰嘉儀注一百一十二卷，録三卷；並亡。存者唯士吉及賓合十九卷。

後齊儀注二百九十卷。

隋朝儀禮一百卷，牛弘撰。

魏書伍玖劉昶傳(北史貳玖劉昶傳同)略云：

劉昶，義隆第九子也，義隆時封義陽王，和平六年間行來降。於時(太和初)改革朝儀，詔昶與蔣少游專主其事。昶條上舊式，略不遺亡。

同書玖壹術藝傳蔣少游傳(北史玖拾藝術傳蔣少游傳同)略云：

蔣少游，樂安博昌人也。慕容白曜之平東陽，見俘入於平城，充平齊户，後配雲中爲兵。及詔尚書李沖與馮誕、游明根、高閭等議定衣冠於禁中，少游巧思，令主其事，亦訪於劉昶，二意相乖，時致諍競，積六年乃成，始班賜百官。冠服之成，少游有效焉。後於平城將營太廟太極殿，遣少游乘傳詣洛，量準魏晉基址。後爲散騎侍郎，副李彪使江南。高祖修船乘，以其多有思力，除都水使者，遷前將軍，兼將作大匠，仍領水池湖泛戲舟檝之具。及華林殿沼修舊增新，改作金墉門樓，皆所措意，號爲妍美。又兼太常少卿，都水如故。景明二年卒。少游又爲太極立規模，與董爾、王遇參建之，皆未成而卒。

同書柒高祖紀下（北史叁魏本紀同）云：

〔太和〕十年八月乙亥給尚書五等品爵已上朱衣玉珮大小組綬。

寅恪案：劉昶、蔣少游俱非深習當日南朝典制最近發展之人，故致互相乖諍。其事在太和十年以前，即北史肆貳王肅傳所謂「其間朴略，未能淳」者。至太和十七年王肅北奔，孝文帝虛襟相待，蓋肅之入北實應當日魏朝之需要故也。

魏書肆叁房法壽傳附族子景伯景先傳（北史叁玖房法壽傳附景伯景先傳同）略云：

法壽族子景伯，高祖諶避地渡河，居於齊州之東清河繹幕焉。顯祖時三齊平，隨例内徙爲平齊民。景伯性淳和，涉獵經史。

景先幼孤貧，無資從師，其母自授毛詩曲禮。晝則樵蘇，夜誦經史，自是精勤，遂大通贍。太和中例得還鄉，郡辟功曹，州舉秀才，值州將卒，不得對策，解褐太學博士。時太常劉芳、侍中崔光當世儒宗，歎其精博，光遂奏兼著作佐郎，修國史，尋除司徒祭酒員外郎。侍中穆紹又啓景先撰世宗起居注，累遷步兵校尉，領尚書郎齊州中正，所歷皆有當官之稱。景先作五經疑問百餘篇，其言該典，今行於時。

北史貳肆崔逞傳附休傳（魏書陸玖崔休傳同）略云：

休曾祖諲仕宋，位青冀二州刺史，祖靈和宋員外散騎侍郎，父宗伯始還魏。孝文納休妹爲嬪，兼給事黃門侍郎，參定禮儀。

魏書伍伍劉芳傳（北史肆貳劉芳傳同）略云：

劉芳，彭城人也。六世祖訥晉司隸校尉，祖該劉義隆征虜將軍青徐二州刺史，父邕劉駿兗州長史。芳出後伯父遜之。邕同劉義宣之事，身死彭城，芳隨伯母房逃竄青州，會赦免。舅元慶爲劉子業青州刺史沈文秀建威府司馬，爲文秀所殺，母子入梁鄒城。慕容白曜南討青齊，梁鄒降，芳北徙爲平齊民，時年十六。南部尚書李敷妻司徒崔浩之弟女，芳祖母浩之姑也。芳至京師，詣敷門，崔恥芳流播，拒不見之。（中略）。芳才思深敏，特精經義，博聞强記，兼覽蒼雅，尤長音訓，辨析無疑，於是禮遇日隆。王肅之來奔也，高祖雅相器重，朝野屬目，高祖宴羣臣於華林，肅語次云：「古者唯婦人有笄，男子則無。」芳曰：「推禮經正文，古者男子婦人俱有笄。」高祖稱善者久之，肅亦以芳言爲然。酒闌，芳與肅俱出，肅執芳手曰：「吾少來留意三禮，在南諸儒咸共討論，皆謂此義如吾向言，今聞往釋，頓祛平生之惑。」芳義理精通，類皆如是。高祖崩於行宮，及世宗即位，芳手加衮冕，高祖自襲斂暨於啓祖、山陵、練除始末喪事皆芳撰定。出除安東將軍青州刺史，還朝議定律令。芳斟酌古今，爲大議之主，其中損益多芳意也。世宗以朝儀多闕，其一切諸議悉委芳修正，於是朝廷吉凶大事皆就諮訪焉。

同書陸柒崔光傳(北史肆肆崔光傳同)略云:

崔光,東清河鄃人也。祖曠從慕容德南渡河,居青州之時水,慕容氏滅,仕劉義隆爲樂陵太守。父靈延劉駿龍驤將軍長廣太守,與劉彧冀州刺史崔道固共拒國軍。慕容白曜之平三齊,光年十七,隨父徙代。〔後〕遷中書侍郎、給事黄門侍郎,甚爲高祖所知待。高祖每對羣臣曰:「以崔光之高才大量,若無意外咎譴,二十年後當作司空。」其見重若是。

寅恪案:劉芳、崔光皆南朝俘虜,其所以見知於魏孝文及其嗣主者,乃以北朝正欲摹倣南朝之典章文物,而二人適值其會,故能拔起俘囚,致身通顯也。

北齊書貳玖李渾傳附繪傳(北史叁叁李靈傳附繪傳同)略云:

司徒高邕辟爲從事中郎,徵至洛時勑侍中西河王祕書監常景選儒學十人緝撰五禮,惟繪與太原王乂掌軍禮。

寅恪案:隋志不載常景撰修之五禮,惟舊唐書肆陸經籍志史部儀注類有後魏儀注三(疑五之誤)十二卷,常景撰;新唐書伍捌藝文志史部儀注類有常景後魏儀注五十卷。常景之書撰於元魏都洛之末年,可謂王肅之所遺傳,魏收之所祖述,在二者之間承上啟下之産物也。又史志所謂後齊儀注者,即南朝前期文物變相之結集,故不可不先略述北齊修五禮之始末,以明隋志之淵源也。

北齊書叁柒魏收傳(北史伍陸魏收傳同)略云：

除尚書右僕射，總議監五禮事，多引文士令執筆，儒者馬敬德、熊安生、權會實主之。

隋書伍柒薛道衡傳(北史叁陸薛辯傳附道衡傳同)略云：

武平初，詔與諸儒修定五禮。

寅恪案：北齊後主時所修之五禮當即隋志之後齊儀注二百九十卷，鄴都典章悉出洛陽，故武平所修亦不過太和遺緒而已，所可注意者，則薛道衡先預修齊禮，後又參定以齊禮為根據之隋制，兩朝禮制因襲之證此其一也。

據上所引舊籍綜合論之，隋文帝繼承宇文氏之遺業，其制定禮儀則不依北周之制，別採梁禮及後齊儀注。所謂梁禮並可概括陳代，以陳禮幾全襲梁舊之故，亦即梁陳以降南朝後期之典章文物也。所謂後齊儀注即北魏孝文帝摹擬採用南朝前期之文物制度，易言之，則為自東晉迄南齊，其所繼承漢、魏、西晉之遺産，而在江左發展演變者也。陳因梁舊，史志所載甚明，當於後文論之，於此先不涉及。惟北齊儀注即南朝前期文物之蛻嬗，其關鍵實在王肅之北奔，其事應更考釋，以闡明隋制淵源之所從出。前已略述北齊制禮始末，故茲專論王肅北奔與北朝文物制度之關係焉。

北史肆貳王肅傳略云：

王肅，琅邪臨沂人也。父奂及兄弟並爲（南）齊武帝所殺，太和十七年肅自建業來奔。自晉氏喪亂，禮樂崩亡，孝文雖釐革制度，變更風俗，其間朴略，未能淳也。肅明練故事，虛心受委，朝儀國典咸自肅出。

魏書陸叄王肅傳略云：

肅自謂禮易爲長，亦未能通其大義也。

南齊書伍柒魏虜傳略云：

佛狸已來，稍僭華典，胡風國俗雜相揉亂，王肅爲虜製官品百司，皆如中國。

陳書貳陸徐陵傳（南史陸貳徐摛傳附陵傳同）略云：

太清二年兼通直常侍使魏。魏人授館宴賓，是日甚熱，其主客魏收嘲陵曰：「今日之熱當由徐常侍來。」陵即答曰：「昔王肅至此，爲魏始製禮儀；今我來聘，使卿復知寒暑。」收大慙。

通鑑壹叄玖齊紀武帝永明十一年冬十月王肅見魏主於鄴條云：

魏主或屏左右，與肅語至夜分不罷，自謂君臣相得之晚。尋除輔國大將軍長史。時魏主方議興禮樂，變華風，威儀文物多肅所定。

隋書捌禮儀志述隋喪禮節云：

開皇初高祖思定典禮，太常卿牛弘奏曰：「聖教陵替，國章殘缺，漢晉爲法，隨俗因時，未足經國庇人，弘風施化。且制禮作樂，事歸元首，江南王儉，偏隅一臣，私撰儀注，多違古法。就廬非東階之位，凶門豈重設之禮，兩蕭累代，舉國遵行。後魏及齊，風牛本隔，殊不尋究，遥相師祖，故山東之人，浸以成俗。西魏已降，師旅弗遑，嘉賓之禮，盡未詳定。今休明啓運，憲章伊始，請據前經，革兹俗弊。」詔曰：「可！」弘因奏徵學者撰儀禮百卷，悉用東齊儀注以爲準，亦微採王儉禮，修畢上之，詔遂班天下，咸使遵用焉。

寅恪案：魏孝文帝之欲用夏變夷久矣，在王肅未北奔之前亦已有所興革。然當日北朝除其所保存魏晉殘餘之文物外，尚有文成帝略取青齊時所俘南朝人士如崔光、劉芳、蔣少游等及宋氏逋臣如劉昶之倫，可以略窺自典午南遷以後江左文物制度。然究屬依稀恍忽，皆從間接得來，仍無居直接中心及知南朝最近發展之人物與資料可以依據，此北史王肅傳所謂「孝文雖釐革制度，變更風俗，其間朴略，未能淳」者是也。魏孝文帝所以優禮王肅固別有政治上之策略，但肅之能供給孝文帝當日所渴盼之需求，要為其最大原因。夫肅在當日南朝雖為膏腴士族，論其才學，不獨與江左同時倫輩相較，斷非江左第一流，且亦出北朝當日青齊俘虜之下(見魏書伍伍及北史肆貳劉芳傳)，而卒能將南朝前期發展之文物制度轉輸於北朝以開太和時代之新文化，為後來隋唐制度不祧之遠祖者，蓋別有其故也。考南齊書貳叁王儉傳云：

少撰古今喪服記并文集，並行於世。

又南史貳貳王曇首傳附儉傳（參通鑑壹叁陸齊紀永明三年條）云：

先是宋孝武好文章，天下悉以文采相尚，莫以專經爲業。儉弱年便留意三禮，尤善春秋，發言吐論，造次必於儒教，由是衣冠翕然，並尚經學，儒教於此大興。何承天禮論三百卷，儉抄爲八帙，又別抄條目爲十三卷，朝儀舊典晉末來施行故事撰次諳憶無遺漏者，所以當朝理事斷決如流，每博議引證，先儒罕有其例，八坐丞郎無能異者。

文選肆陸任昉王文憲集序云：

自宋末艱虞，百王澆季，禮紊舊宗，樂傾恒軌，自朝章國記，典彝備物，奏議符策，文辭表記，素意所不蓄，前古所未行，皆取定俄頃，神無滯用。

據此，王儉以熟練自晉以來江東之朝章國故，著名當時。其喪服記本為少時所撰，久已流行於世，故掌故學乃南朝一時風尚也。仲寶卒年為永明七年（見南齊書、南史儉本傳），王肅北奔之歲為北魏太和十七年，即南齊永明十一年，在儉卒以後，是肅必經受其宗賢之流風遺著所薰習，遂能抱持南朝之利器，遇北主之新知，殆由於此歟？牛弘詆斥王儉，而其所修隋朝儀禮，仍不能不採儉書，蓋儉之所撰集乃南朝前期制度之總和，既經王肅輸入北朝，蔚成太和文治之盛，所以弘雖由政治及地域觀點立論，謂「後魏及齊，風牛本隔」，然終於「遙相師祖，故山東之人，浸以成俗」也。又史言弘「撰儀禮百卷，悉用東齊儀注以為準」，而奇章反譏前人之取法江左，可謂數典忘祖，無乃南北之見有所蔽耶？或攘其實而諱其名耶？茲舉一例以證之：

隋書肆玖牛弘傳（北史柒貳牛弘傳同）云：

> 仁壽二年獻皇后崩，王公以下不能定其儀注。楊素謂弘曰：「公舊學，時賢所仰，今日之事決在於公。」弘了不辭讓，斯須之間儀注悉備，皆有故實。素歎曰：「衣冠禮樂盡在此矣，非吾所及也。」

若僅據此傳，似獻后喪禮悉定自弘，而「斯須之間儀注悉備」，所以楊素有「禮樂盡在此矣」之歎，及檢北史叁捌裴佗傳附矩傳（隋書陸柒裴矩傳略同）云：

> 其年（仁壽二年）文獻皇后崩，太常舊無儀注，矩與牛弘、李百藥等據齊禮參定。

始知弘之能於斯須之間決定大禮者，乃以東齊儀注為依據，且所與共參定之人亦皆出自東齊者也（見北史隋書裴矩傳及舊唐書柒貳、新唐書壹佰貳李百藥傳）。楊素之讚歎，殆由弘諱言其實，而素又不識其底蘊耶？

又通鑑壹柒玖隋紀文帝仁壽二年條云：

> 閏（十）月甲申詔楊素、蘇威與吏部尚書牛弘修五禮。

寅恪案：隋書、北史載文帝詔修五禮，在是年閏十月己丑，連接此前之一條即「甲申詔尚書左僕射楊素與諸術者刊定陰陽舛謬」條，今通鑑以修五禮之詔移置甲申，頗疑有所脱誤也(嚴衍通鑑補正及章鈺通鑑正文校宋記俱未之及)。更可注意者，則隋志明言弘等之修五禮悉以東齊儀注為準，乃最扼要之語，而溫公不採及之，似尚未能通解有隋一代禮制之大源，殊可惜也。

又隋代制禮諸臣其家世所出籍貫所繫亦可加以推究，藉以闡明鄙意，即前章所言隋唐制度出於(一)(北)魏、(北)齊，(二)梁陳，(三)(西)魏、(北)周之三源者。請據隋書貳高祖紀及北史壹壹隋本紀仁壽二年閏十月詔書中所命修定五禮諸臣及其他與制禮有關之人，如前引北史裴佗傳隋書裴矩傳中之裴矩，隋書柒伍北史捌貳儒林傳之劉焯、劉炫及兩唐書李百藥傳中之李百藥，逐一討論於下：

隋書貳高祖紀下仁壽二年閏十月己丑詔書所命修撰五禮之楊素、蘇威俱以宰輔資位攝領修禮，以恆例言之，乃虛名，非實務也。然素與威二人間仍有區別，亦未可以一概論。隋書肆捌楊素傳(北史肆壹楊敷傳附素傳同)雖云：

後與安定牛弘同志好學，研精不倦，多所通涉。

然隋書肆壹蘇威傳(北史陸叁蘇綽傳附威傳同)則云：

上(高祖)因謂朝臣曰：「楊素才辯無雙，至若斟酌古今，助我宣化，非威之匹也。」

夫修撰五禮即斟酌古今之事，文帝既不以此許素，則素之得與此役，不過以尚書左僕射首輔之資位監領此大典而已。故關於楊素可置不論。至於蘇威雖與楊素同以宰輔之職監領修撰，但事有殊異，可略言之。據前引史文，隋文帝既以斟酌古今特奬威，則威之與聞修撰，匪僅虛名監領，可以推知。又隋書蘇威傳(北史略同)云：

俄兼納言民部尚書。初威父(綽)在西魏以國用不足，爲征税之法，頗稱爲重，既而歎曰：「今所爲者正如張弓，非平世法也。後之君子誰能弛乎？」威聞其言，每以爲己任，至是奏減賦税，務從輕典，上悉從之。隋承戰争之後，憲章踳駮，上令朝臣釐改舊法，爲一代通典，律令格式多威所定，世以爲能。所修格令章程並行於當世，然頗傷苛碎，論者以爲非簡允之法。

凡此史文其意固多指威之修定律令，但禮律關係至密。威本西魏蘇綽之子，綽為宇文泰創制立法，實一代典章所從出。威既志在繼述父業，文帝稱其斟酌古今，必非泛美之詞，故威之與素不得同論，而威之預知修禮，亦非止尸空名絶無建樹者之比無疑也。考周書貳叁蘇綽傳(北史陸叁蘇綽傳同)云：

蘇綽，武功人，魏侍中則之九世孫也，累世二千石。父協武功郡守。綽少好學，博覽羣書，尤善算術。屬太祖(宇文泰)與公卿往昆明池觀魚，行至城西漢故倉地，顧問左右，莫有知者，或曰：「蘇綽博物多通，請問之。」太祖乃召綽，具以狀對，太祖大悅。

此節為史記蘇綽之所以遇合宇文泰之一段因緣，實可藉以覘古今之變遷。蓋自漢代學校制度廢弛，博士傳授之風氣止息以後，學術中心移於家族，而家族復限於地域，故魏、晉、南北朝之學術、宗教皆與家族、地域兩點不可分離。綽本關中世家，必習於本土掌故，其能對宇文泰之問，决非偶然。適值泰以少數鮮卑化之六鎮民族竄割關隴一隅之地，而欲與雄據山東之高歡及舊承江左之蕭氏爭霸，非別樹一幟，以關中地域為本位，融冶胡漢為一體，以自別於洛陽、建鄴或江陵文化勢力之外，則無以堅其羣衆自信之心理。此綽所以依託關中之地域，以繼述成周為號召，竊取六國陰謀之舊文緣飾塞表鮮卑之胡制，非驢非馬，取給一時，雖能輔成宇文氏之霸業，而其創制終為後王所捐棄，或僅名存而實亡，豈無故哉！質言之，蘇氏之志業乃以關中地域觀念及魏晉家世學術附合鮮卑六鎮之武力而得成就者也。故考隋唐制度淵源者應置武功蘇氏父子之事業於三源內之第三源，即(西)魏、周源中，其事顯明，自不待論。

隋書肆玖牛弘傳(北史柒貳牛弘傳略同)略云：

> 牛弘，安定鶉觚人也。本姓尞氏，祖熾郡中正，父允魏侍中工部尚書臨涇公，賜姓爲牛氏。開皇初(弘)遷授散騎常侍祕書監。弘以典籍遺逸，上表請開獻書之路，〔其論書之厄曰：〕「永嘉之後，寇竊競興，因河據洛，跨秦帶趙。論其建國立家，雖傳名號，憲章禮樂，寂滅無聞。劉裕平姚，收其圖籍，五經子史纔四千卷，皆赤軸青紙，文字古拙，僭僞之盛

莫過三秦。以此而論，足可明矣。故知衣冠軌物，圖畫記注，播遷之餘皆歸江左，晉宋之際學藝爲多，齊梁之間經史彌盛。」上納之，於是下詔：「獻書一卷，賚縑一匹。」一二年間篇籍稍備。三年拜禮部尚書，奉勑修撰五禮，勒成百卷，行於當世。弘請依古制修立明堂，上以時事草創，未遑制作，竟寢不行。六年除太常卿。九年詔改定雅樂，又作樂府歌詞，撰定圓丘五帝凱樂，並議樂事，上甚善其議，詔弘與姚察、許善心、何妥、虞世基等正定新樂，事在音律志。是後議置明堂，詔弘條上故事，議其得失，事在禮志。上甚敬重之，拜吏部尚書。時高祖又令弘與楊素、蘇威、薛道衡、許善心、虞世基、崔子發等並召諸儒論新禮降殺輕重，弘所立議，衆咸推服之。仁壽二年獻皇后崩，王公以下不能定其儀注。楊素謂弘曰：「公舊學，時賢所仰，今日之事決在於公。」弘了不辭讓，斯須之間儀注悉備，皆有故實。素歎曰：「衣冠禮樂盡在此矣，非吾所及也。」（此節之解釋見上文）弘以三年之喪祥禫具有降殺，朞服十一月而練者無所象法，以聞於高祖，高祖納焉，下詔除朞練之禮，自弘始也。〔大業〕三年改爲右光禄大夫，從拜恆岳，壇場、珪幣、墠時、牲牢，並弘所定。

史臣曰：「牛弘篤好墳籍，學優而仕，採百王之損益，成一代之典章，漢之叔孫不能尚也。」

隋書柒伍儒林傳辛彥之傳(北史捌貳儒林傳下辛彥之傳同)略云:

辛彥之,隴西狄道人也。祖世叙魏涼州刺史,父靈輔周渭州刺史。〔彥之〕博涉經史,與天水牛弘同志好學。後入關,遂家京兆。周太祖見而器之,引爲中外府禮曹。時國家草創,百度伊始,朝貴多出武人,修定儀注唯彥之而已。及周閔帝受禪,彥之與少宗伯盧辯專掌儀制,明武時歷職典祀太祝樂部御正四曹大夫開府儀同三司。宣帝即位,拜少宗伯。高祖受禪,除太常少卿,尋轉國子祭酒,歲餘拜禮部尚書,與祕書監牛弘撰新禮。吳興沈重名爲碩學,高祖嘗令彥之與重論議,重不能抗,於是避席而謝曰:「辛君所謂,金城湯池,無可攻之勢。」高祖大悦。彥之撰墳典一部、六官一部、祝文一部、禮要一部、新禮一部、五經異義一部,並行於世。

兹擇録牛弘、辛彥之兩傳事蹟較詳者,蓋欲以闡明魏晉以降中國西北隅即河隴區域在文化學術史上所具之特殊性質,其關於西域文明、中外交通等,為世人所習知,且非本書討論範圍,於此可不論。兹所論者,惟此偏隅之地,保存漢代中原之文化學術,經歷東漢末、西晉之大亂及北朝擾攘之長期,能不失墜,卒得輾轉灌輸,加入隋唐統一混合之文化,蔚然為獨立之一源,繼前啓後,實吾國文化史之一大業。昔人未曾涉及,故不揣愚陋,試為考釋之於下:

河隴一隅所以經歷東漢末、西晉、北朝長久之亂世而能保存漢代中原之學術者,不外前文所言家世與地域之二點，易言之，即公立學校之淪廢，學術之中心移於家族，太學博士之傳授變為家人父子之世業，所謂南北朝之家學者是也。又學術之傳授既移於家族，則京邑與學術之關係不似前此之重要。當中原擾亂京洛丘墟之時，苟邊隅之地尚能維持和平秩序，則家族之學術亦得藉以遺傳不墜。劉石紛亂之時，中原之地悉為戰區，獨河西一隅自前涼張氏以後尚稱治安，故其本土世家之學術既可以保存，外來避亂之儒英亦得就之傳授，歷時既久，其文化學術遂漸具地域性質，此河隴邊隅之地所以與北朝及隋唐文化學術之全體有如是之密切關係也。

三國志魏志壹叁王朗傳附子肅傳末云：

自魏初徵士敦煌周生烈、明帝時大司農弘農董遇等亦歷注經傳，頗傳於世。

一節下裴注云：

魏略以遇及賈洪、邯鄲淳、薛夏、隗禧、蘇林、樂詳等七人爲儒宗，其序曰：

從初平之元至建安之末，天下分崩，人懷苟且，紀綱既衰，儒道尤甚。至黄初元年之後，新主乃復始掃除太學之灰炭，補舊石碑之缺壞，備博士之員録，依漢甲乙以考課，申告州郡，有欲學者皆遣詣太學，太學始開有弟子數百人。至太和青龍中，中外多事，人懷避就，雖性非解學，多求詣太學。太學諸生有千數，而諸博士率皆麤疎，無以教弟子，弟子本亦避役，竟無能習學，冬來春去，歲歲如是。又雖有精者，而臺閣舉格太高，加不念統其大義，而問字指墨法點注之間，百人同試，度者未十，是以志學之士遂復陵遲，而末求浮虛者各競逐也。正始中有詔議圜丘，普延學士，是時郎官及司徒領吏二萬餘人，雖復分布，見在京師者尚且萬人，而應書與議者略無幾人。又是時朝堂公卿以下四百餘人，其能操筆者未有十人，多皆相從飽食而退。嗟夫！學業沈隕乃至於此。是以私心常區區貴乎數公者，各處荒亂之際而能守志彌敦者也。

賈洪，京兆新豐人也。

薛夏，天水人也。

隗禧，京兆人也。

又魏志貳伍高堂隆傳，略云：

始景初中帝以蘇林、秦静等並老，恐無能傳業者，乃詔曰：「方今宿生巨儒並各年高，教訓之道孰爲其繼？其科郎吏高才解經義者三十人，從光禄勳隆、散騎常侍林、博士静分受四經三禮，主者具爲設課試之法。」數年隆等皆卒，學者遂廢。

據上引史文可證明二事：一為自漢末亂後，魏世京邑太學博士傳授學業之制徒為具文，學術中心已不在京邑公立之學校矣。二為當東漢末中原紛亂，而能保持章句之儒業，講學著書，如周生烈、賈洪、薛夏、隗禧之流，俱關隴區域之人，則中原章句之儒業，自此之後已逐漸向西北移轉，其事深可注意也。

晉書捌陸張軌傳略云：

張軌，安定烏氏人。家世孝廉，以儒學顯，與同郡皇甫謐善。中書監張華與軌論經義及政事損益，甚器之。謂安定中正爲蔽善抑才，乃美爲之談以爲二品之精。軌以時方多難，陰圖據河西，於是求爲涼州，公卿亦舉軌才堪御遠，永寧初出爲護羌校尉涼州刺史。於時鮮卑反叛，寇盜縱横，軌到官即討破之，遂威著西州，化行河右。以宋配、陰充、氾瑗、陰澹爲股肱謀主，徵九郡胄子五百人，立學校，始置崇文祭酒，位視别駕，春秋行鄉射之禮。祕書監繆世徵、少府摯虞夜觀星象，相與言曰：「天下方亂，避難之國唯涼土耳。張涼州德量不恆，殆其人乎？」〔軌〕遣治中張閬送義兵五千及郡國秀孝貢計器甲方物歸於京師，令有司可推詳立州已來清貞德素、嘉遯遺榮、高才碩學、著述經史等具狀以聞，州中父老莫不相慶。太府參軍索輔言於軌曰：「古以金貝皮幣爲貨，息穀帛量度之耗，二漢制五銖錢，通易不滯，泰治中河西荒廢，遂不用錢，裂匹以爲段數，縑布既壞，市易又難，徒壞女工，不任衣用，弊之甚也。今中州雖亂，此方安全，宜復五銖，以濟通變之會。」軌納之，立制準布用錢，錢遂大行，人賴其利。（中略）。天錫窘逼，降於〔姚〕萇等，自軌爲涼州，至天錫，凡九世七十六年矣。〔苻〕堅大敗於淮肥，時天錫爲苻融征南司馬，於陣歸國。天錫少有文才，流譽遠近，及歸朝甚被恩遇。

同書壹貳貳呂光載記略云：

呂光，略陽氏人也。〔苻〕堅既平山東，士馬强盛，遂有圖西域之志，乃授光使持節都督西討諸軍事，以討西域。龜茲王帛純拒光，光入其城，大饗將士，賦詩言志。見其宫室壯麗，命參軍京兆段業著龜茲宫賦以譏之。既平龜茲，有留焉之志，大饗文武，博議進止，衆咸請還，光從之。光入姑臧，自領涼州刺史、護羌校尉。張掖督郵傅曜考覈屬縣，而丘池令尹興殺之，投諸空井。曜見夢於光，光寤遣使覆之，如夢。光怒，殺興。著作郎段業以光未能揚清激濁，使賢愚殊貫，因療疾於天梯山，作表志詩、九歎、七諷十六篇以諷焉。光覽而悦之。

同書捌柒涼武昭王傳略云：

武昭王諱暠，字玄盛，隴西成紀人，姓李氏，世爲西州右姓。高祖雍、曾祖柔仕晋並歷位郡守；祖弇仕張軌爲武衛將軍安世亭侯；父昶早卒，遺腹生玄盛。少而好學，通涉經史，尤善文義。吕光末京兆段業自稱涼州牧，以敦煌太守趙郡孟敏爲沙州刺史，署玄盛效穀令。敏尋卒，敦煌護軍馮翊郭謙等以玄盛有惠政，推爲敦煌太守。及業僭稱涼王，進玄盛持節都督涼興已西諸軍事，鎮西將軍領護西夷校尉。隆安四年晋昌太守唐瑶移檄六郡，推玄盛爲大都督大將軍涼公領秦涼二州牧護羌校尉。〔玄盛〕於南門外臨水起堂，名曰靖恭之堂，圖讃自古聖帝明王、忠臣孝子、烈士貞女，玄盛親爲序頌，以明鑒戒之義；當時文武羣寮亦皆圖焉。又立泮宫，增高門學生五百人，起嘉納堂於後園，以圖讃所志。玄盛謂羣僚曰：「昔河右分崩，羣豪競起，吾以寡德，爲衆賢所推，前遣雲騎東殄不庭，軍之所至，莫不賓下。惟蒙遜鴟跱一城，自張掖已東晉之遺黎爲戎虜所制，吾將遷都酒泉，漸逼寇穴，諸君以爲何如？」張邈贊成其議，遂遷居於酒泉。手令誡其諸子曰：「寮佐邑宿盡禮承敬，古今成敗不可不知，退朝之暇念觀典籍，面墻而立，不成人也。此郡世篤忠厚，人物敦雅，天下全盛時海内猶稱之，況復今日？」初苻堅建元之末，徙江漢之人萬餘户於敦煌，中州之人有田疇不闢者亦徙七千餘户。郭黁之寇武威，武威、張掖已東人西奔敦煌、晉昌者數千户。及玄盛東遷，皆徙之於酒泉，分南人五千户置會稽郡，中州人五千户置廣夏郡，餘萬三千户分置武威、武興、張掖三郡，築城於敦煌南子亭，以威南虜。玄盛既遷酒泉，乃敦勸稼穡。羣僚以年穀頻登，百姓樂業，請勒銘酒泉，玄盛許之。於是使儒林祭酒劉彦明爲文，刻石頌德。玄盛上巳日讌於曲水，命羣僚賦詩，而親爲之序。玄盛以緯世之量，當吕氏之末，爲羣雄所奉，遂啓霸圖，兵無血刃，坐定千里，謂張氏之業指期而成，河西十郡歲月而一。既而禿髮傉檀入據姑臧，沮渠蒙遜基宇稍廣，於是慨然著述志賦焉。

先是河右不生楸槐柏漆，張駿之世取於秦隴而植之，終於皆死，而酒泉宮之西北隅有槐樹生焉，玄盛又著槐樹賦以寄情，蓋歎僻陋遐方立功非所也。亦命主簿梁中庸及劉彥明等並作文，感兵難繁興，時俗諠競，乃著大酒容賦以表恬豁之懷。與辛景、辛恭靖同志友善，景等歸晉，遇害江南，玄盛聞而弔之。玄盛前妻辛納女，貞順有婦儀，先卒，玄盛親爲之誄。自餘詩賦數十篇。（中略）。玄盛以安帝隆安四年立，至宋少帝景平元年滅，據河右凡二十四年。

同書壹貳陸禿髮烏孤載記云：

禿髮烏孤，河西鮮卑人也。

又同書同卷禿髮利鹿孤載記略云：

利鹿孤謂其羣下曰：「自負乘在位，三載於茲，務進賢彥而下猶蓄滯，二三君子其極言無諱。」祠部郎中史暠對曰：「今取士拔才必先弓馬，文章學藝爲無用之條，非所以來遠人，垂不朽也。孔子曰：『不學禮，無以立。』宜建學校，選耆德碩儒，以訓胄子。」利鹿孤善之，於是以田玄沖、趙誕爲博士祭酒，以教胄子。

又同書同卷禿髮傉檀載記略云：

姚興遣其尚書韋宗來觀釁，宗還長安，言於興曰：「涼州雖殘弊之後，風化未頹，未可圖也。」〔禿髮〕烏孤以安帝隆安元年僭立，至傉檀三世，凡十九年，以安帝義熙十年滅。

同書壹貳玖沮渠蒙遜載記略云：

沮渠蒙遜，臨松盧水胡人也。博涉羣史，頗曉天文。隆安五年，梁中庸、房晷、田昂等推蒙遜爲使持節大都督、涼州牧張掖公。以敦煌張穆博通經史，才藻清贍，擢拜中書侍郎，委以機密之任。蒙遜西祀金山，卑和虜率衆迎降，遂循海而西，至鹽池，祀西王母寺。寺中有玄石神圖，命其中書侍郎張穆賦焉，銘之於寺前，遂如金山而歸。蒙遜以安帝隆安五年自稱州牧，義熙八年僭立，後八年而宋氏受禪，以元嘉十年死，在僞位三十三年。子茂虔立六年爲魏氏所擒，合三十九載而滅。

同書壹壹柒姚興載記上略云：

興徵涼州刺史王尚還長安，尚既至長安，坐匿呂氏宮人，擅殺逃人薄禾等，禁止南臺。涼州別駕宗敞，治中張穆，主簿邊憲、胡威等上疏理尚曰：「臣等生自西州，位忝吏端，主辱臣憂，故重繭披款，惟陛下亮之。」興覽之大悅，謂其黃門侍郎姚文祖曰：「卿知宗敞乎？」文祖曰：「與臣州里，西方之英雋。」興曰：「有表理王尚，文義甚佳，當王尚研思耳。」文祖曰：「尚在南臺禁止，不與賓客交通，敞寓於楊桓，非尚明矣。」興曰：「若爾，桓爲措思乎？」文祖曰：「西方評敞甚重，優於楊桓，敞昔與呂超周旋，陛下試可問之。」

興因謂超曰：「宗敞文才何如，可是誰輩？」超曰：「敞在西土時論甚美，方敞魏之陳徐，晉之潘陸。」即以表示超曰：「涼州小地，寧有此才乎？」超曰：「臣以敞餘文比之，未足稱多，但當問其文彩何如，不可以區宇格物。」興悅，赦尚之罪，以爲尚書。

同書壹肆地理志上涼州條，略云：

漢置張掖、酒泉、敦煌、武威郡，其後又置金城郡，謂之河西五郡。〔晉惠帝〕永寧中，張軌爲涼州刺史，鎮武威，上表請合秦雍流移人於姑臧西北，置武興郡。是時中原淪没，元帝徙居江左，軌乃控據河西，稱晉正朔，是爲前涼。〔張〕天錫降於苻氏，其地旋爲呂光所據。呂光都於姑臧，及呂隆降於姚興，其地三分。〔涼〕武昭王爲西涼，建號於敦煌；禿髮烏孤爲南涼，建號於樂都；沮渠蒙遜爲北涼，建號於張掖；而分據河西五郡。

綜合上引史文，凡河西區域自西晉永寧至東晉末世，或劉宋初期，百有餘年間，其有關學術文化者亦可窺見一二。蓋張軌領涼州之後，河西秩序安定，經濟豐饒，既為中州人士避難之地，復是流民移徙之區，百餘年間紛爭擾攘固所不免，但較之河北、山東屢經大亂者，略勝一籌。故託命河西之士庶猶可以蘇喘息長子孫，而世族學者自得保身傳代以延其家業也。又張軌、李暠皆漢族世家，其本身即以經學文藝著稱，故能設學校獎儒業，如敦煌之劉昞即注魏劉劭人物志者，魏晉間才性同異之學說尚得保存於此一隅，遂以流傳至今，斯其一例也（見北平圖書館季刊第貳卷第壹期湯用彤先生讀劉劭人物志論文，及一九三七年清華學報拙作逍遙遊向郭義及支遁義探源）。若其他割據之雄，段業則事功不成而文采特著，呂氏、禿髮、沮渠之徒俱非漢族，不好讀書，然仍能欣賞漢化，擢用士人，故河西區域受制於胡戎，而文化學術亦不因以淪替，宗敞之見賞於姚興，斯又其一例也。至於隴右即晉秦州之地，介於雍涼間者，既可受長安之文化，亦得接河西之安全，其能保存學術於荒亂之世，固無足異。故茲以隴右河西同類並論，自無不可也。

既明乎此，然後可以解釋隴右、河西之文化與北魏初期即太武時代中原漢族之文化，及北魏後期即孝文、宣武時代中原漢族文化遞嬗同異之關係，請略引舊史以證之（參考通鑑壹貳叁宋紀元嘉十六年十二月魏主猶以妹壻待沮渠牧犍條）。

魏書伍貳以趙逸等十二人為一卷，北史叁肆於趙逸等十二人外復加以游雅、高閭，又別取魏書玖壹術藝傳之江式合為一卷，寅恪以為游雅、高閭二人非秦涼學者，可不列入；至江式則亦源出河西，與趙逸等併為一卷，體例甚合。故茲節録魏書、北史趙逸等十二人傳及江式傳，又魏書、北史程駿傳，宋書、南史杜驥傳，並取魏書、北史所載崔浩、李沖、李韶、常爽、常景、源懷等事蹟關涉河西人士文化學術者於下，以資論證（又魏書、北史之袁式傳雖與河西無涉，但北魏之「外國遠方名士」與崔浩有關，故亦節取傳文，附於後焉）。

魏書伍貳趙逸傳(北史叁肆趙逸傳同)略云:

趙逸,天水人也。好學夙成,仕姚興歷中書侍郎,爲興將齊難軍司,征赫連屈丐,難敗,爲屈丐所虜,拜著作郎。世祖平統萬,見逸所著,曰:「此豎無道,安得爲此言乎?作者誰也,其速推之。」司徒崔浩進曰:「彼之謬述,亦猶子雲之美新,皇王之道固宜容之。」世祖乃止,拜中書侍郎。神䴥三年三月上巳帝幸白虎殿,命百寮賦詩,逸製詩序,時爲稱善久之。性好墳典,白首彌勤,年踰七十,手不釋卷。凡所著述,詩賦銘頌五十餘篇。

同書同卷胡方回傳(北史叁肆胡方回傳同)略云:

胡方回,安定臨涇人。方回赫連屈丐中書侍郎,涉獵史籍,辭彩可觀,爲屈丐統萬城銘、蛇祠碑諸文頗行於世。世祖破赫連昌,方回入國,雅有才尚,未爲時所知也。後爲北鎮司馬,爲鎮修表,有所稱慶,世祖覽之嗟美,問誰所作。既知方回,召爲中書博士,遷侍郎。與游雅等改定律制,司徒崔浩及當時朝賢並愛重之。

同書同卷胡叟傳(北史叁肆胡叟傳同)略云:

胡叟,安定臨涇人也。世有冠冕,爲西夏著姓。西入沮渠牧犍,遇之不重,叟乃爲詩示所知廣平程伯達,其略曰:「望衛惋祝鮀,眄楚悼靈均。」伯達見詩曰:「涼州雖地居戎域,然自張氏以來,號有華風,今則憲章無虧,曷祝鮀之有也?」叟曰:「吾之擇木,夙在大魏，與子暫違，非久闊也。」歲餘牧犍破降，叟既先歸國，朝廷以其識機拜虎威將軍，賜爵復始男。高宗時召叟及〔金城宗〕舒並使作檄劉駿蠕蠕文，舒文劣於叟。〔廣寧常〕順陽數子稟叟獎示，頗涉文流。〔高〕閭作宣命賦，叟爲之序。

同書同卷宋繇傳（北史叁肆宋繇傳同）略云：

宋繇，敦煌人也。曾祖配、祖悌世仕張軌子孫，父僚張玄靚龍驤將軍武興太守。〔繇〕隨〔張〕彥至酒泉，追師求學，閉室誦書，晝夜不倦，博通經史，諸子羣言，靡不覽綜。呂光時舉秀才，除郎中，後奔段業，業拜繇中散常侍。西奔李暠，歷位通顯。雅好儒學，雖在兵難之間講誦不廢。每聞儒士在門，常倒屣出迎，停寢政事，引談經籍。沮渠蒙遜平酒泉，於繇室得書數千卷，歎曰：「孤不喜剋李歆，欣得宋繇耳。」拜尚書吏部郎中，委以銓衡之任。蒙遜之將死也，以子委託之。世祖并涼州，從牧犍至京師，卒。

同書同卷張湛傳（北史叁肆張湛傳同）略云：

張湛，敦煌人，魏執金吾恭九世孫也。湛弱冠知名涼土，好學能屬文。仕沮渠蒙遜，涼州平，入國，年五十餘矣。司徒崔浩識而禮之，浩注易，敘曰：「國家西平河右，敦煌張湛、金城宗欽、武威段承根三人皆儒者，並有儁才，見稱於西州，每與余論易，余以左氏傳卦解之，遂相勸爲注，故因退朝之餘暇而爲之解焉。」其見稱如此。湛至京師，家貧不粒，浩常給其衣食，薦爲中書侍郎。湛知浩必敗，固辭，每贈浩詩頌，多箴規之言。浩亦欽敬其志，每常報答，極推崇之美（此三十八字北史文）。及浩被誅，湛懼，悉燒之。兄懷義，崔浩禮之與湛等（此七字北史文）。

同書同卷宗欽傳（北史叁肆宗欽傳同）略云：

宗欽，金城人也。父燮，呂光太常卿。欽少而好學，有儒者之風，博綜羣言，聲著河右。仕沮渠蒙遜，爲中書侍郎、世子洗馬。欽上東宫侍臣箴。世祖入涼州，入國，拜著作郎。與高允書贈詩，允答書並詩，甚相褒美（此十五字北史文）。崔浩之誅也，欽亦賜死。欽在河西撰蒙遜記十卷，無足可稱。

同書同卷段承根傳（北史叁肆段承根傳同）略云：

段承根，武威姑臧人。父暉，乞伏熾磐以暉爲輔國大將軍涼州刺史御史大夫。磐子暮末襲位，暉父子奔吐谷渾暮璝。暮璝内附，暉與承根歸國，世祖素聞其名，頗重之，以爲上客。後暉從世祖至長安，有人告暉欲南奔，世祖密遣視之，果如告者之言，斬之於市。承根好學，機辯有文思，而性行疏薄，有始無終。司徒崔浩見而奇之，以爲才堪著述，言之世祖，請爲著作郎，引與同事。世咸重其文而薄其行，甚爲敦煌公李寶所敬待。浩誅，承根與宗欽俱死。

同書同卷闞駰傳（北史叁肆闞駰傳同）略云：

闞駰，敦煌人也。祖倞有名於西土，父玟爲一時秀士。駰博通經傳，三史羣言，經目則誦。注王朗易傳，學者藉以通經，撰十三州志行於世。（沮渠）蒙遜甚重之，拜祕書考課郎中，給文吏三十人，典校經籍，刊定諸子三千餘卷。姑臧平，樂平王丕鎮涼州，引爲從事中郎。王薨之後還京師，卒，無後。

同書同卷劉昞傳（北史叁肆劉延明傳同）略云：

劉昞，字延明，敦煌人也。父寶以儒學稱。昞年十四就博士郭瑀學，瑀遂以女妻之。後隱居酒泉，不應州郡之命，弟子受業者五百餘人。李暠徵爲儒林祭酒從事中郎。暠好尚文典，書史穿落者親自補治，昞時侍側，前請代暠，暠曰：「躬自執者，欲人重此典籍，吾與卿相值，何異孔明之會玄德！」遷撫夷護軍，雖有政務，手不釋卷。昞以三史文繁，著略記百三十篇八十四卷。涼書十卷，敦煌實録二十卷，方言三卷，靖恭堂銘一卷，注周易、韓子、人物志、黄石公三略，並行於世。（沮渠）蒙遜平酒泉，拜祕書郎，專管注記。築陸沈觀於西苑，躬往禮焉，號玄處先生，學徒數百，月致羊酒。牧犍尊爲國師，親自致拜，命官屬以下皆北面受業焉。時同郡索敞、陰興爲助教，並以文學見舉，每巾衣而入。世祖平涼州，士民東遷，夙聞其名，拜樂平王從事中郎。世祖詔諸年七十以上聽留本鄉，一子扶養，昞時老矣，在姑臧歲餘，思鄉而返，至涼州西四百里韭谷窟，遇疾而卒。昞六子，次仲禮留鄉里。太和十四年尚書李沖奏：「昞河右碩儒，今子孫沈屈，未有禄潤，賢者子孫宜蒙顯異。」於是除其一子爲郢州雲陽令。正光三年太保崔光奏曰：「故樂平王從事中郎敦煌劉昞著業涼城，遺文在茲，篇籍之美頗足可觀。維祖逮孫相去未遠，而令久淪皁隸，不獲收異，儒學之士所爲竊歎，乞敕尚書推檢所屬，甄免碎役。」四年六月詔曰：「昞德冠前世，蔚爲儒宗，太保啓陳，深合勸善，其孫等三家特可聽免！」河西人以爲榮。

同書同卷趙柔傳（北史叁肆趙柔傳同）略云：

趙柔，金城人也。少以德行才學知名河右，沮渠牧犍時爲金部郎。世祖平涼州，内徙京師。高宗踐阼，拜著作郎。

同書同卷索敞傳（北史叁肆索敞傳同）略云：

索敞，敦煌人。爲劉昞助教，專心經籍，盡能傳昞之業。涼州平，入國，以儒學見拔爲中書博士。篤勤訓授，肅而有禮。京師大族貴遊子弟皆敬憚威嚴，多所成益，前後顯達位至尚書牧守者數十人，皆授業於敞。敞遂講授十餘年。敞以喪服散在衆篇，遂撰比爲喪服要記。

同書同卷陰仲達傳（北史叁肆段承根傳附陰仲達事蹟）略云：

陰仲達，武威姑臧人，少以文學知名。世祖平涼州，内徙代都。司徒崔浩啓仲達與段承根云，二人俱涼土才華。同修國史，除祕書著作郎，卒。

同書術藝傳江式傳(北史叁肆江式傳同)略云：

江式，陳留濟陽人也。六世祖瓊晉馮翊太守，善蟲篆詁訓。永嘉大亂，棄官西投張軌，子孫因居涼土，世傳家業。祖强字文威，太延五年涼州平，内徙代京，上書三十餘法，又獻經史諸子千餘卷，由是擢拜中書博士。父紹興，高允奏爲祕書郎，掌國史二十餘年。式少傳家學，除符節令，以書文昭太后尊號謚册特除奉朝請，仍符節令，篆體尤工，洛京宫殿諸門板題皆式書也。延昌三年三月式上表曰：「臣六世祖瓊，家世陳留，往晉之初，與從父兄應元，俱受學於衛覬，古篆之法，倉雅方言説文之誼，當時並收善譽。而祖官至太子洗馬，出爲馮翊郡，值洛陽之亂，避地河西，數世傳習，斯業所以不墜也。世祖太延中，皇威西被，牧犍内附，臣亡祖文威杖策歸國，奉獻五世傳掌之書，古篆八體之法，時蒙褒録，叙列於儒林，官班文省，家號世業。暨臣闇短，漸漬家風，參預史官，題篆宫禁，是以敢藉六世之資，奉遵祖考之訓，輒求撰集古來文字，以許慎説文爲主，爰採孔氏尚書、五經音注、籀篇、爾雅、三倉、凡將、方言、通俗文、祖文宗、埤倉、廣雅、古今字詁、三字石經、字林、韻集、諸賦文字有六書之誼者，皆以次編聯，文無復重，糾爲一部。其古籀奇惑俗隸諸體，咸使班於篆下，各有區别。詁訓假借之誼，僉隨文而解。音讀楚夏之聲，並逐字而注。其所不知者，則闕如也。」詔曰：「可如所請。」於是撰集字書，號曰古今文字凡四十卷，大體依許氏説文爲本，上篆下隸，其書竟未能成。

同書陸拾程駿傳（北史肆拾程駿傳略同）略云：

程駿，本廣平曲安人也。六世祖良，晉都水使者，坐事流於涼州。祖父肇，吕光民部尚書。駿少孤貧，師事劉昞，性機敏好學，晝夜無倦。駿謂昞曰：「今世名教之儒咸謂老莊其言虚誕，不切實要，弗可以經世，駿意以爲不然，老子著抱一之言，莊生申性本之旨，若斯者可謂至順矣。人若乖一，則煩僞生，爽性則沖真喪。」昞曰：「卿年尚稚，言若老成矣。」由是聲譽益播，沮渠牧犍擢爲東宫侍講。太延五年，世祖平涼，遷於京師，爲司徒崔浩所知。文成踐阼，拜著作佐郎，未幾遷著作郎。顯祖屢引駿與論易老之義，顧謂羣臣曰：「朕與此人言，意甚開暢。」拜祕書令，沙門法秀謀反伏誅，駿上慶國頌十六章，並序巡狩甘雨之德焉。又奏得一頌，始於固業，終於無爲十篇。太和九年卒，所製文筆自有集録，弟子靈虬。

北史貳壹崔宏傳附崔浩傳云：

浩有鑒識，以人倫爲己任。明元太武之世，徵海内賢才，起自仄陋及所得外國遠方名士，拔而用之，皆浩之力也（寅恪案：魏書叁伍崔浩傳無此節）。至於禮樂憲章皆宗於浩。

魏書伍叁李沖傳（北史壹佰序傳同）略云：

李沖，隴西人，敦煌公寶少子也。顯祖末爲中書學生，高祖初以例遷祕書中散，典禁中文事，以修整敏惠，漸見寵待，遷内祕書令南部給事中。舊無三長，惟立宗主督護，所以民多隱冒，五十三十家方爲一戶，沖以三正治民，所由來遠，於是創三長之制而上之。文明太后覽而稱善，遂立三長，公私便之。遷中書令，尋轉南部尚書。沖爲文明太后所幸，恩寵日盛，賞賜月至數十萬，密致珍寶異物以充其第，外人莫得而知焉。沖家素清貧，於是始爲富室，而謙以自牧，積而能散，近自姻族，逮於鄉閭，莫不分及，虛己接物，垂念羈寒，衰舊淪屈由之躋叙者亦以多矣。是時循舊王公重臣皆呼其名，高祖常謂沖爲中書而不名之。文明太后崩後，高祖居喪，引見接待有加。及議禮儀律令，潤飾辭旨，刊定輕重，高祖雖自下筆，無不訪決焉。於是天下翕然，及殊方聽望咸宗奇之。高祖亦深相仗信，親敬彌甚，君臣之間，情義莫二。及改置百司，開建五等，以沖參定典式，封滎陽郡開國侯，拜廷尉卿，尋遷侍中吏部尚書。詔曰：「明堂太廟已成於昔年，將以今春營改正殿，尚書沖可領將作大匠，司空長樂公（穆）亮可與大匠共監興繕。」定都洛陽以沖爲鎮南將軍，委以營構之任，遷爲尚書僕射。沖機敏有巧思，北京明堂圜丘太廟及洛都初基，安處郊兆，新起堂寢，皆資於沖。旦理文簿，兼營匠制，几案盈積，剞劂在手，終不勞厭也。然顯貴門族，務益六姻，是其親者，雖復癡聾，無不超越官次。沖卒，高祖爲舉哀於懸瓠，發聲悲泣，不能自勝。詔曰：「太和之始早委機密，鴻漸瀍洛，升冠端右，可謂國之賢也，朝之望也。」贈司空公，有司奏謚曰文穆，葬於覆舟山，近杜預冢，高祖之意也。後車駕自鄴還洛，路經沖墓，高祖卧疾，望墳掩泣久之，詔曰：「可遣太牢之祭，以申吾懷。」與留京百官相見，皆叙沖亡没之故，言及流淚。高祖得留臺啓知沖患狀，謂宋弁曰：「僕射執我樞衡，總釐朝務，朕委以台司之寄，使我出境無後顧之憂，一朝忽有此患，朕甚愴慨。」其相痛惜如此。

同書叁玖李寶傳（北史壹佰李寶傳同）略云：

寶有六子：承、茂、輔、佐、公業、沖。

（承）長子韶，延興中補中書學生，襲爵姑臧侯，除儀曹令。時修改車服及羽儀制度，皆令韶典焉。高祖將創建都之計，詔引侍臣訪以古事。韶對洛陽九鼎舊所，七百攸基，地則土中，實均朝貢，惟王建國莫尚於此，高祖稱善。起兼將作大匠，敕參定朝儀。

同書捌肆儒林傳常爽傳（北史肆貳常爽傳同）略云：

常爽，河內温人，魏太常林六世孫也。祖珍，苻堅南安太守，因世亂遂居涼州；父坦，乞伏世鎮遠將軍大夏鎮將顯美侯。〔爽〕篤志好學，博聞强識，明習緯候，五經百家多所研綜，州郡禮命皆不就。世祖西征涼土，爽與兄仕國歸款軍門，世祖嘉之，賜仕國爵五品顯美男，爽爲六品，拜宣威將軍。是時戎車屢駕，征伐爲事，貴游子弟，未遑學術，爽置館温水之右，教授門徒七百餘人，京師學業翕然復興。爽立訓甚有勸罰之科，弟子事之若嚴君焉。尚書左僕射元贊、平原太守司馬真安、著作郎程靈虬皆是爽教所就，崔浩、高允並稱爽之嚴教，獎勵有方。允曰：「文翁柔勝，先生剛克，立教雖殊，成人一也。」其爲通識歎服如此。因教授之暇，述六經略注以廣制作，甚有條貫，其略注行於世。爽不事王侯，獨守閑静，講肄經典二十餘年，時人號爲儒林先生，年六十三卒於家。子文通歷官至鎮西司馬南天水太守西翼校尉。文通子景别有傳。

同書捌貳常景傳（北史肆貳常景傳同）略云：

景少聰敏，及長有才思，雅好文章，廷尉公孫良舉爲律學博士，高祖親得其名，既而用之。後爲門下録事太常博士。正始初，詔尚書門下於金墉中書外省考論律令，勑景參議。先是太常劉芳與景等撰朝令，未及班行，别典儀注，多所草創，未成，芳卒，景纂成其事。及世宗崩，詔景〔自長安〕赴京，還修儀注，又勑撰太和之後朝儀已施行者，凡五十餘卷。永熙二年監議事（寅恪案：徐崇補南北史藝文志魏五禮條云疑監議下脱去「五禮」二字）。

隋書叁叁經籍志史部儀注類載：

後魏儀注五十卷。

舊唐書肆陸經籍志史部儀注類載：

後魏儀注三（寅恪案：三疑五之誤）十二卷，常景撰。

新唐書伍捌藝文志儀注類載：

常景後魏儀注五十卷。

魏書肆壹源賀傳（北史貳捌源賀傳同）略云：

源賀，自署河西王秃髮傉檀之子也。傉檀爲乞伏熾盤所滅，賀自樂都來奔，世祖素聞其名，謂賀曰：「卿與朕源同，因事分姓，今可爲源氏。」長子延，延弟思禮後賜名懷，遷尚書令，參議律令。

北史貳捌源賀傳附玄孫師傳（參考北齊書伍拾恩倖傳高阿那肱傳，又隋書陸陸源師傳刪略「漢兒」語殊失其真）略云：

師少知名，仕齊爲尚書左外兵郎中，又攝祠部。後屬孟夏，以龍見請雩。時高阿那肱爲録尚書事，謂爲真龍出見，大驚喜，問龍所在，云作何顏色。師整容云：「此是龍星初見，依禮當雩祭郊壇，非謂真龍別有所降。」阿那肱忿然作色曰：「漢兒多事，强知星宿，祭事不行。」師出歎曰：「國家大事，在祀與戎，禮既廢也，其能久乎？齊亡無日矣。」尋周武平齊。

通鑑壹柒壹陳紀太建五年夏四月載此事，胡注云：

諸源本出於鮮卑秃髮，高氏生長於鮮卑，自命爲鮮卑，未嘗以爲諱，鮮卑遂自謂貴種，率謂華人爲漢兒，率侮詬之。諸源世仕魏朝貴顯，習知典禮，遂有雩祭之請，冀以取重，乃以取詬。通鑑詳書之，又一嘅也。

同書壹貳叁宋紀元嘉十六年十二月，涼州自張氏以來號為多士條，胡注云：

永嘉之亂，中州之人士避地河西，張氏禮而用之。子孫相承，衣冠不墜，故涼州號爲多士。

宋書陸伍林驥傳(南史柒拾循吏傳杜驥傳同)略云：

杜驥，京兆杜陵人也。高祖預晉征南將軍，曾祖耽避地河西，因仕張氏，苻堅平涼州，父祖始還關中。兄坦頗涉史傳，高祖征長安席卷隨從南還，太祖元嘉中任遇甚厚。晚度北人朝廷常以傖荒遇之，雖復人才可施，每爲清途所隔，坦以此慨然，嘗與太祖言曰：「臣本中華高族，亡曾祖晉氏喪亂播遷涼土，世業相承，不殞其舊，直以南度不早，便以荒傖賜隔。」(寅恪案：杜坦所言，亦可與晉書捌肆楊佺期傳參證。)

魏書叁捌袁式傳(北史貳柒袁式傳同)略云：

袁式，陳郡陽夏人。父淵司馬昌明侍中。式在南歷武陵王遵諮議參軍，與司馬文思等歸姚興。泰常二年歸國，爲上客，賜爵陽夏子。與司徒崔浩一面便盡國士之交。是時朝儀典章悉出於浩，浩以式博於古事，每所草創，恆顧訪之。式沈靖樂道，周覽書傳，至於詁訓倉雅偏所留懷，作字釋未就。

寅恪案：崔浩傳所謂外國遠方名士，當即指河西諸學者或袁式而言。其以左傳卦解易，張湛、宗欽、段承根俱主其說，實為漢儒舊誼，今日得尚秉和先生易林解詁一書，愈可證明者也。蓋當日中原古誼，久已失傳，崔浩之解，或出其家學之僅存者，然在河西則遺說猶在，其地學者，類能言之。此浩所以喜其與家學冥會，而於河西學者所以特多薦拔之故歟？劉昞之注人物志，乃承曹魏才性之説者，此亦當日中州絕響之談也。若非河西保存其説，則今日亦無以窺見其一斑矣。程駿與劉昞之言，乃周孔名教與老莊自然合一之論，此説為晉代清談之焦點，王阮之問答(世説新語文學篇阮宣子有令問條，以為阮脩答王衍之言，晉書肆玖阮瞻傳則以為阮瞻對王戎之語，其他史料關於此者亦有歧異，初視之似難定其是非。其實此問若乃代表當時通性之真實，其個性之真實雖難確定，然不足致疑也。又此問題當時有實際政治及社會之關係，不僅限於玄談理論，寅恪別有文考之，茲不詳論），所謂「將無同」三語，即實同之意，乃此問題之結論，而袁宏後漢紀之議論，多為此問題之詳釋也（後漢紀貳貳延嘉九年及貳叁建寧二年之所論乃其最顯著者，其餘散見諸卷，不可悉舉）。自晉室南渡之後，過江名士尚能沿述西朝舊説，而中原舊壤久已不聞此論，斯又河西一隅之地尚能保存典午中朝遺説之一證也。至李沖者，西涼李暠之曾孫，雖以得幸文明太后遂致貴顯，然孝文既非庸闇之主，且為酷慕漢化之君，其付沖以端揆重任，凡製定禮儀律令，及營建都邑宮廟諸役，以及其他有關變革夷風摹擬漢化之事，無不使沖參決監令者，蓋幾以待王肅者待沖，則沖之為人必非庸碌凡流，實能保持其河西家世遺傳之舊學無疑也。魏初宗主督護之制（參考魏書壹壹拾食貨志），蓋與道武時離散部落為編户一事有關，實本胡部之遺跡（參考魏書壹壹叁官氏志，及北史捌拾外戚傳賀訥傳、玖捌高車傳等，茲不詳論。魏書賀訥傳、高車傳皆取之北史），不僅普通豪族之兼併已也。李沖請改宗主督護制為三長制，亦用夏變夷之政策，為北魏漢化歷程之一重要階段。其事發於李沖，豈偶然哉！又史言沖以過於篤厚親舊見譏，如北史壹陸廣陽王建附深（淵）傳所言：

> 深（淵）上書曰：「及太和在歷，僕射李沖當官任事，涼州土人悉免厮役，豐沛舊門仍防邊戍。」

當即指上引劉昞傳中李沖請褒顯劉昞子孫之類而言，但太和以後正光之時，崔光復請免昞孫碎役。夫光為由南入北之漢族世家，與涼州人士絶無關涉，太和之後李沖久死，光之請免役，自由於愛慕河西漢族文化所致，而元淵之所謂豐沛舊門即指六鎮鮮卑及胡化漢人，豈可與之並論乎？又李韶者，寶之嫡孫，沖之猶子也。孝文帝用夏變夷改革車服羽儀諸制度，悉令韶典之，則韶亦能傳其河西家世之學無疑。又遷都洛陽乃北魏漢化政策中一大關鍵，當日鮮卑舊人均表反對，韶既顯贊其謀，沖又卒成其事，遷洛之役，李氏父子始終參預，然則竟謂北魏遷洛與河西文化有關，亦無不可也，其詳當於後論都城建築師中述之。常爽出自涼州世族，而為北魏初大師，代京學業之興，實由其力，其見重於崔浩、高允諸人，固其宜矣。常景為太和以後禮樂典章之宗主，河西文化於北朝影響之深鉅，此亦一例證也。源氏雖出河西戎類，然其家世深染漢化，源懷之參議律令尤可注意，觀高阿那肱之斥源師為漢兒一事，可證北朝胡漢之分，不在種族，而在文化，其事彰彰甚明，實為論史之關要，故略附著鄙意於此，當詳悉別論之。若胡梅磵所言，尚不足以盡此問題也。至江式請撰古今文字表中所述，其家自西晉以來避亂涼州，文字之學，歷世相傳不墜諸事實，足知當日學術中心在家族而不在學校，涼州一隅，其秩序較中原為安全，故其所保存者亦較中原為多。此不獨江氏一族文字之學如是，即前引秦涼學者及杜驥諸傳所載，其家世之學亦無不與江氏相同。由此言之，秦涼諸州西北一隅之地，其文化上續漢、魏、西晉之學風，下開(北)魏、(北)齊、隋、唐之制度，承前啓後，繼絶扶衰，五百年間延綿一脈，然後始知北朝文化系統之中，其由江左發展變遷輸入者之外，尚別有漢、魏、西晉之河西遺傳。但其本身性質及後來影響，昔賢多未措念，寅恪不自揣譾陋，草此短篇，藉以喚起今世學者之注意也。

又北魏之取涼州，士人年老者如劉昞之流，始聽其一子留鄉里侍養，似河西文化當亦隨之而衰歇。但其鄰近地域若關隴之區，既承繼姚秦之文化，復享受北魏長期之治安，其士族家世相傳之學術必未盡淪廢，故西北一隅偏塞之區，值周隋兩朝開創之際，終有蘇氏父子及牛辛諸賢者，以其舊學，出佐興王，卒能再傳而成楊隋一代之制，以傳之有唐，頗與北魏河西學者及南朝舊族俱以其鄉土家世之學術助長北魏之文化，凝鑄混和，而成高齊一代之制度，為北朝最美備之結果以傳於隋唐者，甚相類也。至其例證，非本章所能盡具，當於論職官、刑律諸章更詳言之。

上文已將隋唐制度三源中之(西)魏、周一源及南朝河西文化之影響約略述之矣。茲於(北)魏、(北)齊一源之中，除去關涉南朝及河西文化者不重複論述外，專就元魏孝文以後，迄於高齊之末，洛陽鄴都文化之影響於隋唐制度者考證之。

夫拓跋部族自道武帝入居中原，逐漸漢化，至孝文帝遷都洛陽後，其漢化之程度雖較前愈深，然孝文之所施為，實亦不過代表此歷代進行之途徑，益加速加甚而已。在孝文同時，其鮮卑舊族如穆泰等(見魏書貳柒、北史貳拾穆崇傳)其對於漢化政策固不同意，即孝文親子如廢太子恂(見魏書貳貳、北史壹玖廢太子恂傳)亦「謀召牧馬，輕騎奔代」，則鮮卑族對漢化政策反抗力之強大，略可窺見，因以愈知孝文之假辭南侵，遂成遷都之計者(見魏書伍叁李沖傳、北史壹佰序傳)，誠為不得已也。故自宣武以後，洛陽之漢化愈深，而腐化乃愈甚，其同時之代北六鎮保守胡化亦愈固，即反抗洛陽之漢化腐化力因隨之而益強，故魏末六鎮之亂，雖有諸原因，如饑饉虐政及府户待遇不平之類，然間接促成武泰元年四月十三日爾朱榮河陰之大屠殺實胡族對漢化政策有意無意中之一大表示，非僅爾朱榮、費穆等一時之權略所致也(見魏書柒肆、北史肆捌爾朱榮傳及洛陽伽藍記壹永寧寺像)。其後高歡得六鎮流民之大部，賀拔岳、宇文泰得其少數(見北齊書壹神武紀、北史陸齊本紀、隋書貳肆食貨志等)，東西兩國俱以六鎮流民創業，初自表面觀察，可謂魏孝文遷都洛陽以後之漢化政策遭一大打擊，而逆轉為胡化，誠北朝政治社會之一大變也。

雖然，高歡本身，生於六鎮，極度胡化，其渤海世系即使依託，亦因以與當日代表漢化之山東士族如渤海之高氏、封氏及清河博陵之崔氏等不得不發生關係(見北齊書貳壹高乾、封隆之傳，北史叁壹高允傳、貳肆封懿傳；北齊書貳叁崔㥄傳，北史貳肆崔逞傳；北齊書叁拾崔暹傳，北史叁貳崔挺傳；北齊書叁玖崔季舒傳，北史叁貳崔挺傳；北齊書叁拾高德政傳，北史叁壹高允傳等)。其子澄尤為漢化，據北齊書叁文襄紀(北史陸齊本紀同)云：

元象元年攝吏部尚書。魏自崔亮以後選人常以年勞爲制，文襄乃釐改前式，銓擢唯在得人，又沙汰尚書郎，妙選人地以充之。至於才名之士咸被薦擢，假有未居顯位者，皆致之門下，以爲賓客，每山園游燕，必見招擕，執射賦詩，各盡其所長，以爲娛適。

夫當時所謂「妙選人地」，即「選用漢化士族」之意義，故高氏父子既執魏政，楊(愔)、王(昕及晞)既因才幹柄用，而邢(卲)、魏(收)亦以文采收録(見北齊書叁肆楊愔傳，北史肆壹楊播傳；北齊書叁壹王昕傳，北史貳肆王憲傳；北齊書叁陸邢卲傳，北史肆叁邢巒傳；北齊書叁柒魏收傳，北史伍陸魏收傳)。洛陽文物人才雖經契胡之殘毀，其遺燼再由高氏父子之收掇，更得以恢復熾盛於鄴都。魏孝文以來，文化之正統仍在山東，遥與江左南朝並為衣冠禮樂之所萃，故宇文泰所不得不深相畏忌，而與蘇綽之徒別以關隴為文化本位，虛飾周官舊文以適鮮卑野俗，非驢非馬，藉用欺籠一時之人心，所以至其子(武帝)併齊之後，成陵之鬼餒，而開國制度已漸為仇讎敵國之所染化(見下章論職官、刑律、兵制諸書)。然則當日山東鄴都文化勢力之廣大可以推知也。隋書貳高祖紀下仁壽二年十月己丑詔書所命修撰五禮之薛道衡、王劭及與製禮有關之人如裴矩、劉焯、劉炫、李百藥等，其本身或家世皆出自北齊，以廣義言，俱可謂之齊人也。兹節引史傳證之如下：

隋書伍柒薛道衡傳（北史叁陸薛辯傳同）略云：

薛道衡，河東汾陰人也。〔齊後主〕武平初詔與諸儒修定五禮，除尚書左外兵郎。待詔文林館，與范陽盧思道、安平李德林齊名友善。復以本官直中書省，尋拜中書侍郎。後主之時漸見親用，頗有附會之譏，後與斛律孝卿參預政事。及齊亡，周武引爲御史二命士，後歸鄉里。高祖作相，從元帥梁睿擊王謙，攝陵州刺史。高祖受禪，坐事除名。河間王弘北征突厥，召典軍書，還除内史舍人。除吏部侍郎，坐黨蘇威除名，配防嶺表。尋有詔徵還，直内史省，後數歲授内史侍郎。

寅恪案：道衡家世本出北齊，其本身於北齊又修定五禮，參預政事，及齊亡歷周入隋，復久當樞要，隋文命其修定隋禮，自爲適宜，而道衡依其舊習，効力新朝，史言隋禮之修「悉用東齊儀注以爲準」，自所當然也。

隋書陸玖王劭傳（北史叁伍王慧龍傳同）略云：

王劭，太原晉陽人也。父松年齊通直散騎侍郎。齊尚書僕射魏收辟〔劭〕參開府軍事，累遷太子舍人，待詔文林館，後遷中書舍人。齊滅入周，不得調，高祖受禪，授著作佐郎。

北史叁捌裴佗附矩傳（隋書陸柒裴矩傳略同）略云：

裴佗字元化，河東聞喜人也。六世祖詵仕晉，位太常卿，因晉亂，避地凉州，苻堅平河西，東歸，因居解縣，世以文學顯（寅恪案：此亦河西文化世家也）。〔孫〕矩仕齊爲高平王文學，齊亡不得調。隋文帝爲定州總管，補記室，甚親近之，以母憂去職。及帝作相，遣使馳召之，參相府記室事。受禪，遷給事郎，奏舍人事，除户部侍郎，遷内史侍郎。上以啓人可汗初附，令矩撫慰之，還爲尚書左丞。其年（仁壽二年）文獻皇后崩，太常舊無儀注，矩與牛弘、李百藥（隋書裴矩傳不載李百藥名）等據齊禮參定（此條大部前已徵引，並附論證，見上文）。

隋書柒伍儒林傳劉焯傳（北史捌貳儒林傳下劉焯傳同）略云：

劉焯，信都昌亭人也。父洽郡功曹。少與河間劉炫結盟爲友，以儒學知名，爲州博士，舉秀才，射策甲科，與著作郎王劭同修國史，兼參議律曆。劉炫聰明博學，名亞於焯，故時人稱二劉焉。天下名儒後進質疑受業，不遠千里而至者，不可勝數。論者以爲數百年已來博學通儒無能出其右者，焯又與諸儒修定禮律。

同書同卷劉炫傳（北史捌貳儒林傳劉炫傳同）略云：

劉炫，河間景城人也。少以聰敏見稱，與信都劉焯閉户讀書，十年不出。周武帝平齊，瀛州刺史宇文亢引爲户曹從事，後奉勅與著作郎王劭同修國史，又與諸術者修天文律曆，又與諸儒修定五禮，授旅騎尉。吏部尚書牛弘建議，以爲禮諸侯絶旁朞，大夫降一等，今之上柱國雖不同古諸侯，比大夫可也，官在第二品宜降旁親一等，議者多以爲然。炫駮之曰：「古之仕者宗一人而已，庶子不得進，由是先王重適，其宗子有分禄之義，族人與宗子雖疏遠，猶服縗三月，良由受其恩也。今之仕者位以才升，不限適庶，與古既異，何降之有？」遂寢其事。煬帝即位，牛弘引炫修律令。高祖之世以刀筆吏類多小人，年久長姦，勢使然也，又以風俗陵遲，婦人無節，於是立格，州縣佐吏三年而代之，九品妻無得再醮。炫著論以爲不可，弘竟從之。諸郡置學官及流外給廩皆發於炫。

同書肆貳李德林傳(北史柒貳李德林傳同)略云：

李德林，博陵安平人也。齊主留情文雅，召入文林館，又令與黄門侍郎顔之推同判文林館事。及周武帝克齊，入鄴之日勑小司馬唐道和就宅宣旨慰喻云：「平齊之利，唯在於爾，朕本畏爾逐齊主東走，今聞猶在，大以慰懷，宜即入相見。」道和引之入内，遣内史宇文昂訪問齊朝風俗政教人物善惡，即留内省，三宿乃歸，仍遣從駕，至長安，授内史上士，自此以後詔誥格式及用山東人物一以委之。開皇元年勑令與太尉任國公于翼、高熲等同修律令，事訖奏聞，别賜九環金帶一腰、駿馬一匹，賞損益之多也。

舊唐書柒貳李百藥傳(新唐書壹佰貳李百藥傳同)略云：

李百藥，定州安平人。隋内史令安平公德林子也。開皇初授東宫通事舍人，遷太子舍人，兼東宫學士。或嫉其才而毁之者，乃謝病免去，十九年追赴仁壽宫令襲父爵。左僕射楊素、吏部尚書牛弘雅愛其才，奏授禮部員外郎。皇太子勇又召爲東宫學士。詔令修五禮，定律令，撰陰陽書。〔唐太宗〕貞觀元年召拜中書舍人，賜爵安平縣男，受詔修定五禮及律令，撰齊書。

寅恪案：王劭、劉焯、劉炫皆北齊儒學之士，而二劉尤為北朝數百年間之大儒。觀炫駁牛弘二品官降旁親服一等之議，則知山東禮學遠勝於關隴也。裴矩用東齊儀注以佐牛弘定獨孤后喪禮，已於前文論之。李德林為齊代文宗，周武得之，特加獎擢。百藥承其家學，既參定隋文獻皇后喪議，復於唐貞觀世修定五禮，則隋唐禮制與北齊人士有密切關係，於此可見也。

論隋唐制度(北)魏、(北)齊之源既竟，兹略考其梁陳之源，凡隋高祖仁壽二年閏十月己丑詔書所命修定五禮諸臣中如許善心、虞世基，以及其名不見於此詔書中而亦預聞修定禮儀制度之明克讓、裴政、袁朗等，俱屬於梁陳系統者也。以後略依時代先後，節録史傳之文，證之如下：

隋書伍捌明克讓傳(北史捌叁文苑傳明克讓傳同)略云：

明克讓，平原鬲人也，父山賓梁侍中。克讓博涉書史，所覽將萬卷，三禮禮論尤所研精。梁釋褐湘東王法曹參軍，仕歷司徒祭酒，尚書都官郎中、散騎侍郎、國子博士、中書侍郎。梁滅，歸於長安，周明帝引爲麟趾殿學士。〔隋〕高祖受禪，拜太子內舍人。轉率更令，太子以師道處之，恩禮甚厚。於時東宮盛徵天下才學之士，至於博物洽聞，皆出其下。詔與太常牛弘等修禮議樂，當朝典故多所裁正。開皇十四年以疾去官，卒年七十。

寅恪案：梁書貳柒明山賓傳(南史伍拾明僧紹附山賓傳同)略云：

山賓年十三博通經傳。梁臺建，爲尚書駕部郎，遷治書侍御史右軍記室參軍，掌治吉禮。時初置五經博士，山賓首膺其選，所著吉禮儀注二百二十四卷、禮儀二十卷、孝經喪禮服儀十五卷。（參上文所引隋書叁叁經籍志史部儀注類梁吉禮儀注條。）

據此，山賓為梁代修定儀注之人，以禮學名世；克讓承其父學，據梁朝之故事，修隋室之新儀；牛弘製定五禮，欲取資於蕭梁，而求共事之人，則克讓實其上選無疑也。

隋書捌禮儀志略云：

開皇中，詔太常牛弘、太子庶子裴政，撰宣露布禮。

梁書貳捌裴邃傳附之禮傳(南史伍捌裴邃傳同)云：

子政承聖中官至給事黃門侍郎，江陵陷，隨例入西魏。

隋書陸陸裴政傳(北史柒柒裴政傳同)略云：

裴政，河東聞喜人也。高祖壽孫從宋武帝家於壽陽，祖邃梁侍中左衛將軍豫州大都督，父之禮廷尉卿。政博聞强記，達於時政，爲當時所稱。江陵陷，與城中朝士俱送於京師，授員外散騎侍郎，引事相府，命與盧辯依周禮建六卿設公卿大夫士，並撰次朝儀車服器用，多遵古禮，革漢魏之法，事並施行。尋授刑部下大夫。政明習故事，參定周律，用法寬平，無有寃濫。又善鐘律。宣帝時以忤旨免職，高祖攝政，召復本官。開皇元年轉率更令，詔與蘇威等修定律令。政採魏晉刑典，下至齊梁，沿革輕重取其折衷，同撰著者十有餘人，凡疑滯不通，皆取決於政。

寅恪案：裴政為南朝將門及刑律世家，其與盧辯之摹倣周禮，為宇文泰文飾胡制，童牛角馬，貽譏通識，殆由亡國俘囚受命為此，諒非其所長及本心也。故一入隋代，乃能與蘇威等為新朝創制律令，上採魏晉，下迄齊梁，是乃真能用南朝之文化及己身之學業，以佐成北朝完善之制度者，與其在西魏北周時迥不相同。今以其屬於刑律範圍，俟於後刑律章論之。

隋書伍捌許善心傳(北史捌叁文苑傳許善心傳同)略云：

許善心，高陽北新城人也。祖茂，父亨。善心家有舊書萬餘卷，皆徧通涉。貞明二年聘於隋，遇高祖伐陳，禮成而不獲反命，累表請辭，上不許，留縶賓館。及陳亡，高祖勑以本官直門下省。〔開皇〕十七年除祕書丞。〔仁壽〕二年加攝太常少卿，與牛弘等議定禮樂。

寅恪案：梁書肆拾許懋傳(南史陸拾許懋傳同)略云：

尤曉故事，稱爲儀注之學。天監初，吏部尚書范雲舉懋參詳五禮。時有請封會稽禪國山者，高祖雅好禮，因集儒學之士草封禪儀，將欲行焉，懋以爲不可，因建議，高祖嘉納之，因推演懋議，稱制旨以答請者，由是遂停。宋齊舊儀郊天祀帝皆用衮冕，至天監七年，懋始請造大裘，至是有事於明堂，儀注猶云服衮冕。懋駁云：「禮云：大裘而冕，祀昊天上帝亦如之，良由天神尊遠，須貴誠質，今泛祭五帝，理不容文。」改服大裘，自此始也。又降勅問：「凡求陰陽，應各從其類，今雩祭燔柴以火祈水，意以爲疑。」懋答曰：「雩祭燔柴經無其文，良由先儒不思故也，請停用柴，其牲牢等物悉從坎瘞，以符周宣雲漢之説。」詔並從之。凡諸禮儀多所刊正。

據此，許懋尤曉故事，以儀注之學著名梁時，又參詳五禮，凡諸禮儀多刊正，則善心之預修隋禮，其梁陳故事，足供採擇者，乃其家世顓門之業也。

隋書陸柒虞世基傳(北史捌叁文苑傳虞世基傳同)略云：

虞世基，會稽餘姚人也。父荔，陳太子中庶子。世基博學有高才，兼善草隸。陳中書令孔奂見而歎曰：「南金之貴屬在斯人。」少傅徐陵一見而奇之，顧謂朝士曰：「當今潘陸也。」因以弟女妻焉。仕陳釋褐建安王法曹參軍，遷中庶子散騎常侍尚書左丞。及陳滅歸國，爲通直郎，直内史省，未幾拜内史舍人。

舊唐書壹玖拾上文苑傳袁朗傳(新唐書貳佰壹文藝傳上袁朗傳同)略云：

袁朗，陳尚書左僕射樞之子。其先自陳郡仕江左，世爲冠族，陳亡，徙關中。朗勤學好屬文，在陳釋褐祕書郎，甚爲尚書令江總所重。嘗製千字詩，當時以爲盛作。陳後主聞而召入禁中，使爲月賦，朗染翰立成。後主曰：「觀此賦，謝希逸不能獨美於前矣。」又使爲芝草、嘉蓮二頌，深見優賞，遷祕書丞。陳亡，仕隋爲尚書儀曹郎。

寅恪案：明克讓、裴政俱以江陵俘虜入西魏，許善心以陳末聘使值國滅而不歸，其身世與庾信相似，虞世基、袁朗在陳時即有才名，因見收擢，皆為南朝之名士，而家世以學業顯於梁陳之時者也。隋修五禮，欲採梁陳以後江東發展之新跡，則茲數子者，亦猶北魏孝文帝之王肅、劉芳，然則史所謂隋「採梁儀注以為五禮」者，必經由此諸人所輸入，無疑也。（袁朗參預制定衣冠事見隋書壹貳禮儀志大業元年詔，兩唐書朗本傳未載。）

今已略據史傳，以考隋制五禮之三源，請更舉隋書禮儀志之文，以為例證。主旨在闡明隋文帝雖受周禪，其禮制多不上襲北周，而轉倣北齊或更採江左蕭梁之舊典，與其政權之授受，王業之繼承，迥然別為一事，而與後來李唐之繼楊隋者不同。此本極顯著之常識，但近世之論史者，仍頗有誤會，故不憚繁瑣，重為申證，惟前文已徵引者，則從略焉。

隋書陸禮儀志略云：

後周憲章姬周，祭祀之式多依儀禮。〔隋〕高祖受命，欲新制度，乃命國子祭酒辛彥之議定祀典。

寅恪案：此隋祀典不襲北周之例證也。

又同書同卷略云：

明堂在國之陽，梁初依宋齊，其祀之法，猶依齊制，禮有不通者，武帝更與學者議之。

寅恪案：此梁更易齊制，乃南朝後期與其前期演變不同之例證。隋制五禮既用代表南朝前期之（北）魏、（北）齊制，又不得不採代表南朝後期之梁制，以臻完備也。

又同書柒禮儀志略云：

隋初因周制，定令亦以孟冬下亥蜡百神，臘宗廟，祭社稷，其方不熟，則闕其方之蜡焉。開皇四年十一月詔曰：「古稱臘者接也，取新故交接。前周歲首今之仲冬，建冬之月稱蜡可也。後周用夏后之時，行姬氏之蜡，考諸先代，其義有違，其十月行蜡者停，可以十二月爲臘。」於是始革前制。

寅恪案：此隋祀典不襲北周制之例證也。

又同書捌禮儀志略云：

後魏每攻戰剋捷，欲天下知聞，迺書帛建於竿上，名爲露布，其後相因施行。開皇中迺詔太常卿牛弘、太子庶子裴政撰宣露布禮。及九年平陳，元帥晉王以驛上露布，兵部奏請依新禮宣行。

寅恪案：此為隋代修禮，承襲北魏遺産，而更與南朝專家考定之一例證。裴政本江陵陷後朝士被俘之一人，而以律學顯名者也。詳上文所引史傳，茲不備述。

又同書拾禮儀志略云：

輿輦之別，蓋先王之所以列等威也。然隨時而變，代有不同。梁初尚遵齊制，其後武帝既議定禮儀，乃漸有變革。

陳承梁末，王琳縱火，延燒車府。至天嘉元年，敕守都官尚書寶安侯到仲舉議造玉、金、象、革、木等五輅及五色副車。此後漸修，具依梁制。

寅恪案：此南朝後期文物發展變遷，梁創其制而陳因之之例證也。

又同書同卷略云：

後魏天興初詔儀曹郎董謐撰朝饗儀，始制軒冕，未知古式，多違舊章。孝文帝時，儀曹令李韶更奏詳定，討論經籍，議改正之，唯備五輅，各依方色，猶未能具。至熙平九年，明帝又詔侍中崔光與安豐王延明、博士崔瓚採其議，大造車服。自斯以後，條章粗備，北齊咸取用焉。其後因而著令，並無增損。

寅恪案：李韶、崔光傳文前已徵引，韶之家世代表河西文化，光之家世代表南朝前期文化，據此可知魏初之制多違舊章，得河西南朝前期之文化代表人物，始能制定一代新禮，足資後來師法。故北齊咸取用焉，其後因而著令，並無增損，是北齊文物即河西及南朝前期之遺産，得此為證，其事益明顯矣。

又同書同卷略云：

及〔周〕平齊，得其輿輅，藏於中府，盡不施用，至大象初，遣鄭譯閲視武庫，得魏舊物，取尤異者，並加雕飾，分給六宫，合十餘乘，皆魏天興中之所制也。周宣帝至是咸復御之。開皇元年，内史令李德林奏：「周魏輿輦乖制，請皆廢毁。」高祖從之，唯留魏太和李韶所制五輅，齊天保所遵用者，又留魏〔肅宗〕熙平中太常卿穆紹議皇后之輅。

寅恪案：周襲魏天興舊制，雖加雕飾，仍不合華夏文化正式系統也。李德林本北齊舊臣，當時禮制典章，尤所諳練（見前文所引），故請毁廢而用魏太和熙平齊天保之制度，而此制度即魏孝文及其後嗣所採用南朝前期之文物，經北齊遂成為一系統結集者。此隋在文物上不繼周而因齊之例證也。

又同書同卷略云：

象輅已下旒及就數各依爵品，雖依禮製名，未及創造，開皇三年閏十二月並詔停造，而盡用舊物。至九年平陳，又得輿輦，舊著令者，以付有司，所不載者，並皆毁棄，雖從儉省，而於禮多闕。十四年，詔又以見所乘車輅因循近代，事非經典，於是命有司詳考故實，改造五輅及副。

大業元年，更製車輦，五輅之外設副車，詔尚書令楚公楊素、吏部尚書奇章公牛弘、工部尚書安平公宇文愷、内史侍郎虞世基、禮部侍郎許善心、太府少卿何稠、朝請郎閻毗等詳議奏決，於是審擇前朝故事，定其取捨云。

寅恪案：輿輦之制，隋文帝受禪不襲周而因齊，即因襲南朝前期之文物，經過魏太和、齊天保之結集者，而制度尚有所未備者，則南朝後期梁陳之文物未能採用故也。開皇九年平陳，初持保守主義，其乘用以限於舊令所著，是以於禮多闕，蓋欲求備禮，非更以南朝後期即梁陳二代之發展者增補之不可，此開皇十四年所以有更議之詔也。又大業元年所命議製車輦諸臣，其中大部分前已論及，而虞世基、許善心則南朝後期文物即梁陳文化之代表者，可為鄙説之例證也。至宇文愷、何稠、閻毗三人，俱特以工巧知名，其參與此役，蓋由於此，將於下文附論都城建築節中考證之，茲姑不涉及，以免枝蔓淆混焉。

又同書同卷略云：

屬車秦爲八十一乘，漢遵不改，法駕三十六乘，小駕十二乘。開皇中大駕十二乘，法駕減半。大業初屬車備八十一乘，三年二月帝嫌其多，問起部郎閻毗。毗曰：「臣共宇文愷參詳故實，此起於秦，遂爲後式，又據宋孝建時有司奏議，晉遷江左，唯設五乘。尚書令建平王宏曰：『八十一乘無所準憑，江左五乘儉不中禮，宜設十二乘。』開皇平陳，因以爲法令，憲章往古，大駕依秦，法駕依漢，小駕依宋。」帝曰：「大駕宜用三十六，法駕十二，小駕除之可也。」

皇后屬車三十六乘。初宇文愷、閻毗奏定請減乘輿之半。禮部侍郎許善心奏駁曰：「宋孝建時議定輿輦，天子屬車十有二乘，至大明元年九月有司奏皇后副車未有定式，詔下禮官議正其數，博士王燮之議謂十二乘通關爲允，宋帝從之，遂爲後式，今請依乘輿，不須差降。」制曰：「可。」

寅恪案：屬車之數，晉遷江左為五乘，宋改十二乘，開皇平陳，因以為法令，雖曰依宋，實因平陳之故得以效法。至許善心駮皇后屬車之數不應差降，請從宋制為準，則南朝舊臣以其所習為隋代制度之準憑，於此可見。此隋文制禮兼採南朝文物之例證也。

又同書壹壹禮儀志略云：

自晉遷江左，中原禮儀多缺。後魏天興六年，詔有司始制冠冕，各依品秩，以示等差，然未能皆得舊制。至太和中方考故實，正定前謬，更造衣冠，尚不能周洽。及至熙平二年太傅清河王懌、黃門侍郎韋廷祥等奏定五時朝服，準漢故事，五郊衣幘，各如方色焉。及後齊因之，河清中改易舊物，著令定制云。

後周設司服之官，掌皇帝十二服。〔又〕諸公侯伯子男三公三孤公卿上中下大夫士之服。

〔又〕皇后衣十二等。

〔周〕宣帝即位，受朝於路門，初服通天冠絳紗袍，羣臣皆服漢魏衣冠。

寅恪案：周宣帝即位當時已服漢魏衣冠。所謂漢魏衣冠，即自北魏太和迄北齊河清時期北朝所輸入之晉南遷以後江左之文物也。周滅齊不久，即已採用齊之制度，然則隋之採用齊制，不過隨順當日之趨勢，更加以普遍化而已。此點當於後論府兵制時詳之，茲即就禮制言，亦最顯之例證也。

又通鑑壹柒叁陳紀，太建十一年春正月癸巳周主受朝於露門，始與羣臣服漢魏衣冠條，胡注云：

以此知後周之君臣，前此蓋胡服也。

寅恪案：前此後周之君臣平時常服或雜胡制，而元旦朝賀，即服用摹擬禮經古制之衣冠，隋書壹壹禮儀志文，後周設司服之官下所列君臣衣冠諸制是也。此種摹倣古制之衣冠，當然於正式典禮如元旦朝賀時服用之。史載宣帝君臣服用漢魏衣冠者，乃不依後周先例服用摹倣禮經古制之衣冠，而改用東齊所承襲南朝北魏制度之意。舊史論官制時往往以周官與漢魏對文亦此意也。若依胡氏之説，豈後周既倣古制定衣冠，而不於正式典禮時用之，更將於何時用之乎？梅磵本通人，於此尚偶有未照，然則此書之分析系統，追溯淵源，其語似甚繁，其事似甚瑣，而終不能不為之者，蓋有所不得已也。

又隋書壹貳禮儀志略云：

〔隋〕高祖初即位，將改周制，乃下詔曰：「祭祀之服須合禮經，宜集通儒，更可詳議！」太子庶子攝太常少卿裴正（寅恪案：正疑當作政，但隋書、北史裴政傳俱言政，轉左庶子，而未載其攝太常少卿，俟考）奏曰：「竊見後周制冕，加爲十二，既與前禮數乃不同，而色應五行，又非典故，且後魏以來制度咸闕，天興之歲草創繕修，所造車服多參胡制，故魏收論之，稱爲違古是也。周氏因襲，將爲故事，大象承統，咸取用之。輿輦衣冠甚多迂怪。今皇隋革命，憲章前代，其魏周輦輅不合制者，已勑有司盡令除廢。然衣冠禮器尚且兼行，乃有立夏袞衣以赤爲質，迎秋平冕用白成形，既越典章，須革其謬。謹案續漢書禮儀志云，立春之日京都皆著青衣，秋夏悉如其色。逮於魏晉迎氣五郊，行禮之人皆同此制，考尋故事，唯幘從衣色。今請冠及冕色並用玄，唯應著幘者任依漢晉。」制曰：「可！」於是定令採用東齊之法。

寅恪案：此隋制禮服不襲周而因齊之例證也。齊又襲魏太和以來所採用南朝前期之制，而江左之制源出自晉，上溯於漢，故曰漢晉，其引續漢書禮儀志以為依據，尤其明徵也。至其目北周車服為迂怪，乃以古禮文飾胡俗所必致，大抵宇文泰之制作皆可以迂怪目之，豈僅車服而已，後之論史者往往稱羨宇文氏之制度，若聞裴氏之言，當知其誤矣。

又同書同卷略云：

（隋）高祖元正朝會方御通天服，郊丘宗廟盡用龍衮衣，大裘毳黼皆未能備。至平陳，得其器物，衣冠法服始依禮具，然皆藏御府，弗服用焉。及大業元年，煬帝始詔吏部尚書牛弘、工部尚書宇文愷、兼内史侍郎虞世基、給事郎許善心、儀曹郎袁朗等憲章古制，創造衣冠，自天子逮於胥皁，服章皆有等差，若先所有者，則因循取用。弘等議定乘輿服合八等焉。

寅恪案：史言隋高祖平陳，得其器物，衣冠法物，始依禮具，然則南朝後期文物之發展與隋代制度之關係密切如此。故梁陳舊人若虞世基、許善心、袁朗等尤為制定衣冠不可少之人，此隋制禮兼資梁陳之例證也。

又同書同卷略云：

通天冠之制，晉起居注成帝咸和五年制詔殿内曰，平天通天冠並不能佳，可更修理之。雖在禮無文，故知天子所冠其來久矣。

寅恪案：雖在禮無文，而為東晉南朝所習用者，即為典據，蓋與北周制法服之泥執周官者不同。此隋制禮逕據江東習俗為典據，而不泥經典舊文以承北周制度之例證也。

又同書同卷略云：

始後周採用周禮，皇太子朝賀皆衮冕九章服。開皇初自非助祭皆冠遠遊冠。至此，牛弘奏云：「皇太子冬正大朝請服衮冕。」帝問給事郎許善心曰：「太子朝謁著遠遊冠，有何典故？」對曰：「晉令皇太子給五時朝服遠遊冠。至宋泰始六年更議儀注，儀曹郎丘仲起議：『案周禮公自衮冕已下至卿大夫之玄冕皆其朝聘之服也。謂宜式遵盛典，服衮朝賀。』兼左丞陸澄議：『服冕以朝，實著經典，自秦除六冕之制，後漢始備，魏晉以來非祀宗廟不欲令臣下服於衮冕，故太子入朝因亦不著。宜遵前王之令典，革近代之陋制，皇太子朝請服冕。』自宋以下始定此儀，至梁簡文之爲太子，嫌於上逼，還冠遠遊，下及於陳，皆依此法，後周之時亦言服衮入朝，至於開皇，復遵魏晉故事。臣謂皇太子著遠遊謙不逼尊，於禮爲允。」帝曰：「善！」竟用開皇舊式。

寅恪案：此節可取作例以為證明者，即隋代制禮實兼採梁陳之制，雖北周之制合於經典，牛弘亦所同意，然煬帝從許善心之言，依魏晉故事，不改開皇舊式，蓋不欲泥經典舊文，而以江東後期較近之故事為典據，可知北齊間接承襲南朝前期之文物尚有所不足，不得不用梁陳舊人以佐參定也。

又同書同卷略云：

梁武受禪於齊，侍衛多循其制，陳氏承梁，亦無改革。

齊文宣受禪之後，警衛多循後魏之儀，及河清定令，宮衛之制云云。（從略）

後周警衛之制置左右宮伯，掌侍衛之禁，各更直於内。

〔隋〕高祖受命，因周齊宮衛微有變革。

寅恪案：宮衛之制關涉兵制，當於後兵制章詳之，茲姑置不論。但史述隋宮衛之制謂因於周齊而微有變革，絶與南朝梁陳無涉，此為論隋唐兵制之要見，亦隋兼襲齊制之例證也。

隋修五禮，其所據之三源已略考證之矣。李唐承隋禮制，亦因其舊，此學者所共知，無待詳考，今惟略引一二舊文，以備佐證云爾。唐會要叁柒五禮篇目門（舊唐書貳壹禮儀志略同）云：

武德初，朝廷草創，未遑制作，郊祀享宴，悉用隋代舊制。至貞觀初，詔中書令房玄齡、祕書監魏徵、禮官學士備考舊禮，著吉禮六十一篇、賓禮四篇、軍禮二十篇、嘉禮四十二篇、凶禮六篇、國恤禮五篇，總一百三十八篇，分爲一百卷。初玄齡與禮官建議，以爲月令蜡法唯祭天宗，謂日月以下，近代蜡，五天帝、五人帝、五地祇皆非古典，今並除之。神州者國之所託，餘八州則義不相及，近代通祭九州，今唯祭皇地祇及神州，以正祀典。

又皇太子入學及太常行山陵、天子大射合朔、陳五兵於太社、農隙講武、納皇后行六禮、四孟月讀時令、天子上陵朝廟、養老於辟雍之禮，皆周隋所闕，凡增二十九條，餘並依古禮。七年正月二十四日獻之，詔行用焉。

新唐書壹壹禮樂志云：

唐初即用隋禮，至太宗時中書令房玄齡、祕書監魏徵與禮官學士等，因隋之禮，增以天子上陵朝廟、養老、大射講武、讀時令、納皇后、太子入學、太常行陵、合朔、陳兵太社等爲吉禮六十一篇，賓禮四篇，軍禮二十篇，嘉禮四十二篇，凶禮十一篇，是爲貞觀禮。高宗又詔太尉長孫無忌等增之爲一百三十卷，是爲顯慶禮。玄宗開元十四年，通事舍人王嵒上疏請删去禮記舊文，而益以今事，詔付集賢院議。學士張説以爲唐貞觀、顯慶禮儀注前後不同，宜加折衷，以爲唐禮。乃詔集賢院學士右散騎常侍徐堅、左拾遺李鋭及太常博士施敬本撰述，歷年未就，而鋭卒，蕭嵩代鋭爲學士，奏起居舍人王仲丘撰定一百五十卷，是爲大唐開元禮。由是五禮之文始備，而後世用之，雖時小有損益，不能過也。

寅恪案：唐會要及舊唐書之所謂古禮，參以新唐書之文，足知即為隋禮。然則唐高祖時固全襲隋禮，太宗時制定之貞觀禮，即據隋禮略有增省，其後高宗時制定之顯慶禮，亦不能脱此範圍，玄宗時制定之開元禮，乃折中貞觀、顯慶二禮者，故亦仍間接襲用隋禮也。既「後世用之不能大過」，是唐禮不亡即隋禮猶存，其所從出之三源者，亦俱託唐禮而長存也。然則治李唐一代之文物制度者，於上所列舉之三源，究其所出，窮其所變，而後其嬗蜕演化之跡象，始有系統可尋矣。

附：都城建築

唐之宮城承隋之舊，猶清之宮城承明之舊，但其事至明顯，無取多述，但舉一證，如舊唐書叁捌地理志關内道所云：

京師，秦之咸陽，漢之長安也。隋開皇二年，自漢長安故城東南移二十里，置新都，今京師是也。

即已足矣，然隋創建新都大興城，其宮市之位置與前此之長安不同，世有追究其所以殊異之原因，而推及隋代營造新都者家世之所出，遂以為由於北魏胡族系之實行性者（見桑原隲藏還曆紀念東洋史論叢那波利貞氏從支那首都計畫史上考察唐之長安城）。寅恪則謂隋創新都，其市朝之位置所以與前此之長安殊異者，實受北魏孝文營建之洛陽都城及東魏、北齊之鄴都南城之影響，此乃隋代大部分典章制度承襲北魏太和文化之一端，與其以北魏胡族系之實行性一點為解釋，無寧就楊隋一代全部典章制度立論較易可通，或竟以太和洛都新制歸功於河西系漢族之實行性，似尚可備一説，以資參考也。又隋代新都其市朝位置之異於前者，雖非由於北魏胡族系之實行性，然隋代之技術人才則頗與西胡種族有關，此固別為一事，以其與前所論中古時代漢族之家學一點相類，亦不可置而不論，故茲先論隋唐兩朝制度與北魏太和文化之關係，後附述隋代技術人才之家世，所以補上文論隋大業元年制定車輦條之所未備言者也。

周官考工記匠人云：

面朝背市。

其解釋雖謂宮在正中，朝在其南，而市在其北。然僅從宮與市位置言，即是宮位於市之南，或市位於宮之北也。考工記之作成時代頗晚，要乃為儒家依據其所得之材料，而加以理想化之書，則無可疑，故其所依據匠人營國之材料其中必有為當時真正之背景者。據古今學人論漢初南北軍制之言（詳見前中央研究院社會科學研究所兵制研究專號上賀昌羣先生南北軍論文中所徵引），推知西漢首都之長安「司馬門在未央宮之南，直抵長安城垣，並無坊市，而未央宮長樂宮則六街三市」，是與隋唐首都之大興長安城其宮位於首都之北部，市則位於南部者適為相反。然則西漢首都宮市之位置與考工記匠人之文可謂符合，豈與是書作成之時代有關耶？至唐代則守衛宮城北門之禁軍，以其駐屯地關係之故，在政變之際，其向背最足為重輕，此李唐一代中央政治革命之成敗所以往往繫於玄武門衛軍之手者也。（此點本甚明顯，一檢史文便可證知，惟唐武德九年六月四日玄武門之變，太宗所以能制勝建成元吉者，其關鍵實在守玄武門之禁軍，而舊史記載殊多隱諱，今得巴黎圖書館藏敦煌寫本伯希和號貳陸肆拾李義府撰常何墓誌銘以供參證，於當日成敗所以然之故益瞭然可知矣。）

又若依寅恪前所持文化淵源之說，則太和洛陽新都之制度必與江左、河西及平城故都皆有關無疑，南齊書伍柒魏虜傳略云：

平城南有干水，出定襄堺，流入海，去城五十里，世號爲索干都，土氣寒凝，風砂恆起，六月雨雪。議遷都洛京，（永明）九年遣使李道固、蔣少游報使。少游有機巧，密令觀京師宮殿楷式。清河崔元祖啓世祖曰：「少游臣之外甥，特有公輸之思，宋世陷虜，處以大匠之官，今爲副使，必欲模範宮闕，豈可令氈鄉之鄙取象天宮，臣謂且留少游，令使主反命。」世祖以非和通意，不許。少游，樂安人，虜宮室制度皆從此出。

寅恪案：建康臺城雖頗近城北，然其宮城對於其地山川形勢與北魏洛都有異，故洛都全體計畫，是否真與建康有關，殊難論斷。但魏書北史蔣少游傳（見前引）言：「後於平城將營太廟太極殿，遣少游乘傳詣洛，量準魏晋基址。後為散騎侍郎，副李彪使江南」，故魏孝文之遣少游使江左，自有摹擬建康宮闕之意。崔元祖之言不為虛發，但恐少游所摹擬或比較者，僅限於宮殿本身，如其量準洛陽魏晋廟殿之例，而非都城全部之計畫。史言：「虜宮室制度皆從此出」，則言過其實，蓋北魏洛陽新都之全體計畫中尚有平城、河西二因子，且其規畫大計亦非少游主之。然則不得依南齊書魏虜傳之文，遽推斷北魏洛都新制悉倣江左之建康明矣。

至平城舊都規制必有影響於洛陽新都，自無疑義，但當日平城宮城規制頗不易考知，南齊書伍柒魏虜傳略云：

> 什翼珪始都平城，猶逐水草，無城郭，木末始土著。佛狸破梁（涼？）州（指北涼沮渠氏），黃龍（指北燕馮氏）徙其居民，大築郭邑，截平城西爲宮城，其郭城繞宮城南，悉築爲坊，坊開巷，坊大者容四五百家，小者容六七十家。

寅恪案：魏徙涼州之人民於平城，建築彫刻藝術受其影響，如雲岡石窟即其例證，故魏平涼州後，平城之新建築如郭城繞宮城南，悉築為坊一點，與後之東魏鄴都南城之制頗有近似之處，蓋皆就已成之現實增修，以摹擬他處名都之制者（平城新制擬涼州都會，而鄴都南城不得不擬洛陽新都）。如是遷就，其詳容後證述，總之史料既太略，魏平城新制所受河西文化之程度如何，則不宜輒加論斷也。

但依較詳之史料考察，關於北魏洛都新制所受河西文化之影響，可得而言者，則有主建洛陽新都之人即李沖之家世一端。其人與河西關係密切，不待詳述，故引史文以資論證，並據簡略史料推測涼州都會姑臧宮城之規制。若所推測者不誤，則是平城規制之直接影響於洛陽新都者亦即河西文化之間接作用也。魏書柒下高祖紀(北史叁魏本紀同)云：

太和十七年冬十月，徵司空穆亮與尚書李沖、將作大匠董爵經始洛京。

寅恪案：北魏孝文帝遷都洛陽，其營建之任委之穆亮、李沖及董爵(通鑑壹叁玖齊紀永明十一年作董爾)三人。此三人中穆亮仍代北舊人具有勛貴之資望，且職為司空，營國之事本冬官所掌，故以之領護此役；董爵則官將作大匠，建築是其職務，故不得不使之參預其事；其實洛陽新都之規制悉出自李沖一人。魏書李沖傳所謂：

沖機敏有巧思，洛陽初基，安處郊兆，新起堂寢，皆資於沖。(前文已引。)

者，是其明證也。北魏太和洛陽營建規制今日尚可於楊衒之洛陽伽藍記一書約略得知，而其顯異於前北國都皇居在南市場在北之特點，亦可於吳若準洛陽伽藍記集證、唐晏洛陽伽藍記鉤沉所附圖見之，不待詳證也。然則北魏洛都新制所以異於經典傳統面朝背市之成規者，似不得不於河西系漢族李沖本身求之，而涼州都會之規模，及其家世舊聞之薰習，疑與此洛都新制不無關涉。茲設此假想，分別證述之如下：

魏書李沖傳云：

葬於覆舟山，近杜預冢，高祖意也。(前文已引。)

蓋晉之杜預以儒者而有巧思，其所創制頗多，見晉書叁肆杜預傳，茲不具述，惟其中請建河橋冢非僅有取於預遺令儉約之旨，亦實以沖之巧思有類乎預，故以此二人相比方也。洛陽伽藍記於富平津一事尤與西晉首都洛陽之交通繁盛有關，甚為晉武帝贊賞。魏孝文之令李沖葬近杜預叁其叙城南略云：

宣陽門外四里至洛水，上作浮橋，所謂永橋也。永橋以南圜丘以北伊洛之間夾御道有四夷館：西夷來附者處崦嵫館，賜宅慕義里。自葱嶺以西至於大秦，百國千城莫不款附，商胡販客日奔塞下，所謂盡天地之區矣。樂中國土風因而宅者，不可勝數，是以附化之民萬有餘家，門巷修整，閶闔填列，青槐蔭陌，緑柳垂庭，天下難得之貨，咸悉在焉。別立市於洛水南，號曰四通市，民間謂永橋市，伊洛之魚多於此賣，士庶須膾皆詣取之，魚味甚美，京師語曰：「伊洛鯉魴，貴於牛羊。」

據此，北魏洛陽城伊洛水旁乃市場繁盛之區，其所以置市於城南者，殆由伊洛水道運輸於當日之經濟政策及營造便利有關，此非全出假想也，請更證之以魏書柒玖成淹傳（北史肆陸成淹傳同），其傳文略云：

成淹，上谷居庸人也，自言晉侍中粲之六世孫。祖昇家於北海，父洪名犯顯祖廟諱，仕劉義隆爲撫軍府中兵參軍。劉彧以爲員外郎，假龍驤將軍領軍主，令援東陽歷城，皇興中降慕容白曜，赴闕授著作郎。太和中文明太后崩，蕭賾遣裴昭明、謝竣等來弔，欲以朝服行事，執志不移，高祖敕尚書李沖令選一學識者更與論執，沖奏遣淹。既而高祖遣李沖問淹昭明所言，淹以狀對，高祖詔沖曰：「我所用得人。」賜淹果食。高祖幸徐州，敕淹與閭龍駒等主舟檝，將汎泗入河，泝流還洛，軍次碻磝，淹以黃河峻急，慮有傾危，乃上疏陳諫，高祖勅淹曰：「朕以恆代無運漕之路，故京邑民貧，今移都伊洛，欲通運四方，而黃河峻急，人皆難涉，我因有此行，必須乘流，所以開百姓之心，知卿至誠，而今者不得相納。」敕賜驊騮馬一匹、衣冠一襲。於時宮殿初構，經始務廣，兵民運材日有萬計，伊洛流澌，苦於厲涉，淹遂啓求勅都水造浮航，高祖賞納之。意欲榮淹於衆，朔旦受朝，百官在位，乃賜帛百疋，知左右二都水事。

據此，得知魏孝文遷洛原因，除漢化及南侵二大計畫外，經濟政策亦為其一。夫遷都既有經濟原因，則建置新都之宮闕市場，更不能不就經濟觀點加以考慮。洛陽之地，本西晉首都舊址，加以擴充，則城南伊洛二川之傍水道運輸頗為便利，設置市場，乃最適宜之地。又成淹以南朝降人而受孝文帝之知賞，固由李沖之薦引，亦因淹本籍青州，習於水道運輸，觀其請建浮航及孝文令其主舟檝並知左右都水事等，可以推知。蓋與蔣少游之隸籍青州(樂安博昌)，故孝文修船乘，任之為都水使者，其事相類也(見前引魏書蔣少游傳)。但此經濟政策其最高主動者雖為孝文帝本身，然洛都營建，李沖實司其事，故一反傳統面朝背市之制，而置市場於城南者，當出於李沖之規畫。蓋李沖乃就地施工主持建設之人，此事非與之有關不可。此寅恪所以言與其就北魏胡族系之實行性以為解釋，無寧歸功於河西系漢族李沖之實行性，較易可通也。至於關係李沖河西家世一點，姑就假想試為略論，聊備一說而已，殊不可視作定論也。前引李沖傳文李沖為西涼李暠之曾孫，其對於涼州之親故鄉里，尤所篤愛，至以此獲譏於世。故由史文推證，可知沖乃一保存鄉里土風國粹（西涼國以論河西文化節中已言之，茲不復詳。）之人物無疑也。今據一二簡略史文推測，似涼州都邑頗有宮在城北而市在城南之狀況，如晉書壹貳貳呂纂載記所載：

纂，光之庶長子也。苻堅時入太學，及堅亂，西奔上邽，轉至姑臧，拜武賁中郎將，封太原公。光死，紹嗣僞位。（呂）弘密告纂曰：「欲遠追廢昌邑之義，以兄爲中宗，何如？」纂於是夜率壯士數百，踰北城攻廣夏門，弘率東苑之衆斫洪範門。左衛齊從守融明觀，逆問之曰：「誰也？」衆曰：「太原公。」從曰：「國有大故，主上新立，太原公行不由道，夜入禁城，將爲亂耶？」因抽劍直前，斫纂中額，纂左右擒之。纂曰：「義士也，勿殺！」紹遣武賁中郎將呂開率其禁兵距戰於端門。衆素憚纂，悉皆潰散。纂入自青角門，升於謙光殿，紹登紫閣自殺。

水經注肆拾都野澤條引王隱晉書（參藝文類聚陸叁及太平御覽壹玖柒所引）云：

涼州城有龍形，故曰卧龍城。南北七里，東西三里，本匈奴所築，乃張氏之世居也。又張駿增築四城箱各千步。東城殖園果，命曰講武場，北城殖園果，命曰玄武圃，皆有宫殿；中城作四時宫，隨節遊幸。并舊城爲五，街衢相通二十二門。大繕宫殿觀閣，采妝飾擬中夏也。

通鑑壹壹壹晉紀隆安三年涼王光疾甚條，胡注云：

廣夏門、洪範門皆中城門也。青角門，蓋涼州中城之東門也。

太平御覽壹陸伍州郡部涼州條引晉書云：

惠帝末，張軌求爲涼州，於是大城此城(姑臧)爲一府會以據之，號前涼，吕光復據之，號後涼。

若詳繹上引簡略殘缺之史料，則知姑臧之中城即張氏、吕氏有國之宫城，齊從所謂禁城者是也。張氏築宫摹擬中夏，則前後二涼，其城門之名，必多因襲晉代洛陽之舊，考洛陽伽藍記序云：

太和十七年，後魏高祖遷都洛陽，詔司空穆亮營造宫室，洛城門依魏晉舊名。北面有二門，西頭曰大夏門，漢曰夏門，魏晉曰大夏門；東頭曰廣莫門，漢曰穀門，魏晉曰廣莫門，高祖因而不改。自廣莫門以西至於大夏門宫觀相連，被諸城上也。

據此，則呂纂踰姑臧北城所攻之廣夏門，必略與晉代洛陽之大夏門、廣莫門相當，乃其中城即宮城或禁城之北門。又依王隱所記張氏增築北城，命之曰圃，既殖園果，復有宮殿，是由增築之北城直抵王宮，其間自不能容市場之存在，蓋與經典傳統背市之説不合。夫姑臧之宮既在中城，其增築之北城及東城皆殖果木，俱無容納市場之餘地，自不待言。且其城南北長、東西狹，故增築之東西城地域甚小，而增築之南城則面積頗廣，然則以通常情勢論，姑臧市場在增築之南城，即當中城前門之正面，實最為可能。若所推測者不誤，是前後涼之姑臧與後來北魏之洛陽就宮在北市在南一點言之，殊有相似之處。又姑臧本為涼州政治文化中心，復經張氏增修，遂成河西模範標準之城邑，亦如中夏之有洛陽也。但其城本為匈奴舊建，當張氏增築時其宮市位置為遷就舊址之故，不能與中國經典舊説符合。李沖受命規畫洛陽新制，亦不能不就西晉故都遺址加以改善，殆有似張氏之增築姑臧城者，豈其為河西家世遺傳所薰習，無意之中受涼州都會姑臧名城之影響，遂致北魏洛都一反漢制之因襲，而開隋代之規模歟？此前所謂姑作假想，姑備一説，自不得目為定論者也。

夫北魏洛都新制其所以殊異於前代舊規之故，雖不易確知，然東魏鄴都南城及隋代大興即唐代長安之都邑建置全部直受北魏洛都之影響，此乃文化染習及師承問題，與個人家世及性質無涉。故修建鄴都南城之高隆之為漢種，計劃大興新都之宇文愷為胡族，種族縱殊，性質或别，但同為北魏洛都文化系統之繼承人及摹擬者，則無少異。總而言之，全部北朝史中凡關於胡漢之問題，實一胡化漢化之問題，而非胡種漢種之問題，當時之所謂胡人漢人，大抵以胡化漢化而不以胡種漢種為分別，即文化之關係較重而種族之關係較輕，所謂有教無類者是也。此意非此書所能詳盡，要為論北朝史事不可不知者，遂亦略著其意於此。

北史伍肆高隆之傳（北齊書壹捌高隆之傳略同）略云：

高隆之，洛陽人也，爲閹人徐成養子，少時賃升爲事，或曰父幹爲姑壻高氏所養，因從其姓。隆之後有參定功，神武命爲弟，仍云勃海蓨人。後起兵於山東，累遷并州刺史，入爲尚書右僕射，又領營構大匠，以十萬夫撤洛陽宮殿運於鄴。構營之制皆委隆之，增築南城周二十五里，以漳水近帝城，起長隄以防汎溢，又鑿渠引漳水周流城郭，造水碾磑，並有利於時。太僕卿任集（北齊書作太府卿任集，通鑑壹伍柒梁紀大同元年十一月甲午（寅）東魏閶闔門災條作太府卿任忻集）同知營構。

北齊書叁捌辛術傳（北史伍拾辛雄傳附術傳同）略云：

辛術，少明敏有識度，釋褐司空胄曹參軍，與僕射高隆之共典營構鄴都宮室。術有思理，百工克濟。

魏書壹貳孝靜紀（北史伍魏本紀同）略云：

天平元年十月丙子車駕北遷於鄴。庚寅車駕至鄴，居北城相州之廨。

二年八月甲午發衆七萬六千人營新宫，冬十有一月甲寅閶闔門災。

四年夏四月辛未遷七帝神主入新廟，大赦天下，内外百官普進一階。六月己巳幸華林園理訟，壬午閶闔門災。

元象元年六月壬辰帝幸華林都堂聽訟。

興和元年冬十有一月癸亥以新宫成，大赦天下。

二年正月丁丑徙御新宫，大赦，内外百官普進一階，營構主匠別優一階。三年冬十月己巳發夫五萬人築漳濱堰，三十五日罷。

寅恪案：東魏鄴都之制，可略於葛邏禄迺賢河朔訪古記中及顧炎武歷代帝王宅京記壹貳所考窺見梗概，兹不備引。其宫市位置及門闕名稱無一不沿襲洛都之舊，質言之，即將洛陽全部移徙於鄴是也。其司營構之任而可考知者，如高隆之、任集、辛術諸人，其男女系之血統雖不盡悉，但可一言以蔽之，北魏洛陽都邑環境中所産生之人物而已。觀於主持營構者高隆之一傳，即知東魏及高齊之鄴都之新構，乃全襲北魏太和洛陽之舊規，無復種族性質之問題，直是文化系統之關係，事實顯著，不待詳論也。

兹請考隋造新都大興城之經過。隋書壹高祖紀上（北史壹壹隋本紀上同）略云：

開皇二年六月景申詔左僕射高熲、將作大匠劉龍、鉅鹿郡公賀婁子幹、太府少卿高龍叉等創造新都，十月辛卯以營新都副監賀婁子幹爲工部尚書，十二月景子名新都曰大興城。三年正月庚子將入新都，大赦天下。三月景辰雨，常服入新都。

唐六典(近衛本)柒工部郎中員外郎條略云：

今京城隋文帝開皇二年六月詔左僕射高熲所置，南直終南山子午谷，北據渭水，東臨滻川，西次灃水。太子左庶子宇文愷創制規模，將作大匠劉龍、工部尚書賀婁子幹、太府少卿高龍叉並充檢校。至三年三月移入新都焉，名曰大興城。東西十八里一百一十五步，南北十五里一百七十五步。墻高一丈八尺，皇城之南東西十坊，南北九坊，皇城之東西各一十二坊，兩市居四坊之地，凡一百一十坊。開元十四年又取東面兩坊作興慶宫。

北史柒貳高熲傳(隋書肆壹高熲傳略同)略云：

高熲，自言勃海蓨人也。其先因官北邊，没於遼左。曾祖暠，以太和中自遼東歸魏，官至衛尉卿。祖孝安，位兖州刺史。父賓，仕東魏。大統六年避讒棄官奔西魏，獨孤信引賓爲僚佐，賜姓獨孤氏。及[隋文]帝受禪，拜尚書左僕射納言，領新都大監，制度多出於熲。

隋書伍叁賀婁子幹傳(北史柒叁賀婁子幹傳同)略云：

賀婁子幹，本代人也。隨魏氏南遷，世居關右。祖道成，魏侍中太子太傅；父景賢，右衛大將軍。子幹少以驍武知名，周武帝時釋褐司水上士，稱爲强濟，累遷小司水，以勤勞封思安縣子。大象初，領軍器監。開皇元年，進爵鉅鹿郡公。其年吐谷渾寇涼州，子幹以行軍總管從上柱國元諧擊之，功最，優詔褒美。高祖慮邊塞未安，即令子幹鎮涼州。明年徵授營新都副監，尋拜工部尚書。其年突厥復犯塞，以行軍總管從竇榮定擊之。

周書壹玖宇文貴傳（北史陸拾宇文貴傳同）略云：

宇文貴，其先昌黎大棘人，徙居夏州，父莫豆干，〔子〕愷。

隋書陸捌宇文愷傳（北史陸拾宇文貴傳附愷傳及周書壹玖宇文貴傳略同）略云：

愷少有器局，家世武將，並以弓馬自達。愷獨好學，博覽書記，解屬文，多技藝，號爲名父公子。及〔隋高祖〕踐阼，誅宇文氏，愷亦在殺中，以其與周本別，兄忻有功於國，使人馳赦之，僅而得免。後拜營宗廟副監太子左庶子。及遷都，上以愷有巧思，詔領營新都副監。高熲雖總其大綱，凡所規畫皆出於愷。後決渭水達河以通運漕，詔愷總督其事。兄忻被誅，除名於家，久不得調，會朝廷以魯班故道久絕不行，令愷修復之。既而上建仁壽宮，訪可任者，楊素言愷有巧思，上然之，於是檢校將作大匠，歲餘拜仁壽宮監，尋爲將作少監。文獻皇后崩，愷與楊素營山陵事。煬帝即位，遷都洛陽，以愷爲營東都副監。愷揣帝心在宏侈，於是東京制度窮極壯麗，帝大悅之，拜工部尚書。及長城之役，詔愷規度之。時帝北巡，欲誇戎狄，令愷爲大帳，其下坐數千人；又造觀風行殿，上容侍衛者數百人，離合爲之，下施輪軸，推移倏忽，有若神功，戎狄見之，莫不驚駭。自永嘉之亂，明堂廢絶，隋有天下，將復古制，議者紛然，皆不能決。愷博考羣籍，奏明堂儀，表曰：「宋起居注曰：『孝武帝大明五年立明堂。』梁武即位之後，移宋時太極殿以爲明堂。平陳之後，臣得目觀，遂量步數，紀其丈尺。猶見基内有焚燒殘柱，毁斫之餘入地一丈，儼然如舊。柱下以樟木爲跗長丈餘闊四尺許，兩兩相並，瓦安數重，宮城處所乃在郭内。雖湫隘卑陋，未合規摹，祖宗之靈得崇嚴祀。周齊二代闕而不修，大饗之典於焉靡託。臣研究衆説，總撰今圖，其様以木爲之。」帝可其奏。會遼東之役事不果行。卒官。撰東都圖記二十卷、明堂圖議二卷、釋疑一卷，見行於世。

同書同卷何稠傳附劉龍傳(北史玖拾藝術傳下何稠傳附劉龍傳同)云：

開皇時有劉龍者，河間人也。性强明有巧思，齊後主知之，令修三爵臺，甚稱旨，因而歷職通顯。及高祖踐阼，大見親委，拜右衛將軍，兼將作大匠。遷都之始，與高熲參掌制度，代號爲能。

北齊書壹肆長樂太守靈山傳(北史伍壹齊宗室諸王傳上長樂太守靈山傳同)云：

又少謹，武平末給事黄門侍郎，隋開皇中爲太府少卿，坐事卒。

寅恪案：隋代營建大興新都城即後來唐代長安城諸人，除賀婁子幹及宇文愷外，高熲、劉龍及高龍叉即高乂，或家世久居山東，或本為北齊宗室及遺臣，俱可謂洛陽鄴都系文化之產物。高熲傳雖言新都「制度多出於熲」，然宇文愷傳又謂「高熲雖總其大綱，凡所規畫皆出於愷」，又唐六典以為「宇文愷創制規模」，故知高熲之於營建新都，殆不過以宰相資望領護其事，如楊素領護制定五禮之比，吾人可不必於熲本身性質及其家世多所推究也。賀婁子幹雖於開皇三年六月任營新都副監，但是年即率兵出擊突厥，居職甚暫，實無足述。劉龍在北齊本以修宮室稱旨，致位通顯，隋書無高龍叉傳，而北齊書、北史齊宗室高靈山傳附有高乂事蹟，謂其於隋開皇中為太府少卿，則開皇二年六月丙申命營新都詔書中之太府少卿高龍叉當即其人無疑。然則鄴都南城之制即太和洛陽之遺，必至少由劉龍、高乂二人輸入於隋也。至宇文愷一人蓋與山東地域無關，而大興新制彼獨主其事，似難解釋，鄙意宇文愷、閻毗、何稠三人皆隋代之技術專家，已於前論大業元年議制車輦時涉及，前已節錄宇文愷傳文較詳，茲並取舊史中閻毗、何稠及其家屬傳文有關者迻寫於下，綜合試釋之。

周書貳拾閻慶傳(北史陸壹閻慶傳同)略云：

　　閻慶，河南河陰人也。曾祖善，仕魏歷龍驤將軍雲州鎮將，因家於雲州之盛樂郡。祖提，使持節車騎大將軍、燉煌鎮都大將。父進，正光中拜龍驤將軍，屬衛可孤作亂，攻圍盛樂，進率衆拒守，城竟獲全，以功拜盛樂郡守。晉公〔宇文〕護母，慶之姑也。次子毗。

隋書陸捌閻毗傳（北史陸壹閻慶傳附毗傳同）略云：

〔毗〕能篆書，工草隸，尤善畫，爲當時之妙，周武帝見而悦之，命尚清都公主。〔隋〕高祖受禪，以技藝侍東宮，數以琱麗之物取悦於皇太子〔勇〕。太子服玩之物，多毗所爲。煬帝嗣位，盛修軍器，以毗性巧，諳練舊事，詔典其職，尋授朝請郎，毗立議輦輅車輿多所增損。長城之役，毗總其事。及帝有事恆岳，詔毗營立壇場。將與遼東之役，自洛口開渠，達於涿郡，以通運漕，毗督其役。營建臨朔宫，又領將作少監。

新唐書柒叁下宰相世系表閻氏條略云：

北平太守安成侯鼎，字玉鉉，死劉聰之難。子昌奔於代王猗盧，遂居馬邑。孫滿後魏諸曹大夫，自馬邑又徙河南。孫善龍驤將軍雲中鎮將，因居雲中盛樂。生車騎將軍燉煌鎮都大將提，提生盛樂郡守進，進少子慶生毗。

舊唐書柒柒閻立德傳（新唐書壹佰閻讓傳同）略云：

閻立德，雍州萬年人，隋殿内少監毗之子也。其先自馬邑徙關中。毗初以工藝知名，立德與弟立本早傳家業，武德中累除尚衣奉御。立德所造衮冕、大裘等六服並腰輿、傘扇咸依典式，時人稱之。貞觀初歷遷將作少匠，封大安縣男。高祖崩，立德以營山陵功擢爲將作大匠。貞觀十年文德皇后崩，又令攝司空，營昭陵，坐怠慢解職。十三年復爲將作大匠。十八年從征高麗，及師旅至遼澤，東西二百餘里泥淖，人馬不通，立德填道造橋，兵無留礙，太宗甚悦。尋受詔造翠微宮及玉華宮，咸稱旨，賞賜甚厚。俄遷工部尚書。二十三年攝司空，營護太宗山陵，事畢進封爲公，顯慶元年卒。

立本顯慶中累遷將作大匠。後代立德爲工部尚書，兄弟相代爲八座，時論榮之。總章元年遷右相。立本雖有應務之才，而尤善圖畫，工於寫真，秦府十八學士圖及貞觀中凌煙閣功臣圖並立本之跡也，時人咸稱其妙。太宗嘗與侍臣學士泛舟於春苑池中，有異鳥隨波容與，太宗擊賞數四，詔坐者爲詠，召立本令寫焉，時閣外傳呼云畫師閻立本。立本時已爲主爵郎中，奔走流汗，俛伏池側，手揮丹粉，瞻望坐賓，不勝媿赧，退誡其子曰：「吾少好讀書，幸免面墻，緣情染翰，頗及儕流，唯以丹青見知，躬厮役之務，辱莫大焉，汝宜深誡，勿習此末伎！」立本爲性所好，欲罷不能也。及爲右相，與左相姜恪對掌樞密。恪既歷任將軍，立功塞外，立本唯善於圖畫，非宰輔之器，故時人以千字文爲語曰：左相宣威沙漠，右相馳譽丹青。（參考張彥遠歷代名畫記玖駮此説。）

隋書柒伍儒林傳何妥傳（北史捌貳儒林傳下何妥傳同）略云：

何妥，西域人也。父細胡（北史作細脚胡）通商入蜀，遂家郫縣，事梁武陵王紀，主知金帛，遂致巨富，號爲西州大賈。妥少機警，十七以技巧事湘東王，後知其聰明，召爲誦書左右。江陵陷，周武帝尤重之，授太學博士。高祖受禪，除國子博士，爲國子祭酒，卒。

同書陸捌何稠傳（北史玖拾藝術傳下何稠傳同）略云：

何稠，國子祭酒妥之兄子也。父通善斲玉。稠性絕巧，有智思，用意精微。年十餘歲遇江陵陷，隨妥入長安，仕周御飾下士。及高祖爲丞相，召補參軍，兼掌細作署，累遷御府監，歷太府丞。稠博覽古圖，多識舊物，波斯嘗獻金緜錦袍，組織殊麗，上命稠爲之。稠錦既成，逾所獻者，上甚悅。時中國久絕琉璃之作，匠人無敢厝意，稠以綠瓷爲之，與真不異。仁壽初，文獻皇后崩，與宇文愷參典山陵制。大業初，煬帝將幸揚州，謂稠曰：「今天下大定，朕承洪業，服章文物闕略猶多，卿可討閱圖籍，營造輿服羽儀，送至江都也。」其日拜少府卿。稠於是營黃麾三萬六千人仗及車輿輦輅、皇后鹵簿、百官儀服依期而就，送於江都。所役二十萬餘人，用金銀錢物鉅億計，帝使兵部侍郎明雅、選部郎薛邁等勾覈之，數年方竟，毫釐無舛。稠參會今古，多所改創。帝復令稠造戎車萬乘鉤陣八百連，帝善之，以稠守太府卿。後三歲兼領少府監。遼東之役攝右屯衛將軍，領御營弓弩手三萬人。時工部尚書宇文愷造遼水橋不成，師不得濟，右屯衛大將軍麥鐵杖因而遇害，帝遣稠造橋，二日而就。初稠制行殿及六合城，至是帝於遼左與賊相對，夜中施之，其城周迴八里，城及女垣合高十仞，上布甲士，立仗建旗，四圍置闕，面別一觀，觀下三門，遲明而畢，高麗望見，謂若神功。從幸江都，遇宇文化及作亂，以爲工部尚書。化及敗，陷於竇建德，復以爲工部尚書。建德敗，歸於大唐，授將作小匠（北史作少府監），卒。

綜合隋代三大技術家宇文愷、閻毗、何稠之家世事蹟推論，蓋其人俱含有西域胡族血統，而又久為華夏文化所染習，故其事業皆藉西域家世之奇技，以飾中國經典之古制。如明堂、輅輦、袞冕等，雖皆為華夏之古制，然能依託經典舊文，而實施精作之，則不藉西域之工藝亦不為功。夫大興、長安都城宮市之規模取法太和洛陽及東魏高齊鄴都南城，猶明堂、車服之制度取法中國之經典也。但其實行營建製造而使成宏麗精巧，則有資於西域藝術之流傳者矣，故謂大興長安城之規模及隋唐大輅、袞冕之制度出於胡制者固非，然謂其絕無繫於西域之工藝者，亦不具通識之言者也。前賢有中學作體，西學為用之說，若取以喻此，其最適合之義歟？（魯般為燉煌人之傳說，亦與西域及河西建築工藝有關，見段成式酉陽雜俎續集肆貶誤門引朝野僉載。）何稠家世出於西域，史已明言，無待推證，所可注意者，則蜀漢之地當梁時為西域胡人通商及居留之區域一事，寅恪曾別有所論，茲不復贅（見一九三五年清華學報拙著李白氏族之疑問）。

閻毗家世如新唐書宰相世系表所記者，其源當出於閻氏所自述，但與晉書肆捌閻纘傳及陸拾閻鼎傳不符，沈炳震新唐書宰相世系表訂訛亦已言及，故其所謂閻鼎子昌避難奔於馬邑者，乃胡族家譜冒充漢人，其關節所聯繫之通例，其為依託亦不待辨，質言之，閻氏家世所出必非華夏種類無疑也。至其是何胡族，則有略可推測者，宇文護之母乃閻慶之姑，周書壹壹晉蕩公護傳(北史伍柒周宗室傳邵惠公顥傳附護傳同)略云：

晉蕩公護，字薩保，太祖之兄邵惠公顥之少子也。護至涇州見太祖，而太祖疾已綿篤，謂護曰：「天下之事屬之於汝。」護涕泣奉命，行至雲陽，而太祖崩，護祕之，至長安，乃發喪。時嗣子沖弱，强寇在近，人情不安，護綱紀内外，撫循文武，於是衆心乃定。先是太祖常云：「我得胡力」，當時莫曉其旨。至是人以護字當之。護性至孝，得(母閻姬)書，悲不自勝，報書曰：「受形稟氣，皆知母子，誰同薩保，如此不孝。當鄉里破敗之日，薩保年已十餘歲，隣曲舊事猶自記憶。太祖升遐，天保未定，薩保屬當猶子之長，親受顧命，雖身居重任，職當憂責。不期今日得通家問，蒙寄薩保別時所留錦袍表，年歲雖久，宛然猶識。」

寅恪案：薩保即宇文護本來之胡名，其後別命漢名，乃以其原有胡名為字，此北朝胡人之通例，故護報其母閻氏書即自稱薩保，其明證也。考隋書貳柒百官志載北齊鴻臚寺典客署有京邑薩甫二人，諸州薩甫一人。又同書貳捌百官志載隋雍州薩保為視從七品，諸州胡二百户已上薩保為視正九品。通典肆拾職官典貳貳薩寶符祆正條注云：

祆者，西域國天神，武德四年置祆祠及官，常有羣胡奉事，取火呪詛。

夫宇文護字之薩保與隋之薩保同，亦即北齊之薩甫、唐之薩寶，此名與火祆之關係，自不待論，火祆教入中國之始末亦非此文所論也。茲所欲論者，即宇文護既以薩保為名，則其母閻氏或與火祆教有關，而閻氏家世殆出於西域，又觀閻慶之祖提即宇文護母之父，其人曾為敦煌鎮都大將，敦煌為交通西域要道，或亦因是與西域有關耶？至宇文愷雖氏族出自東北，而世居夏州，其地較近西北，與西域交通亦易發生關係，故其技術之養成，推原於家世所出及地理環境，則不難解釋。總而言之，若技術人才出於胡族，則必於西胡而不於東胡求之，蓋當中古時代吾國工藝之發展實有資於西域之文明，而東方胡族之藝術殊不足有所貢獻於中國，故世之稱揚隋唐都邑新制歸功於胡族，即東方胡族實行性之表現者，似僅就表面籠統推測，而無深刻之觀察，但此點史料缺乏，本極難斷定，固不敢固執鄙見，特陳其所疑，以求通人之教正如此。

三 職 官

隋唐職官之名號任務，其淵源變革記載本較明顯，而與此章有關之隋唐制度之三源復已於前章詳悉考論，其涉及職官者尤為易知，故此章僅擇其要點言之，其餘可從簡略。但有二事，實為隋唐制度淵源系統之所繫，甚為重要，而往往為論史者所忽視或誤解，則不得不詳為考辨，蓋所以證實本書之主旨也。其第一事即宇文泰所以令蘇綽、盧辯等摹倣周官之故及其制度實非普遍於全體，而僅限於中央文官制度一部分。第二事即唐代職官乃承附北魏太和、高齊、楊隋之系統，而宇文氏之官制除極少數外，原非所因襲。開元時所修六典乃排比當時施行令式以合古書體裁，本為粉飾太平制禮作樂之一端，故其書在唐代行政上遂成為一種便於徵引之類書，並非依其所託之周官體裁，以設官分職實施政事也。觀其書編修之經過，即知不獨唐代職官與周禮無關，且更可證明適得其反者。然則論者據唐六典一書竟謂唐代施政得周官之遺意者，殆由不能明悉唐代制度之系統淵源所致也。玆依時代先後，略述職官淵源流變之史料，而附以辨證焉。

魏書壹壹叁官氏志略云：

自太祖至高祖初，其内外百官屢有減置，或事出當時，不爲常目，如萬騎、飛鴻、常忠、直意將軍之徒是也。舊令亡失，無所依據。太和中，高祖詔羣寮議定百官，著於令。孝莊初，以爾朱榮有扶翼之功，拜柱國大將軍，位在丞相上。

同書柒下高祖紀下（北史叁魏本紀同）略云：

太和十七年六月乙巳詔曰：「遠依往籍，近採時宜，作職員令二十一卷，權可付外施行，其有當局所疑而令文不載者，隨事以聞，當更附之。」

十九年十二月乙未朔引見羣臣於光極堂，宣示品令，爲大選之始。

寅恪案：北魏在孝文帝太和制定官制以前，其官職名號華夷雜糅，不易詳考，自太和改制以後，始得較詳之記載，今見於魏收書官氏志所叙列者是也。新唐書伍捌藝文志史部職官類有魏官品令一卷，其書諒與太和十九年十二月朔宣示羣臣之品令有關也。魏孝文之改制，即吸收南朝前期發展之文化，其事已於前論禮儀章考辨證明，兹不必詳及。

隋書貳陸百官志序略云：

漢高祖職官之制因於嬴氏，其間同異，抑亦可知。光武中興，聿遵前緒，唯廢丞相與御史大夫，而以三司綜理衆務，洎於叔世，事歸臺閣，論道之官備員而已。魏晉繼及，大抵略同。爰及宋齊，亦無改作。梁武受終，多循齊舊，然而定諸卿之位，各配四時，置戎秩之官，百有餘號。陳氏繼梁，不失舊物。高齊創業，亦遵後魏，臺省位號與江左稍殊。有周創據關右，日不暇給，洎乎克清江漢，爰議憲章，酌酆鎬之遺文，置六官以綜務，詳其典制，有可稱焉。高祖踐極，百度伊始，復廢周官，還依漢魏，唯以中書爲内史，侍中爲納言，自餘庶僚頗有損益。煬帝嗣位，意在稽古，建官分職，率由舊章，大業三年，始行新令，今之存録者，不能詳備焉。

新唐書肆陸百官志序（舊唐書肆貳職官志序略同）略云：

唐之官制，其名號禄秩雖因時增損，而大體皆沿隋故。其官司之别曰省，曰臺，曰監，曰衛，曰府，各統其屬，以分職定位。其辨貴賤，叙勞能，則有品，有爵，有勳，有階，以時考覈，而升降之，所以任羣材，治百事。其爲法則精而密，其施於事則簡而易行，所以然者，由職有常守，而位有常員故也。方唐之盛時，其制如此。

寅恪案：上引史文，不待解釋，若能注意「高齊創業，亦遵後魏」，「（隋）高祖踐極，復廢周官，還依漢魏」及「唐之官制大體皆沿隋故」數語，則隋唐官制之系統淵源已得其要領。兹更依舊史之文，略詮論一二，以資參證，至前所謂忽視及誤解之點，則於此章之末論之，庶於叙説較便也。

隋書貳柒百官志略云：

後齊制官，多循後魏。

寅恪案：高齊職官之承襲北魏，不待贅論，惟其尚書省五兵尚書之職掌及中書省所領進御之音樂諸官則與後來兵制及音樂有關，俟於後音樂章及兵制章詳論之。

同書貳捌百官志：

〔隋〕高祖既受命，改周之六官，其所制名多依前代之法。

寅恪案：所謂前代之法即所謂漢魏之制，實則大抵自北魏太和傳授北齊之制，此隋官制承北齊不承北周之一例證也。杜佑於通典貳伍職官典柒總論諸卿條子注中論隋之改制頗為有識，其後宋人論唐六典其意亦同，其言當於下論六典時再詳引之。杜氏注略云：

後周依周禮置六官，而年代短促，人情相習已久，不能革其視聽，故隋氏復廢六官多依北齊之制。官職重設，庶務煩滯，加六尚書似周之六卿，又更別立寺監，則户部與太府分地官司徒職事，禮部與太常分春官宗伯職事，刑部與大理分秋官司寇職事，工部與將作分冬官司空職事。自餘百司之任多類於斯，欲求理要，實在簡省。

寅恪案：杜君卿謂隋之職官多依北齊之制，自是確實。然尚有一事關於職官之選任者，初視之似為隋代創制，而唐復因之，實則亦北魏末年及北齊之遺習，不過隋承之，又加以普遍化而已。其事悉廢漢以來州郡辟署僚佐之制，改歸吏部銓授，乃中國政治史上中央集權之一大變革也。故不可不略考論之。

隋書貳捌百官志（唐六典叁拾刺史條、通典叁叁職官典鄉官條同）略云：

〔開皇三年〕舊周齊州郡縣職自州都郡縣正已下皆州郡將縣令至而調用，理時事，至是不知時事，直謂之鄉官，別置品官，吏部除授。

〔開皇〕十五年罷州縣鄉官。

同書柒伍儒林傳劉炫傳略云：

〔牛〕弘又問：「魏齊之時令史從容而已，今則不遑寧舍，其事何由？」炫對曰：「往者州唯置綱紀，郡置守丞，縣唯令而已，其所具僚則長官自辟，受詔赴任，每州不過數十，今則不然，大小之官悉由吏部，纖介之跡皆屬考功。」

通典叁叁職官典總論縣佐條漢有丞尉及諸曹掾句下杜氏注云：

多以本郡人爲之，三輔則兼用他郡，及隋氏革選，盡用他郡人。

寅恪案：若僅據此，似中央政府之吏部奪取地方政府州郡縣令自辟之權，以及縣佐之迴避本郡，均始於隋代，然若就其他史料考之，則知殊不然也。如北齊書捌幼主紀（北史捌齊本紀同）略云：

帑藏空竭，乃賜諸佞幸賣官，或得郡兩三，或得縣六七，各分州郡，下逮鄉官，亦多降中者，故有勑用州主簿、勑用郡功曹。

通典壹肆選舉典略云：

其（漢代）州郡佐吏自别駕長史以下，皆刺史太守自辟，歷代因而不革。洎北齊武平中，後主失政，多有佞倖，乃賜其賣官，分占州郡，下及鄉官，多降中旨，故有勑用州主簿、郡功曹者。自是之後，州郡辟士之權浸移於朝廷，以故外吏不得精覈，由此起也。

後周其刺史僚佐則自署，府官則命於朝廷。

〔隋〕牛弘爲吏部尚書，高構爲侍郎，最爲稱職。當時之制，尚書舉其大者，侍郎舉其小者，則六品以下官咸吏部所掌，自是海内一命以上之官州郡無復辟署矣。（原注云：自後魏、北齊州郡僚佐已多爲吏部所授，至隋一切歸在省司。）

寅恪案：北周刺史尚能自署僚佐，而後魏、北齊州郡僚佐則已多為吏部所授，至隋一切歸之省司，此隋代政治中央集權之特徵，亦即其職官選任之制不因北周而承北齊之一例證也。

又隋書貳捌百官志略云：

高祖又採後周之制，置上柱國、柱國、上大將軍、大將軍、上開府儀同三司、開府儀同三司、上儀同三司、儀同三司、大都督、帥都督、都督，總十一等以酬勤勞。

唐六典貳肆左右衛大將軍各一人正三品注略云：

自兩漢至北齊大將軍位視三公，至隋十二大將軍直爲武職，位左右臺省之下，與右(近衛本考訂云：右疑當作古)大將軍但名號同，而統務別。

寅恪案：此為隋制之因於北周而不承北齊者，似為變例，然考所謂柱國大將軍之號其實亦始於北魏之末年，而西魏北周承之，故隋採此制，可言祧北齊而承魏周。蓋楊氏王業所基，別是一胡化系統，當於後兵制章詳之，茲僅節録舊籍關於此名號之源流，以備參證，觀者自能得之，可不詳論也。如周書壹陸侯莫陳崇傳後(北史陸拾王雄傳後、通典貳捌職官典將軍總叙條及叁肆職官典勳官條俱略同)略云：

初魏孝莊帝以爾朱榮有翊戴之功，拜榮柱國大將軍，位在丞相上。榮敗後，此官遂廢。大統三年，魏文帝復以太祖建中興之業，始命爲之。其後功參佐命、望實俱重者亦居此職，自大統十六年以前任者凡有八人。太祖位總百揆，督中外軍，魏廣陵王欣元氏懿戚，從容禁闥而已，此外六人各督二大將軍，分掌禁旅，當爪牙禦侮之寄，當時榮盛莫與爲比，故今之稱門閥者咸推八柱國家云。今并十二大將軍録之於左：

(上略)。

使持節柱國大將軍大都督大司馬河内郡開國公獨孤信。

（下略）。

右與太祖爲八柱國。

（上略）。

使持節大將軍大都督陳留郡開國公楊忠。

（下略）。

茲請言宇文泰摹倣周官之事，先略引舊史之文有關於此者，然後再討論之。

周書貳文帝紀（北史玖周本紀同）略云：

魏廢帝三年春正月始作九命之典，以叙内外官爵，以第一品爲九命，第九品爲一命，改流外品爲九秩，亦以九爲上。

魏恭帝三年春正月丁丑初行周禮，建六官。初太祖以漢魏官繁，思革前弊，大統中乃命蘇綽、盧辯依周制改創其事，尋亦置六卿官，然爲撰次未成，衆務猶歸臺閣，至是始畢，乃命行之。

北史伍魏本紀云：

大統十四年五月以安定公宇文泰爲太師，廣陵王欣爲太傅，太尉李弼爲大宗伯，前太尉趙貴爲大司寇，以司空于謹爲大司空。

通鑑壹陸壹梁紀太清二年五月載此事，胡注云：

宇文相魏，倣成周之制建官。

寅恪案：此即周書貳文帝紀、北史玖魏本紀所謂「大統中置六卿官」者也。

周書貳肆盧辯傳（北史叁拾盧同傳附辯傳略同）略云：

盧辯，范陽涿人，累世儒學。辯少好學，博通經籍，舉秀才，爲太學博士，以大戴禮未有解詁，辯乃注之。其兄景裕爲當時碩儒，謂辯曰：「昔侍中注小戴，今爾注大戴，庶纂前修矣。」太祖以辯有儒術，甚禮之。自魏末離亂，孝武西遷，朝章禮度湮墜咸盡，辯因時制宜，皆合軌度。性强記默契，能斷大事，凡所創制，處之不疑。初太祖欲行周官，命蘇綽專掌其事，未幾而綽卒，乃令辯成之。於是依周禮建六官，置公卿大夫士，並撰次朝儀、車服、器用，多依古禮，革漢魏之法，事並施行。辯所述六官，太祖以魏恭帝三年始命行之，自兹厥後，世有損益，於時雖行周禮，其内外衆職又兼用秦漢等官，今略舉其名號及命數附之於左：

柱國大將軍、大將軍。

右正九命。

驃騎車騎等大將軍開府儀同三司、雍州牧。

右九命。

驃騎車騎等將軍左右光祿大夫、户三萬以上州刺史。

右正八命。

（下略）。

隋書貳柒百官志略云：

周太祖初據關内，官名未改魏號，及方隅粗定，命尚書盧辯遠師周之建職，置三公、三孤，以爲論道之官；次置六卿，以分司庶務。制度既畢，太祖以魏恭帝三年始命行之。

觀上所引舊載宇文泰摹倣成周，創建官制之始末，亦可略知梗概。周禮一書，其真偽及著作年代問題古今説者多矣，大致為儒家依據舊資料加以系統理想化之偉作，蓋託古改制而未嘗實行者，則無疑義也。自西漢以來，摹倣周禮建設制度，則新莽、周文帝、宋神宗，而略傅會其名號者則武則天，四代而已。四者之中三為後人所譏笑，獨宇文之制甚為前代史家所稱道，至今日論史者尚復如此。夫評議其事之是非成敗，本非本章之主旨及範圍，故俱置不論。茲所言者，僅宇文泰摹倣周禮創建制度之用心及其所以創建之制度之實質而已。

宇文泰憑藉六鎮一小部分之武力，割據關隴，與山東、江左鼎足而三，然以物質論，其人力財富遠不及高歡所轄之境域，固不待言；以文化言，則魏孝文以來之洛陽及洛陽之繼承者鄴都之典章制度，亦豈荒殘僻陋之關隴所可相比。至於江左，則自晉室南遷以後，本神州文化正統之所在，況值梁武之時庾子山所謂「五十年間江表無事」之盛世乎？故宇文苟欲抗衡高氏及蕭梁，除整軍務農、力圖富強等充實物質之政策外，必應別有精神上獨立有自成一系統之文化政策，其作用既能文飾輔助其物質即整軍務農政策之進行，更可以維繫其關隴轄境以內之胡漢諸族之人心，使其融合成為一家，以關隴地域為本位之堅強團體。此種關隴文化本位之政策，範圍頗廣，包括甚衆，要言之，即陽傳周禮經典制度之文，陰適關隴胡漢現狀之實而已。其關係氏族郡望者，寅恪嘗於考辨李唐氏族問題文中論之，如李唐武周先世雜考所引隋書經籍志之文，即其確證之一也(見中央研究院歷史語言研究所集刊第五本第二分)。約言之，西魏宇文泰改造漢人姓氏及郡望之政策分為二階段，其先則改山東郡望為關隴郡望，且加以假託，使之與六鎮發生關係。其後則逕賜以胡姓，使繼鮮卑部落之後。迨周末隋文帝恢復漢姓之時，大抵僅迴至所改關隴郡望之第一階段，如隋唐皇室之郡望仍稱弘農隴西是也。關於北周隋唐人物之郡望，史家記載頗有紛歧，如李弼一族，周書、兩唐書弼孫密傳及新唐書宰相世系表俱屬之遼東襄平，而北史李弼傳及魏徵撰李密墓誌銘則又皆以為隴西成紀人，究其所以紀述差異之故，蓋由先後史家依據其恢復不同之階段以立言所致，其餘可以類推，未能一一於此詳悉論列也。

又與此關隴物質本位政策相關之府兵制，當於後兵制章詳言之，於此不置論。茲舉一史料可以闡發當日北朝東西分峙之情勢者，以為例證。

北齊書貳肆杜弼傳（北史伍伍杜弼傳略同）略云：

弼以文武在位罕有廉潔，言之於高祖（高歡）。高祖曰：「弼來！我語爾：天下濁亂，習俗已久，今督將家屬多在關西，黑獺常相招誘，人情去留未定，江東復有一吳兒老翁蕭衍者，專事衣冠禮樂，中原士大夫望之，以爲正朔所在。我若急作法網，不相饒借，恐督將盡投黑獺，士子悉奔蕭衍，則人物流散，何以爲國？」

觀高歡之用心，則知當日分爭鼎立之情勢，不能不有維繫人心之政策者矣。夫高歡所據之地，其富饒固能使武夫有所留戀，而鄴都典章文物悉繼太和洛陽之遺業，亦可令中原士族略得滿足，至關隴之地則財富文化兩俱不如，若勉強追隨，將愈相形見絀，故利用關中士族如蘇綽輩地方保守性之特長，又假借關中之本地姬周舊土，可以為名號，遂毅然決然捨棄摹倣不能及之漢魏以來江左、山東之文化，而上擬周官之古制。蘇綽既以地方性之特長創其始，盧辯復以習於禮制竟其業者，實此之由也。否則宇文出於邊裔，漢化至淺，縱有政事之天才，寧具詩書之教澤，豈可與巨君介甫諸人儒化者相比竝哉！然而其成敗所以與新宋二代不同者，正以其並非徒泥周官之舊文，實僅利用其名號，以暗合其當日現狀，故能收摹倣之功用，而少滯格不通之弊害，終以出於一時之權宜，故創制未久，子孫已不能奉行，逐漸改移，還依漢魏之舊，如周宣帝露門元旦受朝賀時，君臣皆服漢魏衣冠，即可以證明，此事已於前禮儀章論之，兹再舉一二事於下：

周書肆明帝紀(北史玖周本紀同)云：

　　武成元年秋八月己亥改天王稱皇帝，追尊文王爲帝，大赦改元。

同書叁伍崔猷傳(北史叁貳崔挺傳附猷傳略同)略云：

　　世宗即位，徵拜御正中大夫，時依周禮稱天王，又不建年號，猷以爲世有澆淳，運有治亂，故帝王以之沿革，聖哲因時制宜。今天子稱王，不足以威天下，請遵秦漢稱皇帝，建年號，朝議從之。世宗崩，遺詔立高祖，晉公護謂猷曰：「魯國公稟性寬仁，太祖諸子之中年又居長，今奉遵遺旨，翊戴爲主，君以爲何如？」猷對曰：「殷道尊尊，周道親親，今朝廷既尊周禮，無容輒違此義。」護曰：「天下事大，畢公沖幼耳。」猷曰：「昔周公輔成王以朝諸侯，況明公親賢莫二，若行周公之事，方爲不負顧託。」事雖不行，當時稱其守正。

寅恪案：周明帝世距始依周禮創建制度之時至近，即已改天王之號，遵秦漢稱皇帝，蓋民間習於皇帝之尊稱已久，忽聞天王之名，誠如崔猷所言「不足以威天下」，即不足以維持尊嚴之意，故不得不先改革之也。又宇文護不依周禮立子，而依殷禮立弟，亦不效周公輔成王者，所以適合當時現實之利害也。夫周禮原是文飾之具，故可不拘，宇文泰已如是，更何論宇文護乎？

周書貳叁蘇綽傳（北史陸叁蘇綽傳同）略云：

自有晉之季，文章競爲浮華，太祖欲革其弊。因魏帝祭廟，羣臣畢至，乃命綽爲大誥，奏行之。自是之後文筆皆依此體。

通鑑壹伍玖梁紀中大同十一年（即西魏文帝大統十一年）六月丁巳魏主饗太廟條，胡注云：

宇文泰令蘇綽倣周書作大誥，其文尚在，使當時文章皆依此體，亦非所以崇雅黜浮也。

周書貳貳柳慶傳（北史陸肆柳虬傳附慶傳同）略云：

〔大統〕十年除尚書都兵郎中如故，並領記室。時北雍州獻白鹿，羣臣欲草表陳賀，尚書蘇綽謂慶曰：「近代以來文章華靡，逮於江左，彌復輕薄，洛陽後進，祖述不已。相公（宇文泰）柄民軌物，君職典文房，宜製此表，以革前弊。」慶操筆立成，辭兼文質，綽讀而笑曰：「枳橘猶自可移，況才子也。」

寅恪案：蘇綽作大誥在大統十一年。周書貳文帝紀（北史玖魏本紀同）載魏恭帝元年夏四月帝大饗羣臣，太祖（宇文泰）因柳虬之責難，令太常盧辯作誥諭公卿，其文體固無異蘇綽所作之大誥，但一檢周書肆明帝紀所載武成元年後之詔書，其體已漸同晉後之文，無復蘇綽所倣周誥之形似，可知此種矯枉過正之僞體，一傳之後，周室君臣即已不復遵用也。若更檢周書，則見明帝紀所載武成元年前一歲九月丁未帝幸同州故宅，賦詩曰：

玉燭調秋氣，金輿歷舊宫。還如過白水，更似入新豐。霜潭漬晚菊，寒井落疎桐。舉杯延故老，令聞歌大風。

則竟是南朝後期文士、北周羈旅纍臣如庾義城、王石泉之語，此豈宇文泰、蘇綽創造大誥文體時所及料者哉！

又近日論文者有以唐代貞元、元和古文運動乃遠承北朝蘇綽摹倣古體之遺風者，鄙意其説甚與事實不合。蓋唐代貞元、元和古文運動由於天寶亂後居留南方之文士對於當時政教之反動及民間俗體文之薰習，取古文之體，以試作小説，而卒底於成功者。此意嘗於論韓愈與唐代小説之關係一文（見哈佛亞細亞學報第一期）中略發之，以其與本書無涉，故不多及也。

茲所舉一二例已可證宇文泰摹古之制，身没未久，其子孫已不能遵用，而復返於漢魏，漸與山東、江左混同，至隋氏繼其遺業，遂明顯不疑，一掃而幾盡去之。蓋周禮本其一時權宜文飾之過渡工具，而非其基本霸業永久實質之所在。此點固當於兵制章詳論之，然就職官一端，亦闡明此意，而知宇文所摹倣之周制其實質究為如何也。

所謂周禮者乃託附於封建之制度也，其最要在行封國制，而不用郡縣制，又其軍隊必略依周禮夏官大司馬之文即大國三軍、次國二軍、小國一軍之制。今據周書、北史盧辯傳所載不改從周禮而仍襲漢魏之官職，大抵為地方政府及領兵之武職，是宇文之依周官改制，大致亦僅限於中央政府之文官而已。其地方政府既仍襲用郡縣制，封爵只為虛名，而不畀以土地人民政事，軍事則用府兵番衛制，集大權於中央，其受封藩國者，何嘗得具周官所謂大國三軍、次國二軍、小國一軍之設置乎？

又周書貳叁蘇綽傳(北史陸叁蘇綽傳同)略云：

又爲六條詔書奏施行之。其四擢賢良曰：「今刺史守令悉有僚吏，皆佐治之人也。刺史府官則命於天朝，其州吏以下並牧守自置，自昔以來，州郡大吏但取門資。夫門資者乃先世之爵祿，無妨子孫之愚瞽；今之選舉者當不限資蔭，唯在得人。苟得其人，自可起厮養而爲卿相，伊尹、傅説是也，而況州郡之職乎？苟非其人，則丹朱、商均雖帝王之胤，不能守百里之封，而況公卿之胄乎？」

寅恪案：北朝自魏孝文以來，極力摹倣南朝崇尚門第之制(見魏書陸拾、北史肆拾韓麒麟傳附顯宗傳)，而蘇綽實亦即宇文泰不尚門資之論，其在當時誠為政治上一大反動。夫州郡僚吏之尚門資猶以為非，則其不能亦不欲實行成周封建之制，以分散其所獲之政權，其事甚明，此宇文所以雖倣周禮以建官，而地方政治仍用郡縣之制，絕無成周封建之形似也。

又考晉書叁玖荀勖傳略云：

時又議省州郡縣半吏以赴農功，勖議以爲省吏不如省官，若欲省官，私謂九寺可并於尚書，蘭臺宜省付三府，然施行歷代，世之所習，是以久抱愚懷，而不敢言。然則漢魏以來中央政府職官重複，識者雖心知其非，祇以世之所習而不敢言，宇文之改革摹倣周禮託體甚高，實則僅實行其近代識者改革中央政府官制之議，而加以擴大，並改易其名，以符周制耳。宇文創建周官之實質及其限度如此，論史者不可不正確認識者也。

前所謂第二事即唐六典之性質，兹略加闡明。關於此書之施行問題，四庫全書柒玖史部職官類唐六典提要已有正確之論斷，近日本西京東方文化研究所東方學報第柒冊内藤乾吉氏復於其所著就唐六典施用一文詳為引申，故六典一書在唐代施行之問題已大體解決，不必别更討論。但寅恪此書主旨在説明唐代官制近承楊隋，遠祖(北)魏、(北)齊而祧北周者，與周官絕無干涉，此事本甚易知，然世仍有惑於六典之形式，不明瞭其成書之原委，而生誤會，遂謂其得周官遺意者，則與寅恪所持之説不合，因不得不略舉史實，以為證明。雖所舉材料不出四庫館臣所引之範圍，但彼等所討論者為六典施行與否之問題，寅恪所考辨者為唐代官制淵源系統之問題，主旨既别，材料即同，不妨引用也。

劉肅大唐新語玖著述類(參新唐書伍捌藝文志史部職官類六典三十卷注文及壹叁貳韋述傳，又程大昌考古編玖六典條)云：

開元十年玄宗詔書院撰六典以進，時張説爲麗正學士，以其事委徐堅。沈吟歲餘，謂人曰：「堅承乏已曾七度修書，有憑准，皆似不難，惟六典歷年措思，未知所從。」說又令學士毋嬰(煚)等檢前史職官，以今(令)式分入六司，以今朝六典象周官之制，然用功艱難，綿歷數載。其後張九齡委陸善經，李林甫委苑咸，至二十六年始奏上，百寮陳賀，迄今行之。

陳振孫書録解題陸職官類唐六典叁拾卷(參晁公武郡齋讀書志柒職官類唐六典條)云：

題御撰，李林甫等奉勅注。按：韋述集賢記注，開元十年起居舍人陸堅被旨修六典，上手寫白麻紙凡六條，曰：「理、教、禮、政、刑、事典，令以類相從，撰録以進。」張説以其事委徐堅，思之歷年，未知所適；又委毋煚、余欽、韋述，始以令式分入六司，象周禮六官之制，其沿革並入注，然用功艱難；其後張九齡又以委苑咸，二十六年奏草上，至今在書院。(武英殿聚珍本原注案：唐書藝文志張説以其事委徐堅，經歲無規制，乃命毋煚、余欽、咸廙、業孫、季良、韋述等參撰，及蕭嵩知院，加劉鄭蘭、蕭晟、盧若虛；張九齡知院，加陸善經；李林甫代九齡，加苑咸。委苑咸者，乃李林甫也。至云二十六年冬草上，考新舊唐書，九齡以二十四年罷政事，尋謫荆州，程大昌謂書成於九齡爲相之日，當在二十四年，林甫注成奏進，當在二十七年，故是書卷首止列林甫，而不及九齡也。)

今案新書百官志皆取此書，即太宗貞觀六年所定官令也。周官六職視周禮六典已有邦土邦事之殊，不可考證，唐志內外官與周制迥然不同，而强名六典，可乎？善乎范太史祖禹之言曰：「既有太尉、司徒、司空，而又有尚書省，是政出於二也。既有尚書省，而又有九寺，是政出於三也。」（寅恪案：此上乃范祖禹唐鑑貳武德七年論文。）本朝裕陵好觀六典，元豐官制盡用之，中書造命，門下審覆，尚書奉行，機事往往留滯，上意頗以爲悔云。

寅恪案：唐玄宗欲依周禮太宰六典之文，成唐六官之典，以文飾太平。帝王一時興到之舉，殆未嘗詳思唐代官制，近因（北）齊隋，遠祖漢魏，與周禮之制全不相同，難強為傅會也。故以徐堅之學術經驗，七次修書，獨於此無從措手，後來修書學士不得已乃取唐代令式分入六司，勉強遷就，然猶用功歷年，始得畢事。今觀六典一書並未能將唐代職官之全體分而為六，以象周禮之制，僅取令式條文按其職掌所關，分別性質，約略歸類而已。其書只每卷之首列敘官名員數同於周禮之序官，及尚書省六部之文摹倣周禮，比較近似，至於其餘部分，則周禮原無此職，而唐代實有其官，儻取之以強附古經，則非獨真面之迴殊，亦彌感駢枝之可去。徐堅有見於此，是以無從措手，後來繼任之人固明知其如是，但以奉詔修書，不能不敷衍塞責，即使為童牛角馬、不今不古之書，亦有所不能顧，真計出無聊者也。由此言之，依據唐六典不徒不足以證明唐代現行官制合於周禮，且轉能反證唐制與周禮其系統及實質絕無關涉，而此反證乃本書主旨之所在也。

又治史者若有因披覽六典尚書省六部職掌之文，而招現一種唐制實得周禮遺意之幻覺者，蓋由眩惑於名號所致，茲不欲詳辨，僅迻寫唐儒論武曌改制之言於此，亦可以理惑破幻矣。

唐會要伍柒尚書省分行次第條云：

武德令吏、禮、兵、民、刑、工等部。貞觀令吏、禮、民、兵、刑、工等部。光宅元年九月五日改爲六官，准周禮分，即今之次第乃是也。

通典貳叁職官典伍吏部尚書條周禮天官太宰掌建邦之六典，以佐王理邦國下注云：

變冢言太者，百官總焉，則謂之冢宰，列職於王，則謂之太宰，宰主也。周公居攝，而作六典之職，以佐王理邦國。漢成帝初分尚書，置四曹，蓋因事設員，以司其務，非擬於古制也。至光武乃分爲六曹，迄於魏晉，或五或六，亦隨宜施制，無有常典。自宋齊以來，多定爲六曹，稍似周禮。至隋六部，其制益明。大唐武太后遂以吏部爲天官，户部爲地官，禮部爲春官，兵部爲夏官，刑部爲秋官，工部爲冬官，以承周六官之制。若參詳古今，徵考職任，則天官太宰當爲尚書令，非吏部之任，今吏部之始宜出於夏官之司士。

四 刑律

律令性質本極近似，不過一偏於消極方面，一偏於積極方面而已。太平御覽陸叁捌刑法部列杜預〔晉〕律序云：

律以定罪名，令以存事制。

唐六典陸刑部郎中員外郎條云：

凡律以正刑定罪，令以設範立制，格以禁違止邪，式以軌物程事。

新唐書伍陸刑法志序云：

唐之刑書有四：曰律、令、格、式。令者，尊卑貴賤之等數，國家之制度也。格者，百官之所常行之事也。式者，其所常守之法也。

夫漢代律令區別雖尚有問題，但本書所討論之時代，則無是糾紛之點，若前職官章所論即在職員令、官品令之範圍，固不待言也。又古代禮律關係密切，而司馬氏以東漢末年之儒學大族創建晉室，統制中國，其所製定之刑律尤為儒家化，既為南朝歷代所因襲，北魏改律，復採用之，輾轉嬗蜕，經由（北）齊隋，以至於唐，實為華夏刑律不祧之正統，亦適在本書所討論之時代，故前禮儀章所考辨者大抵與之有關也。兹特以禮儀、職官、刑律三章先後聯綴，凡隋唐制度之三源而與刑律有涉者，讀者取前章之文參互觀之可也。

又關於隋唐刑律之淵源，其大體固與禮儀、職官相同，然亦有略異者二端：其第一事即元魏正始以後之刑律雖其所採用者諒止於南朝前期，但律學在江東無甚發展，宋齊時代之律學仍兩晉之故物也。梁陳時代之律學亦宋齊之舊貫也。隋唐刑律近承北齊，遠祖後魏，其中江左因子雖多，止限於南朝前期，實則南朝後期之律學與其前期無大異同。故謂「自晉氏而後律分南北二支，而南朝之律至陳併於隋，其祀遽斬」（程樹德先生後魏律考序所言）者固非，以元魏刑律中已吸收南朝前期因子在内也。但謂隋唐刑律頗採南朝後期之發展，如禮儀之比（見前禮儀章），則亦不符事實之言也。其第二事即北魏之初入中原，其議律之臣乃山東士族，頗傳漢代之律學，與江左之專守晉律者有所不同，及正始定律，既兼採江左，而其中河西之因子即魏晉文化在凉州之遺留及發展者，特為顯著，故元魏之刑律取精用宏，轉勝於江左承用之西晉舊律，此點與禮儀、職官諸制度之演變稍異者也。請先證明第一事：

隋書貳伍刑法志略云：

晉氏平吴，九州寧一，乃令賈充大明刑憲，内以平章百姓，外以和協萬邦（寅恪案：此句指晉律諸侯篇），寔曰輕平，稱爲簡易，是以宋齊方駕轥其餘軌。梁武初即位時議定律令，得齊時舊郎濟陽蔡法度家傳律學，云齊武時删定郎王植之集注張（斐）、杜（預）舊（晉）律，合爲一書，凡一千五百三十條，事未施行，其文殆滅，法度能言之。於是以爲兼尚書删定郎，使損益植之舊本，以爲梁律。天監元年八月乃下詔曰：「律令不一，實難去弊，殺傷有法，昏墨有刑，此蓋常科，易爲條例，前王之律，後王之令（寅恪案：此語見史記壹貳叁、漢書陸拾杜周傳，王或當作主也），因循創附，良各有以。若遊辭費句無取於實録者，宜悉除之，求文指歸可適變者，載一家爲本，用衆家以附，丙丁俱有，則去丁以存丙，若丙丁二事注釋不同，則二家兼載。咸使百司議其可不，取其可安，以爲標例，宜云：某等如干人同議，以此爲長，則定以爲梁律（寅恪案：此爲當時流行之合本子句方法。見蔡元培先生六十五歲慶祝論文集拙著支愍度學説考及前中央研究院歷史語言研究所集刊第捌本第二分拙著讀洛陽伽藍記書後）。」陳氏承梁季喪亂，刑典疏闊，及武帝即位，乃下詔搜舉良才，删改科令，於是稍求得梁時明法吏，令與尚書删定郎范泉參定律令，制律三十卷。其制唯重清議禁錮之科，其獲賊帥及士人惡逆免死付治，聽將妻入役，不爲年數，又存贖罪之律，復父母緣坐之刑，自餘篇目條綱輕重繁簡一治用梁法。

隋書陸陸裴政傳（北史柒柒裴政傳同）略云：

詔與蘇威等修定律令，政採魏晉刑典，下至齊梁，沿革輕重取其折中，同撰著者十有餘人，凡疑滯不通，皆取決於政。（前文已引。）

據此，南朝前期之宋齊二代既承用晉律，其後期之梁律復基於王植之之集注張斐、杜預晉律，而陳律又幾全同於梁律，則南朝前後期刑律之變遷甚少。北魏正始制定律令，南士劉芳為主議之人，芳之入北在劉宋之世，則其所採自南朝者雖應在梁以前，但實與梁以後者無大差異可知。北魏、北齊之律輾轉傳授經隋至唐，是南支之律並不與陳亡而俱斬也。又裴政本以江陵梁俘入仕北朝，史言其定隋律時下採及梁代，然則南朝後期之變遷發展當亦可浸入其中，恐止為極少之限度，不足輕重耳。

證明第一事既竟，請及第二事：

魏書貳太祖紀（北史壹魏本紀同）略云：

天興元年十有一月詔三公郎中王德定律令，申科禁，吏部尚書崔玄伯（宏）總而裁之。（參考魏書貳肆及北史貳壹崔玄伯傳。）

同書肆上世祖紀（北史貳魏本紀同）云：

神䴥四年冬十月戊寅詔司徒崔浩改定律令。

同書肆下世祖紀（北史貳魏本紀同）云：

真君六年三月詔諸疑獄皆付中書，以經義量決。正平元年六月詔曰：「夫刑網太密，犯者更衆，朕甚愍之，有司其案律令，務求厥中，自餘有不便於民者，依比增損。」詔太子少傅游雅、中書侍郎胡方回等改定律制。（參考魏書伍肆、北史叁肆游雅傳及魏書伍貳、北史叁肆胡方回傳。）

魏書肆捌高允傳（北史叁壹高允傳同）略云：

〔允〕博通經史、天文、術數，尤好春秋公羊。〔世祖〕又詔允與侍郎公孫質、李虛、胡方回共定律令。初真君中以獄訟留滯，始令中書以經義斷諸疑事。允據律評刑三十餘載，内外稱平。允所製詩賦、誄頌、箴論、表讚、左氏公羊釋、毛詩拾遺、論雜解、議何鄭膏肓事凡百餘篇，別有集行於世。

寅恪案：此北魏孝文太和以前即北魏侵入中原未久時間議定刑律之極簡紀述也。即就此極簡紀述中其議定刑律諸人之家世、學術、鄉里環境可以注意而略論之者，首為崔宏、浩父子，此二人乃北魏漢人士族代表及中原學術中心也。其家世所傳留者實漢及魏晉之舊物。史記拾文帝紀十三年五月齊太倉令淳于公有罪當刑條索隱引崔浩漢律序云：

文帝除肉刑，而宮不易。

據此，則浩必深通漢律者也。當日士族最重禮法。禮律古代本為混通之學，而當時之學術多是家世遺傳，故崔氏父子之通漢律自不足怪。又崔浩與胡方回有關，方回出自西北，自中原經永嘉之亂，西北一隅為保持漢魏晉學術之地域，方回之律學以事理推之，當亦漢律之系統，而與江左之專家用西晉刑律而其律家之學術不越張、杜之範圍者，要當有所不同也。高允在北魏為崔浩之外第一通儒，史稱其尤好春秋公羊，其撰著中復有關於公羊春秋者，其議何鄭膏肓事今雖不傳，以其學派好尚言之，疑亦是為公羊辯護者。考漢儒多以春秋決獄（參見程樹德先生九朝律考柒春秋決獄考），漢書藝文志有公羊董仲舒春秋治獄十六篇，允既篤好春秋公羊，其在中書三十餘年以經義斷獄，則其學術正是漢儒之嫡傳無疑（此點程樹德先生九朝律考壹伍後魏律序中已及之，其説甚諦，故特為申述，不敢掠美也）。斯又江左之律學所無者也。又游雅之律學其傳授始末雖無可考，然據魏書北史魏世祖紀、高允傳、游雅傳等，知魏太武神䴥四年九月壬申詔徵諸人如范陽盧玄、渤海高允、廣平游雅等皆當日漢人中士族領袖，其詔書稱之為「賢儁之胄，冠冕州邦」。夫所謂「賢儁之胄」者，即具備鄙説所謂家世傳留之學術之第一條件；所謂「冠冕州邦」者，即具備鄙説所謂地方環境薰習之第二條件。觀游雅之高自矜誕，及高允之特別重雅，則雅之家世學術必非庸泛。雅既與正平定律之役，而其從祖弟明根復又參定律令並定律令之勤，得布帛一千匹、穀一千斛之厚賜，明根子肇既徵為廷尉少卿，後又徙為廷尉卿，以持法仁平知名（俱見魏書伍伍、北史叁肆游明根、游肇傳）。夫漢魏之時法律皆家世之學，故後漢書柒陸郭躬傳略云：

順帝時廷尉河南吴雄季高以明法律斷獄，起自孤宦，致位司徒，及子訢、孫恭三世廷尉，爲法名家。

及同書捌肆楊震傳附楊賜傳載賜以世非法家，固辭廷尉之職。又南齊書貳捌崔祖思傳（南史肆柒崔祖思傳略同）略云：

上（齊高帝）初即位，祖思啓陳政事曰：「憲律之重由來尚矣，實宜清置廷尉，茂簡三官。漢來治律子孫並世其業，聚徒講授至數百人，故張于二氏絜譽文宣之世，陳郭兩族流稱武明之朝，決獄無冤，慶昌枝裔，槐衮相襲，蟬紫傳輝。今廷尉律生乃令史門户，族非咸弘，庭缺于訓，刑之不措，抑此之由。如詳擇篤厚之士，使習律令，試簡有徵，擢爲廷尉僚屬，苟官世其家，而不美其績，鮮矣。若劉累傳守其業，庖人不乏龍肝之饌，斷可知矣。」

後漢書玖貳鍾皓傳略云：

鍾皓，潁川長社人也。爲郡著姓，世善刑律，以詩律教授，門徒千餘人。皓孫繇。

章懷注引海内先賢傳曰：「繇，主簿迪之子也。」

三國志魏志壹叁鍾繇傳注引先賢行狀略云：

鍾皓博學詩律，教授門生千有餘人，二子：迪、敷。繇則迪之孫。

同書同卷鍾繇傳略云：

魏國初建，爲大理，遷相國；文帝即王位，復爲大理；及踐阼，改爲廷尉。子毓。（曹）爽既誅，入爲御史中丞侍中廷尉。聽君父已没，臣子得爲理謗，及士爲侯，其妻不復配嫁，毓所創也。

三國志魏志貳捌鍾會傳略云：

鍾會，太傅繇少子也。及會死後，於會家得書二十篇，名曰道論，而實刑名家也。

由此言之（其例證詳見程著九朝律考捌漢律家考及玖魏律家考，茲不贅），游氏之議定法令，任廷尉卿，恐猶是當時中原士族承襲漢魏遺風，法律猶為家世相傳之學，觀崔祖思之論，可知江左士族其家世多不以律學相傳授，此又河北、江東之互異者也。又魏書叁叁公孫表傳（北史貳柒公孫表傳同）略云：

初太祖以慕容垂諸子分據勢要，權柄推移，遂至滅亡，且國俗敦樸，嗜欲寡少，不可啓其機心，而導其利巧，深非之。表承指上韓非書二十卷，太祖稱善。第二子軌，軌弟質。

魏書、北史雖不載公孫質律學傳授由來，然即就公孫表傳表上韓非書一端言，其事固出於迎合時主意旨，或者法家之學本公孫氏家世相承者，亦未可知也。

總之，拓跋部落入主中原，初期議定刑律諸人多為中原士族，其家世所傳之律學乃漢代之舊，與南朝之顓守晉律者大異也。

北魏孝文太和時改定刑律共有二次，第一次所定者恐大抵為修改舊文，使從輕典，其所採用之因子似與前時所定者無甚不同。第二次之所定，則河西因子特為顯著。至宣武正始定律河西與江左二因子俱關重要，於是元魏之律遂匯集中原、河西、江左三大文化因子於一爐而冶之，取精用宏，宜其經由北齊，至於隋唐，成為二千年來東亞刑律之準則也。茲略引史載北魏太和正始數次修律始末以論證之。其關於河西文化者，可參閱前禮儀章。

魏書柒高祖紀（北史叁魏本紀同）云：

太和元年九月乙酉詔羣臣定律令於太華殿。

同書肆捌高允傳（北史叁壹高允傳同）略云：

明年（太和三年）詔允議定律令。

同書壹壹壹刑罰志略云：

〔太和〕三年下詔曰：「治因政寬，弊由網密，今候職千數，姦巧弄威，重罪受賕不列，細過吹毛而舉，其一切罷之。」於是更置謹直者數百人，以防諠鬭於街術，吏民各安其職業。先是以律令不具，姦吏用法致有輕重，詔中書令高閭集中祕官等修改舊文，隨例增減，又勑羣官參議厥衷，經御刊定，五年冬訖，凡八百三十二章。

寅恪案：此太和第一次定律，其議律之人如高允、高閭等（參魏書伍肆、北史叁肆高閭傳）皆中原儒士，保持漢代學術之遺風者，前已言之矣。

魏書柒下高祖紀（北史叁魏本紀同）云：

太和十五年五月己亥議改律令，於東明觀折疑獄。八月丁巳議律令事。十六年四月丁亥朔班新律令，大赦天下。五月癸未詔羣臣於皇信堂更定律條流徙限制，帝親臨決之。

十七年二月乙酉詔賜議律令之官各有差。

寅恪案：魏書、北史李沖傳云：

及議禮儀律令，潤飾辭旨，刊定輕重，高祖雖自下筆，無不訪決焉。（前文已引）

此新律孝文雖自下筆，而備咨訪取決者，實為李沖。前代史籍多以制作大典歸美君主，實則別有主撰之人，如清代聖祖御製諸書即其例也。然則此太和新律總持之主人乃李沖非孝文也。沖之與河西關係前已詳論，茲不復贅。又魏書、北史源賀傳附懷傳云：

思禮後賜名懷，遷尚書令，參議律令。（前文已引）

源氏雖非漢族，亦出河西，其家子孫漢化特深，至使人詈為漢兒（見前引北史源師傳）。然則源懷之學亦猶李沖之學，皆河西文化之遺風。太和第二次定律河西因子居顯著地位，觀此可知矣。又有可注意者，即太和新律已於太和十六年四月頒行，其時猶在王肅北奔前之一歲。蓋太和定律，江東文化因素似未能加入其中，恐亦由此未能悉臻美備，遂不得不更有正始定律之舉歟？

魏書捌世宗紀(北史肆魏本紀同)云：

正始元年十有二月己卯詔羣臣議定律令。

同書陸玖袁翻傳(北史肆柒袁翻傳同)略云：

袁翻，陳郡項人也。父宣有才筆，爲劉彧青州刺史沈文秀府主簿。皇興中東陽州平，隨文秀入國，而大將軍劉昶每提引之，言是其外祖淑之近親，令與其府諮議參軍袁濟爲宗。翻少以才學擅美一時，正始初詔尚書門下於金墉中書外省考論律令，翻與門下録事常景、孫紹，廷尉監張虎，律博士侯堅固，治書侍御史高綽，前軍將軍邢苗，奉車都尉程靈虬，羽林監王元龜，尚書郎祖瑩、宋世景，員外郎李琰之，太樂令公孫崇等並在議限。又詔太師彭城王勰、司州牧高陽王雍、中書監京兆王愉、前青州刺史劉芳、左衛將軍元麗、兼將作大匠李韶、國子祭酒鄭道昭、廷尉少卿王顯等入預其事。

同書壹壹壹刑罰志云：

世宗即位，意在寬政，正始元年冬詔曰：「議獄定律有國攸慎，輕重損益世或不同，先朝垂心憲典，刊革令軌，但時屬征役，未之詳究，施於時用，猶致疑舛。尚書門下可於中書外省論律令，諸有疑事斟酌新舊，更加思理，增減上下必令周備，隨有所立，别以甲聞，庶於循變協時，永作通制。」

寅恪案：抽繹正始議律之詔語，知於太和新律意有所不滿，故此次之考論必於太和新律所缺乏之因子當有彌補，而太和新律中江左因子最少，前已言及，今正始修律議者雖多，但前後實主其事者劉芳、常景二人而已。二人魏書、北史俱有傳，前禮儀章已將其傳文節引之矣。茲不復詳悉重出，但略述最有關之語以資論證。考劉芳本南朝士族以俘虜入魏，其律學自屬江左系統無疑。魏書、北史芳傳云：

（自青州刺史）還朝，議定律令，芳斟酌古今，爲大議之主，其中損益多芳意也。（前文已引）

據此，正始議律芳實為其主持者，其所以委芳以主持之任者，殆不僅以芳為當世儒宗，實欲藉以輸入江左文化，使其益臻美備，而補太和新律之缺憾耶？至此次與議之袁翻其以江左士族由南入北，正與劉芳同類，其律學亦為南學，更無待論也。

洛陽伽藍記壹城内永寧寺條略云：

〔常〕景字永昌，河內人也。敏學博通，知名海內。太和十九年爲高祖所器，拔爲律學博士，刑法疑獄多訪於景。正始初詔刊律令，永作通式，勅景共治書侍御史高僧裕、羽林監王元龜、尚書郎祖瑩、散騎侍郎李琰之等撰集其事，又詔彭城王勰、青州刺史劉芳入預其議。景討正科條，商推古今，甚有倫序，見行於世，今律二十篇是也。

寅恪案：前禮儀章引常爽、常景祖孫傳，知其家世本出涼州，爽為當日大師，代表河西文化，景之起家為律博士，尤足徵刑律為其家世之學也。魏書、北史常景傳又謂：

先是太常劉芳與景等撰朝令，未及班行，別典儀注，多所草創，未成，芳卒，景纂成其事。及世宗崩，召景〔自長安〕赴京，還修儀注，又勅撰太和之後朝儀已施行者，凡五十餘卷。永熙二年監議〔五禮〕（依徐崇說補）事。（前文已引）

此事固與刑律有別，但可知景為繼劉芳之人，為當日禮儀、刑律之所從出，其在元魏末期法制史上地位之重要，自可知也。至程靈虬者，程駿之子（魏書、北史程駿傳，前文已引），家世本出涼州，駿為河西大儒劉昞之門人，靈虬又從學常爽，故靈虬刑律之學亦河西之流派也。總之，元魏刑律實綜匯中原士族僅傳之漢學及永嘉亂後河西流寓儒者所保持或發展之漢魏晉文化，並加以江左所承西晉以來之律學，此誠可謂集當日之大成者。若就南朝承用之晉律論之，大體似較漢律為進化，然江左士大夫多不屑研求刑律，故其學無大發展。且漢律之學自亦有精湛之義旨，為江東所墜失者，而河西區域所保存漢以來之學術，別自發展，與北魏初期中原所遺留者亦稍不同，故北魏前後定律能綜合比較，取精用宏，所以成此偉業者，實有其廣收博取之功，並非偶然所致也。

北齊刑律最為史家所稱，隋書貳伍刑法志略云：

河清三年尚書令趙郡王叡等奏上齊律十二篇，又上新令四十卷，大抵採魏晉故事。是後法令明審，科條簡要。又勑仕門子弟常講習之，齊人多曉法律，蓋由此也。

〔周律〕比於齊法，煩而不要。

故齊律之善於周律不待詳論。但程樹德先生九朝律考壹柒北齊律考序云：

推原其故，蓋高氏爲勃海蓨人。勃海封氏世長律學，封隆之參定麟趾格，封繪議定律令，而齊律實出於封繪之手，祖宗家法俱有淵源。

寅恪案：程氏之説以高齊皇室與封氏同鄉里，而封氏又世長律學，似欲取家世及鄉里二端以解釋齊律所以美備之故。鄙意封氏世傳律學，本南北朝學術中心移於家族之一例，其與高齊帝室同出渤海，則一偶然之事，實無相關之必然性也。竊謂齊律之美備殆由承襲北魏刑律之演進所致，並非由皇室鄉里之特殊之原因。北齊刑律較優於南朝，前已言之，北齊之典章制度既全部因襲北魏，刑律亦不能獨異，故此乃全體文化之承繼及其自然演進之結果，觀於前論禮儀、宮城、職官諸制度可以證明。程氏專考定律始末，僅就高齊與封氏同鄉里一端立説，恐失之稍隘也。

北周制律，強摹周禮，非驢非馬，與其禮儀、職官之制相同，已於前職官章詳論之，茲不復贅。故隋受周禪，其刑律亦與禮儀、職官等皆不襲周而因齊，蓋周律之矯揉造作，經歷數十年而天然淘汰盡矣。

隋書貳伍刑法志略云：

高祖既受周禪，開皇元年乃詔尚書左僕射高熲等更定新律奏上之，多採後齊之制，而頗有損益。三年又敕蘇威、牛弘更定新律，自是刑網簡要，疎而不失。

唐承隋業，其刑律又因開皇之舊本，唐會要叁玖定格令門（參考舊唐書伍拾刑法志）云：

武德元年六月十一日詔劉文靜與當朝通識之士因隋開皇律令而損益之，遂制爲五十三條，務從寬簡，取便於時。其年十一月四日頒下，仍令尚書令左僕射裴寂、吏部尚書殷開山、大理卿郎楚之、司門郎中沈叔安、内史舍人崔善爲等更撰定律令，十二月十二日又加内史令蕭瑀、禮部尚書李綱、國子博士丁孝烏等同修之，至七年三月二十九日成，詔頒於天下。大略以開皇爲準，正五十三條，凡律五百條，格入於新律，他無所改正。

寅恪案：唐律因於隋開皇舊本，隋開皇定律又多因北齊，而北齊更承北魏太和正始之舊，然則其源流演變固瞭然可考而知也。兹就唐律中略舉其源出北齊最顯而易見之例數則，以資參考。

唐律疏議壹名例篇云：

魏因漢律爲一十八篇，改漢具律爲刑名第一。晉命賈充等增損魏律爲二十篇，於魏刑名律中分爲法例律，宋、齊、梁、後魏因而不改。爰至北齊併刑名、法例爲名例，後周復爲刑名。隋因北齊，更爲名例；唐因於隋，相承不改。

寅恪案：此隋唐律因北齊而不襲後周之一例證。

同書柒衛禁篇云：

衛禁律者，秦漢及魏未有此篇，晉賈充酌漢魏之律，隨事增損，創制此篇，名衛宫律，自宋洎於後周此名並無所改。至於北齊，將關禁附之，更名禁衛律，隋開皇改爲衛禁律。

寅恪案：此隋唐律因北齊而不襲後周之又一例證。

同書壹貳户婚篇云：

户婚律，漢相蕭何承秦六篇律後加廄興户三篇，爲九章之律；迄至後周，皆名户律；北齊以婚事附之，名婚户律；隋開皇以户在婚前，改爲户婚律。

寅恪案：此為隋唐律承北齊而不襲後周之又一例證。

同書貳壹鬬訟篇云：

從秦漢至晉，未有此篇。至後魏太和年分繫訊律爲鬬律，至北齊以訟事附之，名爲鬬訟律，後周爲鬬競律，隋開皇依齊鬬訟名，至今不改。

寅恪案：此隋唐律因北齊不襲後周之又一例證。

同書貳捌捕亡篇云：

捕亡律者，魏文侯之時李悝制法經六篇，捕法第四，至後魏名捕亡律，北齊名捕斷律，後周名逃捕律，隋復名捕亡律。

又同書貳玖斷獄篇云：

斷獄律之名起自於魏，魏分李悝囚法，而出此篇。至北齊，與捕亡律相合，更名捕斷律。至後周復爲斷獄律。

寅恪案：初觀此有似隋制律時此點不因北齊而轉承後周者，但詳繹之，則由北齊律合後魏律之捕亡與斷獄為一，名捕斷律，隋律之復析為二，實乃復北魏之舊，非意欲承北周也。然則據此轉可證明北魏、北齊、隋、唐律為一系相承之嫡統，而與北周律無涉也，恐讀者有所疑滯，特為之附辨於此。

五　音　樂

今論隋唐音樂之淵源，其雅樂多同於禮儀，故不詳及，惟有涉誤會及前所未論者乃解釋補充之。至胡樂則論述較詳，蓋自來中外學人考隋唐胡樂之源流者，其著撰大抵關於唐代直接輸入之胡樂及隋代鄭譯七調出於北周武帝時龜茲人蘇祇婆之類，皆已考證詳碻，此本章所不欲重論者。本章所欲論者，在證述唐之胡樂多因於隋，隋之胡樂又多傳自北齊，而北齊胡樂之盛實由承襲北魏洛陽之胡化所致。因推究其淵源，明述其系統，毋使考史者僅見鄭譯七調之例，遂誤以為隋唐胡樂悉因於北周也。

隋書壹肆音樂志略云：

開皇二年齊黄門侍郎顔之推上言：「禮崩樂壞，其來自久，今太常雅樂並用胡聲，請馮梁國舊事，考尋古典。」高祖不從曰：「梁樂亡國之音，奈何遣我用耶？」是時尚因周樂，命工人齊樹提檢校樂府，改换聲律，益不能通。俄而柱國沛公鄭譯奏上請修更正，於是詔太常卿牛弘、國子祭酒辛彦之、國子博士何妥等議正樂，然淪謬既久，積年議不定，高祖大怒曰：「我受天命七年，樂府猶歌前代功德耶？」

寅恪案：此條所紀有應解釋補充者數事，即顏之推所謂「今太常雅樂並用胡聲」之語指隋書壹肆音樂志所載：

〔周〕太祖輔魏之時，高昌款附，乃得其伎，教習以備饗宴之禮。及天和六年，武帝罷掖庭四夷樂，其後帝娉皇后於北狄，得其所獲康國、龜茲等樂，更雜以高昌之舊，並於大司樂習焉，採用其聲，被於鍾石，取周官制以陳之。

一節，蓋周之樂官採用中央亞細亞之新樂也。但志謂高祖以梁樂為亡國之音，不從顏之推之請，似隋之雅樂不採江左之舊者，則實不然。隋書壹伍音樂志略云：

開皇九年平陳，獲宋齊舊樂，詔於太常置清商署以管之，求陳太樂令蔡子元、于普明等，復居其職。由是牛弘奏曰：「前克荆州，得梁家雅曲，今平蔣州，又得陳氏正樂，史傳相承，以爲合古，且觀其曲體，用聲有次，請修緝之，以備雅樂。其後魏洛陽之曲，據魏史云太武平赫連昌所得，更無明證，後周所用者皆是新造，雜有邊裔之聲，戎音亂華，皆不可用，請悉停之。」晉王廣又表請，帝乃許之。牛弘遂因鄭譯之舊，又請依古五聲六律旋相爲宮，高祖猶憶〔何〕妥言（寅恪案：何妥非十二律旋相爲宮義，見隋書壹肆音樂志），注弘奏下不許作旋宮之樂，但作黃鍾一宮而已。於是牛弘及祕書丞姚察、通直散騎常侍許善心、儀同三司劉臻、通直郎虞世基更共詳議。十四年三月樂定(參隋書貳高祖紀開皇十四年三月乙丑詔書)。祕書監奇章縣公牛弘，祕書丞北絳郡公姚察，通直散騎常侍虞部侍郎許善心，兼内史舍人虞世基，儀同三司東宮學士饒陽伯劉臻等奏曰：「金陵建社，朝士南奔，帝則皇規粲然更備，與内原(寅恪案：内原即中原，隋諱嫌名故改)隔絶，三百年於兹矣。伏惟明聖膺期，會昌在運，今南征所獲梁陳樂人及晉宋旗章宛然俱至，臣等伏奉明詔，詳定雅樂，博訪知音，旁求儒彦，研校是非，定其去就，取爲一代正樂，具在本司。」於是並撰歌辭三十首，詔並令施用。

據此，則隋制雅樂，實採江東之舊，蓋雅樂系統實由梁陳而傳之於隋也。其中議樂諸臣多是南朝舊人，其名氏事蹟前已述及者，兹從略省，惟補記前文所未載者如下：

陳書貳柒姚察傳(南史陸玖姚察傳同)略云：

姚察，吴興武康人也。九世祖信吴太常卿，有名江左。〔梁〕元帝於荆州即位，授察原鄉令。〔陳後主世〕遷吏部尚書。陳滅入隋，開皇九年詔授祕書丞。

北齊書肆伍文苑傳顔之推傳(北史捌叁文苑傳顔之推傳同)略云：

顔之推，琅邪臨沂人也。九世祖含從晉元東度，官至侍中右光禄西平侯；父勰梁湘東王繹鎮西府諮議參軍。〔湘東王〕繹遣世子方諸出鎮郢州，以之推掌管記，値侯景陷郢州，被囚送建業，景平，還江陵，時繹已立，以之推爲散騎侍郎奏舍人事。後爲周軍所破，大將軍李顯慶重之，令掌其兄陽平公遠書翰，值河水暴長，具船將妻子來奔。〔後〕除黄門侍郎，齊亡入周，隋開皇中太子召爲學士。

隋書柒陸文學傳劉臻傳(北史捌叁文苑傳劉臻傳同)略云：

劉臻，沛國相人也。父顯，梁尋陽太守。臻爲邵陵王東閣祭酒，元帝時遷中書舍人。江陵陷，復歸蕭詧，以爲中書侍郎。周冢宰宇文護辟爲中外府記室，後歷藍田令畿伯下大夫。高祖受禪，進位儀同三司。

寅恪案：姚察、顔之推、劉臻皆江左士族，梁陳舊臣，宜之推請依梁舊事，以考古典，察、臻等議定隋樂，以所獲梁陳樂人備研校，此乃隋開皇時制定雅樂兼採梁陳之例證也。

隋書壹伍音樂志略云：

始開皇初定令，置七部樂：一曰國伎，二曰清商伎，三曰高麗伎，四曰天竺伎，五曰安國伎，六曰龜茲伎，七曰文康伎；又雜有疎勒、扶南、康國、百濟、突厥、新羅、倭國等伎。及大業中，煬帝乃定清樂、西凉、龜茲、天竺、康國、疎勒、安國、高麗、禮畢，以爲九部樂，器工依創造，既成，大備於兹矣。

清樂，其始即清商三調是也。並漢來舊曲，樂器形制並歌章古辭與魏三祖所作者皆被於史籍，屬晉朝遷播，夷羯竊據，其音分散。苻永固(寅恪案：苻堅字永固，此避隋諱改)平張氏，始於涼州得之。宋武平關中，因而入南，不復存於內地，及平陳後獲之。高祖聽之，善其節奏，曰：「此華夏正聲也。」其樂器有鐘、磬、琴、瑟、擊琴、琵琶、箜篌、筑、箏、節鼓、笙、笛、簫、篪、塤等十五種爲一部，工二十五人。

寅恪案：此隋定樂兼採梁陳之又一例證也，此部樂器中既有琵琶、箜篌，是亦有胡中樂器，然則亦不得謂之純粹華夏正聲，蓋不過胡樂之混雜輸入較先者，往往使人不能覺知其為輸入品耳。同書同卷音樂志略云：

西涼者起苻氏之末，呂光、沮渠蒙遜等據有涼州，變龜茲聲爲之，號爲秦漢伎；魏太武既平河西得之，謂之西涼樂；至魏周之際遂謂之國伎。今曲項琵琶、豎頭箜篌之徒並出自西域，非華夏舊器。

寅恪案：此河西文化影響北魏遂傳至隋之一例證，其系統淵源，史志之文尤明顯矣。至云魏周之際遂謂之國伎，則流傳既久，渾亡其外來之性質，凡今日所謂國粹者頗多類此，如國醫者是也，以非本書範圍，故不置論。

隋書壹伍音樂志略云：

龜茲者，起自呂光滅龜茲，因得其聲。呂氏亡，其樂分散，後魏平中原，復獲之。其聲後多變易，至隋有西國龜茲、齊朝龜茲、土龜茲等，凡三部。開皇中其器大盛於閭閈，時有曹妙達、王長通、李士衡、郭金樂、安進貴等，皆妙絶弦管，新聲奇變，朝改暮易，持其音伎，估衒公王之間，舉時爭相慕尚。高祖病之，謂羣臣曰：「聞公等皆好新變，所奏無復正聲，此不祥之大也。公等對親賓宴飲，宜奏正聲，聲不正，何可使兒女聞也。」帝雖有此敕，而竟不能救焉。煬帝大製艷篇，辭極淫綺，令樂正白明達造新聲，帝悦之無已，因語明達云：「齊氏偏隅，曹妙達猶自封王，我今天下大同，欲貴汝，宜自修謹！」

寅恪案：隋代上自宫廷，下至民衆，實際上最流行之音樂，即此龜茲樂是也。考龜茲樂多傳自北齊，如曹妙達者，固是齊人也。隋書壹叁音樂志略云：

煬帝矜奢，頗玩淫曲，御史大夫裴蘊揣知帝情，奏括周、齊、梁、陳樂工子弟及人間善聲調者凡三百餘人，並付太樂，倡優獿雜咸來萃止。其哀管新聲淫絃巧奏，皆出鄴城之下，高齊之舊曲云。

觀此，則知隋世之音樂實齊樂也。又其所謂「倡優獿雜」者即隋書壹伍音樂志之

始齊武平中有魚龍爛漫、俳優朱儒、山車巨象、拔井種瓜、殺馬剥驢等奇怪異端百有餘物，名爲百戲。周時鄭譯有寵於宣帝，奏徵齊散樂人並會京師爲之，蓋秦角抵之流者也，開皇初並放遣之。及大業二年突厥染干來朝，煬帝欲誇之，總追四方散樂大集東都。

一節所言之散樂，亦即齊之百戲也。又隋代不僅俗樂即實際流行之音樂出於北齊，即廟堂雅奏亦受齊樂工之影響。如隋書壹伍音樂志云：

高祖遣内史侍郎李元操、直内史省盧思道等列清廟歌辭十二曲，令齊樂人曹妙達於太常教習，以代周歌。

可證也，考北齊盛行之樂皆是胡樂，隋書壹肆音樂志述齊代音樂略云：

雜樂有西涼、鼙舞、清樂、龜茲等，然吹笛、彈琵琶、五弦歌舞之伎自文襄以來皆所愛好，至河清以後傳習尤盛。後主唯賞胡戎樂，耽愛無已，於是繁手淫聲争新哀怨，故曹妙達、安未弱、安馬駒之徒至有封王開府者。

寅恪案：曹、安等皆西胡氏族也，北齊之宫廷尤其末年最為西域胡化，其關於政治及其他伎術者，茲置不論。即觀北齊書伍拾恩倖傳(北史玖貳恩幸傳同)所載關於音樂歌舞者，可知皆出於西胡之族類也，如傳序略云：

西域醜胡龜茲雜伎封王者接武，開府者比肩。胡人樂工叨竊貴幸，今亦出焉。

傳末略云：

又有史醜多之徒胡小兒等數十，咸能舞工歌，亦至儀同開府封王。至於胡小兒等眼鼻深險，一無可用。

然則北齊宮廷胡化音樂勢力之廣大有如是者，更可注意者，即恩倖傳韓鳳傳云：

壽陽陷没，鳳與穆提婆聞告敗，握槊不輟曰：「他家物，從他去。」後帝使於黎陽臨河築城戍曰：「急時且守此作龜茲國子，更可憐人生如寄，唯當行樂，何因愁爲？」君臣應和若此。

夫握槊西胡戲也，龜茲西域國也，齊室君臣於存亡危急之秋猶應和若此，則其西胡化之程度可知，何怪西胡音樂之大盛於當時，而傳流於隋代也。鄙意北齊鄴都所以如此之西胡化者，其故實為承襲北魏洛陽之遺風，洛陽伽藍記叁城南永橋以南圜丘以北伊洛之間夾御道有四夷館條云：

西夷來附者處崦嵫館，賜宅慕義里。自葱嶺以西至於大秦，百國千城莫不欵附，商胡販客日奔塞下，所謂盡天地之區矣。樂中國土風因而宅者，不可勝數，是以附化之民萬有餘家，門巷修整，閶闔填列，青槐蔭陌，緑柳垂庭，天下難得之貨，咸悉在焉。

又同書同卷菩提寺條云：

菩提寺，西域胡人所立也，在慕義里。

蓋北魏洛陽既有萬餘家之歸化西域胡人居住，其後東魏遷鄴，此類胡人當亦隨之移徙，故北齊鄴都西域胡化尤其胡樂之盛必與此有關。否則齊周東西隔絶，若以與西域交通論，北周領土更為便利，不應北齊宮廷胡小兒如是之多，為政治上一大勢力，而西域文化如音樂之類北齊如是之盛，遂至隋代猶承其遺風也。故隋之胡樂大半受之北齊，而北齊鄴都之胡人胡樂又從北魏洛陽轉徙而來，此為隋代胡樂大部分之系統淵源，前人尚未論及，因為備述之如此。至唐初音樂之多承隋舊，其事甚顯，故不多述，僅節録唐會要之文如下（參考舊唐書貳捌音樂志、新唐書貳壹禮樂志等）：

唐會要叁貳雅樂條略云：

高祖受禪，軍國多務，未遑改創，樂府尚用隋代舊文。

同書叁叁讌樂條略云：

武德初未暇改作，每讌享因隋舊制，奏九部樂：一讌樂，二清商，三西涼，四扶南，五高麗，六龜茲，七安國，八疏勒，九康國。

寅恪案：唐之初期其樂之承隋亦猶禮之因隋，其系統淵源，蓋無不同也。若其後之改創及直接從西域輸入者則事在本章主旨範圍之外，故置不論。

六 兵 制

（此章本題爲府兵制前期史料試釋，載中央研究院歷史語言研究所集刊第柒本第叁分，兹略增訂，以爲此書之一章。）

（壹）

府兵之制起於西魏大統，廢於唐之天寶，前後凡二百年，其間變易增損者頗亦多矣。後世之考史者於時代之先後往往忽略，遂依據此制度後期即唐代之材料，以推説其前期即隋以前之事實，是執一貫不變之觀念，以説此前後大異之制度也，故於此中古史最要關鍵不獨迄無發明，復更多所誤會。夫唐代府兵之制，吾國史料本較完備，又得日本養老令之宫衛軍防諸令條，可以推比補充，其制度概略今尚不甚難知。惟隋以前府兵之制，則史文缺略，不易明悉，而唐人追述前事，亦未可盡信。兹擇取此制前期最要之史料，試爲考釋，其間疑滯之義不能通解者殊多，又所據史籍，皆通行坊刻，未能與傳世善本一一詳校，尤不敢自謂有所創獲及論斷也。

（貳）

北史陸拾（周書壹陸同，但無「每一團儀同二人」至「並資官給」一節，又通典貳捌職官典拾將軍總敘條及叁肆職官典壹陸勳官條略同）云：

初魏孝莊帝以爾朱榮有翊戴之功，拜榮柱國大將軍，位在丞相上。榮敗後，此官遂廢。大統三年，魏文帝復以周文帝建中興之業，始命爲之。其後功參佐命、望實俱重者亦居此職，自大統十六年已前任者凡有八人。周帝位總百揆，都督中外軍事，魏廣陵王欣元氏懿戚，從容禁闥而已，此外六人各督二大將軍。分掌禁旅，當爪牙禦侮之寄，當時榮盛莫與爲比，故今之稱門閥者咸推八柱國家。今並十二大將軍録之於左：

使持節太尉柱國大將軍大都督尚書左僕射隴右行臺少師隴西郡開國公李虎（略）與周文帝爲八柱國。

使持節大將軍大都督少保廣平王元贊。（略）

是爲十二大將軍。每大將軍督二開府，凡爲二十四員，分團統領，是二十四軍。每一團儀同二人，自相督率，不編户貫，都十二大將軍。十五日上，則門欄陛戟，警晝巡夜；十五日下，則教旗習戰，無他賦役，每兵唯辦弓刀一具，月簡閱之，甲槊戈弩並資官給。自大統十六年以前十二大將軍外，念賢及王思政亦拜大將軍，然賢作牧隴右，思政出鎮河南，並不在領兵之限。此後功臣位至柱國及大將軍者衆矣，不限此秩(「不限此秩」，周書及通典俱作「咸是散秩」)，無所統御。六柱國十二大將軍之後有以位次嗣掌其事者，而德望素在諸公之下，並不得預於此例。

玉海壹叁捌兵制叁引鄴侯家傳云：

初置府不滿百，每府有郎將主之，而分屬二十四軍，每府一人將焉。每二開府屬一大將軍，二大將軍屬一柱國大將軍，仍加號持節大都督以統之。時皇家太祖景皇帝(李虎)爲少師隴右行臺僕射隴西公，與臣五代祖弼、太保大司徒趙郡公及大宗伯趙貴、大司馬獨孤信、大司寇于謹、大司空侯莫陳崇等六家主之，是爲六柱國，其有衆不滿五萬。初置府兵，皆於六户中等已上家有三丁者，選材力一人，免其身租庸調，郡守農隙教試閱，兵仗衣、馱牛驢及糗糧六家共備，撫養訓導，有如子弟，故能以寡克衆。自初屬六柱國家，及分隸十二衛，皆選勳德信臣爲將軍。

寅恪案：通鑑壹陸叁梁簡文帝大寶元年即西魏文帝大統十六年紀府兵之緣起，即約略綜合上引二條之文，別無其他材料。惟「六家共備」今所見諸善本俱作「六家供之」，當非誤刊(參考章鈺先生胡刻通鑑正文校宋記壹柒)。蓋溫公讀「共」為「供」，僅此一事殊可注意而已。夫關於府兵制度起源之史料，君實當日所見者既是止此二條，故今日惟有依此二條之記載，旁摭其他片斷之材料，以相比證，試作一較新之解釋於下：

北魏晚年六鎮之亂，乃塞上鮮卑族對於魏孝文帝所代表拓跋氏歷代漢化政策之一大反動，史實甚明，無待贅論。高歡、宇文泰俱承此反對漢化保存鮮卑國粹之大潮流而興起之梟傑也。宇文泰當日所憑藉之人材地利遠在高歡之下，若欲與高氏抗爭，則惟有於隨順此鮮卑反動潮流大勢之下，別採取一系統之漢族文化，以籠絡其部下之漢族，而是種漢化又須有以異於高氏治下洛陽鄴都及蕭氏治下建康江陵承襲之漢魏晉之二系統，此宇文泰所以使蘇綽、盧辯之徒以周官之文比附其鮮卑部落舊制，資其野心利用之理由也。苟明乎此，則知宇文泰最初之創制，實以鮮卑舊俗為依歸；其有異於鮮卑之制而適符於周官之文者，乃黑獺別有利用之處，特取周官為緣飾之具耳。八柱國者，摹擬鮮卑舊時八國即八部之制者也。魏書壹壹叁官氏志云：

初安帝統國，諸部有九十九姓。至獻帝時，七分國人，使諸兄弟各攝領之，乃分其氏。七族之興，自此始也。又命叔父之胤曰乙旃氏，後改爲叔孫氏；又命疏屬曰車焜氏，後改爲車氏。凡與帝室爲十姓。凡此諸部，其渠長皆自統衆。

天興元年十二月置八部大夫散騎常侍待詔等官，其八部大夫於皇城四方四維面置一人，以擬八座，謂之八國。

天賜元年十一月以八國姓族難分，故國立大師、小師，令辯其宗黨，品舉人才。自八國以外，郡各自立師，職分如八國，比今之中正也。宗室立宗師，亦如州郡八國之儀。

神瑞元年春置八大人官，大人下置三屬官，總理萬機，故世號八公云。

又同書壹佰拾食貨志云：

天興初制定京邑，東至代郡，西及善無，南極陰館，北盡參合，爲畿内之田，其外四方四維置八部帥以監之。

周書貳文帝紀下魏恭帝元年(通鑑壹陸伍梁元帝承聖三年春同)云：

魏氏之初，統國三十六，大姓九十九，後多絶滅，至是以諸將功高者爲三十六國後，次功者爲九十九姓後，所統軍人亦改從其姓。

寅恪案：拓跋族在塞外時，其宗主為一部，其餘分屬七部，共為八部。宇文泰八柱國之制以廣陵王元欣列入其中之一，即擬拓跋鄰即所謂獻帝本支自領一部之意，蓋可知也。據周書貳文帝紀下、北史玖周本紀上西魏恭帝元年及通鑑壹陸伍梁元帝承聖三年所載西魏諸將賜胡姓之例，「所統軍人亦改從其姓」，明是以一軍事單位為一部落，而以軍將為其部之酋長。據魏書官氏志云：「凡此諸部，其渠長皆自統衆」，則凡一部落即一軍事單位内之分子對於其部落之酋長即軍將，有直接隸屬即類似君臣之關係與名分義務，此又可以推繹得知者。宇文泰初起時，本非當曰關隴諸軍之主帥，實與其他柱國若趙貴輩處於同等地位，適以機會為貴等所推耳。如周書壹文帝紀上(北史玖周本紀上略同)略云：

〔賀拔〕岳果爲〔侯莫陳〕悦所害，其士衆散還平涼，惟大都督趙貴率部曲收岳屍還營。於是三軍未有所屬，諸將以都督寇洛年最長，相與推洛，以總兵事。洛素無雄略，威令不行，乃謂諸將曰：「洛智能本闕，不宜統御，近者迫於群議，推相攝領，今請避位，更擇賢材。」於是趙貴言於衆曰：「元帥(賀拔岳)勳業未就，奄罹凶酷，豈唯國喪良宰，固亦衆無所依。竊觀宇文夏州遠邇歸心，士卒用命，今若告喪，必來赴難，因而奉之，則大事集矣。」諸將皆稱善。

又同書壹陸趙貴傳(北史伍玖趙貴傳、通鑑壹陸柒陳武帝永定元年同)云：

初貴與獨孤信等皆與太祖(宇文泰)等夷。

及周書壹伍于謹傳(北史貳叁于謹傳及通鑑壹陸陸梁敬帝太平元年同)云：

謹既太祖等夷。

皆是其證。但八柱國之設，雖為摹倣鮮卑昔日八部之制，而宇文泰既思提高一己之地位，不與其柱國相等，又不欲元魏宗室實握兵權，故雖存八柱國之名，而以六柱國分統府兵，以比附於周官六軍之制。此則雜糅鮮卑部落制與漢族周官制，以供其利用，讀史者不可不知者也。

又宇文泰分其境內之兵，以屬趙貴諸人，本當日事勢有以致之，殊非其本意也。故遇機會，必利用之，以漸收其他柱國之兵權，而擴大己身之實力，此又為情理之當然者。但此事跡象史籍不甚顯著，故易為考史者所忽視。茲請略發其覆：據周書、北史、通典之紀八柱國，皆斷自大統十六年以前，故通鑑即繫此事於梁簡文帝大寶元年即西魏文帝大統十六年。其所以取此年為斷限者，以其為李虎卒前之一年也。蓋八柱國中虎最先卒，自虎卒後，而八柱國中六柱國統兵之制始一變。

通鑑壹陸肆梁簡文帝大寶二年即西魏文帝大統十七年云：

五月魏隴西襄公李虎卒。

通鑑此條所出，必有確實之依據，自不待言。周書叁捌元偉傳附録魏宗室王公名位中有二柱國：一為柱國大將軍太傅大司徒廣陵王元欣，一即柱國大將軍少師義陽王元子孝。元子孝以少師而為柱國，明是繼李虎之位。魏書壹玖、北史壹柒俱載子孝事蹟，但北史較詳。北史云：

孝武入關，不及從駕，後赴長安，封義陽王，後歷尚書令柱國大將軍。子孝以國運漸移，深自貶晦，日夜縱酒，後例降爲公，復姓拓拔氏，未幾卒。

亦未載子孝為柱國年月，萬斯同西魏將相大臣年表恭帝元年甲戌條云：

少師（柱國）〔李〕虎卒。

義陽王子孝柱國大將軍。

萬表以義陽王子孝繼李虎之職，自屬正確。但列李虎卒於恭帝元年，顯與通鑑衝突，疑不可據。（謝啓崐西魏書壹捌李虎傳載虎卒於恭帝元年五月，亦誤。）

又周書壹玖達奚武傳（北史陸伍達奚武傳及通鑑壹陸肆梁簡文帝大寶二年元帝承聖元年俱略同）云：

〔大統〕十七年（北史脱「七」字）詔武率兵三萬經略漢川。自劍以北悉平。明年（即西魏廢帝元年）武振旅還京師，朝議初欲以武爲柱國，武謂人曰：「我作柱國不應在元子孝前。」固辭不受。

可知西魏廢帝元年即李虎卒後之次年，達奚武以攻取漢中之功應繼虎之後任為柱國，而武讓於元子孝也。此亦李虎卒於大統十七年，而其次年即廢帝元年達奚武班師還長安時（通鑑繫達奚武取南鄭於梁元帝承聖元年即西魏廢帝元年五月，故武之還長安尚在其後），其遺缺尚未補人之旁證。武之讓柱國於子孝，非僅以謙德自鳴，殆窺見宇文泰之野心，欲併取李虎所領之一部軍士，以隸屬於己。元子孝與元欣同為魏朗宗室，從容禁闥，無將兵之實，若以之繼柱國之任，徒擁虛位，黑獺遂得增加一己之實力以制其餘之五柱國矣。故周書貳文帝紀下（通鑑壹陸伍梁元帝承聖二年同）云：

魏廢帝二年春，魏帝詔太祖去丞相大行臺，爲都督中外諸軍事。

此為宇文泰權力擴張壓倒同輩名實俱符之表現，而適在李虎既卒、達奚武讓柱國於元子孝之後，其非偶然，抑可知也。又元子孝為虛位柱國，既不統軍，而實領李虎舊部者當為宇文泰親信之人。周書貳拾閻慶傳(北史陸壹閻慶傳同)云：

賜姓大野氏。晉公護母，慶之姑也。

依西魏賜姓之制，統軍之將帥與所統軍人同受一姓。慶與李虎同姓大野氏，虎之年位俱高於慶，則慶當是虎之部下；慶與宇文氏又有戚誼，或者虎卒之後，黑獺即以柱國虛位畀元子孝，而以己之親信資位較卑若閻慶者代領其軍歟？此無確證，姑備一説而已。

總而言之，府兵之制，其初起時實摹擬鮮卑部落舊制，而部落酋長對於部內有直轄之權，對於部外具獨立之勢。宇文泰與趙貴等並肩同起，偶為所推，遂居其上，自不得不用八柱國之虛制，而以六柱國分統諸兵。後因李虎先死之故，併取其兵，得擴張實力，以懾服其同起之酋帥。但在宇文氏創業之時，依當時鮮卑舊日觀念，其兵士尚分屬於各軍將，而不直隸於君主。若改移此部屬之觀念，及變革此獨立之制度，乃宇文泰所未竟之業，而有待於後繼者之完成者也。

宇文泰之建國，兼採鮮卑部落之制及漢族城郭之制，其府兵與農民迥然不同，而在境內為一特殊集團及階級。北史陸拾所謂「自相督率，不編户貫」，及周書叁孝閔帝紀(北史玖周本紀上同)元年八月甲午詔曰：

今二十四軍宜舉賢良堪治民者，軍列九人。

皆足證也。

鄴侯家傳所謂「六户中等已上」者，此「六户」與傳文之「六家」不同，蓋指九等之户即自中下至上上凡六等之户而言，文獻通考壹伍壹兵考作「六等之民」，當得其義。魏書壹佰拾食貨志云：

顯祖(今本通典伍食貨典作莊帝，不合)因民貧富，爲租輸三等九品之制。

宇文泰殆即依此類舊制分等也。又周書貳文帝紀下魏大統九年(通鑑壹伍捌梁武帝大同九年同)云：

於是廣募關隴豪右，以增軍旅。

然則府兵之性質，其初元是特殊階級。其鮮卑及六鎮之胡漢混合種類及山東漢族武人之從入關者固應視為貴族，即在關隴所增收編募，亦止限於中等以上豪富之家，絕無下級平民參加於其間，與後來設置府兵地域内其兵役之比較普遍化者，迥不相同也。

又鄴侯家傳「六家共之」之語，「共」若依通鑑作「供給」之「供」，自易明瞭。惟「六家」之語最難通解，日本岡崎文夫教授於其所著關於唐衛府制與均田租庸調法之一私見(東北帝國大學十周年紀念史學文學論集)中，雖致疑於何故不採周禮以來傳統之五家組合，而取六家組合，但亦未有何解釋。鄙意通鑑採用鄴侯家傳已作「六家」，故「六」字不得視為傳寫之誤。然細繹李書，如「六家主之」及「自初屬六柱國家」等語，其「六家」之語俱指李弼等六家，故其「六家共備」之「六家」疑亦同指六柱國家而言也。北史云：「甲槊戈弩並資官給」，李書既以府兵自初屬六柱國家，故以「六家供備」代「並資官給」，觀其於「六家共(依通鑑通作供)備」下，即連接「撫養訓導，有如子弟」之語，尤足證其意實目六柱國家。至其詞涉誇大，不盡可信，則與傳文之解釋又別是一事，不可牽混並論也。

又玉海壹叁捌兵制叁注云：

或曰：「宇文周制府衛法，七家共出一兵。」

寅恪案：七家共出一兵，為數太少，決不能與周代情勢符合，無待詳辨。但可據此推知鄴侯家傳中「六家共備」之「共」，南宋人已有誤讀為「共同」之「共」者，七家共出一兵之臆説殆因此而生。伯厚置諸卷末子注或説中，是亦不信其為史實也。

據北史陸拾「自相督率，不編户貫」及「十五日上，則門欄陛戟，警晝巡夜；十五日下，則教旗習戰」等語，則鄴侯家傳所謂「郡守農隙教試閲」者，絶非西魏當日府兵制之真相，蓋農隙必不能限於每隔十五日之定期，且當日兵士之數至少，而戰守之役甚繁，欲以一人兼兵農二業，亦極不易也。又北史謂軍人「自相督率，不編户貫」，則更與郡守無關，此則鄴侯家傳作者李繁依唐代府兵之制，以為當西魏初創府兵時亦應如是，其誤明矣。李延壽生值唐初，所紀史事猶為近真。溫公作通鑑，其叙府兵最初之制，不採北史之文，而襲家傳之誤，殊可惜也。

吾輩今日可以依據北史所載，解决府兵之兵農分合問題。新唐書伍拾兵志云：

蓋古者兵法起於井田，自周衰，王制壞而不復。至於府兵，始一寓之於農。

葉適習學記言叁玖唐書表志條駁兵農合一之説，略云：

宇文蘇綽患其然也，始令兵農各籍，不相牽綴，奮其至弱，卒以滅齊。隋因之，平一宇內，當其時無歲不征，無戰不克，而財貨充溢，民無失業之怨者，徒以兵農判爲二故也。然則豈必高祖太宗所以盛哉！乃遵其舊法行之耳。兵農已分，法久而壞，不必慨慕府兵，誤離爲合，徇空談而忘實用矣。

寅恪案：歐陽永叔以唐之府兵為兵農合一是也。但概括府兵二百年之全部，認其初期亦與唐制相同，兵農合一，則已謬矣。葉水心以宇文蘇綽之府兵為兵農分離，是也。但亦以為其制經二百年之久，無根本之變遷，致認唐高祖太宗之府兵仍是兵農分離之制，則更謬矣。司馬君實既誤用家傳以唐制釋西魏府兵，而歐陽、葉氏復兩失之，宋賢史學，今古罕匹，所以致疏失者，蓋史料缺略，誤認府兵之制二百年間前後一貫，無根本變遷之故耳。（通鑑貳壹貳唐玄宗開元十年紀張説建議召募壯士充宿衛事，以為「兵農之分從此始」，是司馬之意亦同歐陽，以唐代府兵為兵農合一，此則較葉氏之無真知灼見，好為異說而偶中者，誠有間矣。）

（叁）

隋書貳高祖紀下（北史壹壹隋本紀上、通鑑壹柒柒隋文帝開皇十年同）云：

開皇十年五月乙未詔曰：「魏末喪亂，宇縣瓜分，役車歲動，未遑休息，兵士軍人權置坊府，南征北伐，居處無定，恆爲流寓之人，竟無鄉里之號，朕甚愍之。凡是軍人可悉屬州縣，墾田籍帳一與民同，軍府統領宜依舊式，罷山東、河南及北方緣邊之地新置軍府。」

同書貳肆食貨志（通典貳及叁及伍及柒食貨典，又周書伍武帝紀上、北史十周本紀下俱同）云：

至〔齊武成帝〕河清三年定令，乃命人居十家爲比鄰，五十家爲閭里，百家爲族黨。男子十八已上六十五已下爲丁，十六已上十七已下爲中，六十六已上爲老，十五已下爲小。率以十八受田，輸租調，二十充兵，六十免力役，六十六退田，免租調。

〔周武帝〕保定元年改八丁兵爲十二丁兵，率歲一月役。建德二年改軍士爲侍官，募百姓充之，除其縣籍，是後夏人半爲兵矣。

及〔隋高祖〕受禪，又遷都，發山東丁，毀造宮室，仍依周制役丁爲十二番，匠則六番。頒新令：男女三歲已下爲黄，十歲已下爲小，十七已下爲中，十八已上爲丁。丁從課役，六十爲老，乃免。

其丁男、中男、永業、露田皆遵後齊之制。

開皇三年正月〔隋文〕帝入新宫，初令軍人（人即民也，北史壹壹隋本紀上通典柒食貨典及通鑑壹柒伍陳長城公至德元年三月俱無軍字）以二十一成丁，減十二番每歲爲二十日役，減調絹一疋爲二丈。

通鑑壹柒伍陳長城公至德元年三月胡注云：

後周之制民年十八成丁，今增三歲，每歲十二番則三十日役，今減爲二十日役，及調絹減半。

通典貳捌職官典拾將軍總叙條云：

隋凡十二衛，各置大將軍一人，將軍一人，以總府事，蓋魏周十二大將軍之遺制。

唐六典貳肆左右衛大將軍條注云：

隋左右衛，左右武衛，左右候，左右武候，左右領軍，左右率府，各有大將軍一人，所謂十二衛大將軍也。

上章已論宇文泰欲漸改移鮮卑部屬之觀念及制度，而及身未竟其業，須俟其後繼者始完成之。

茲所引史料，足證明此點，亦即西魏府兵制轉為唐代府兵制過渡之關鍵所在也。鄴侯家傳（新唐書伍拾兵志、通鑑貳壹陸唐玄宗天寶八載同）云：

自置府以其番宿衛，禮之謂之侍官，言侍衛天子也。至是衛佐悉以借姻戚之家爲僮僕執役，京師人相詆訾者，即呼爲侍官。

寅恪案：周武帝改軍士為侍官，即變更府兵之部屬觀念，使其直隸於君主。此湔洗鮮卑部落思想最有意義之措施，不可以為僅改易空名而忽視之也。

又最初府兵制下之將卒皆是胡姓，即同胡人。周武帝募百姓充之，改其民籍為兵籍，乃第一步府兵之擴大化即平民化。此時以前之府兵既皆是胡姓，則胡人也，百姓，則夏人也，故云：「是後夏人半為兵矣。」此條「夏」字隋書通典俱同有之，必非誤衍，若不依鄙意解釋恐不易通。岡崎教授於其所著論文之第陸頁第柒行引隋書食貨志及通典此條俱少一「夏」字，豈別有善本依據耶？抑以其為不可解之故，遂認為衍文而刪之耶？寅恪所見諸本皆是通行坊刻，若其他善本果有異文，尚希博雅君子不吝教誨也。

保定元年改八丁兵為十二丁兵者，據通鑑壹陸捌陳文帝天嘉二年胡注云：

八丁兵者，凡境内民丁分爲八番，遞上就役。十二丁兵者，分爲十二番，月上就役，周而復始。

寅恪案：隋書食貨志言：「隋高祖受禪，仍依周制，役丁為十二番」，是周制分民丁為十二番之證。胡説固確，但保定元年為宇文周開國之第五年，距創設府兵之時代至近，又在建德二年募百姓充侍官之前者尚十二年，此年之令文，周書、隋書、北史、通典所載悉同，當無譌脱。今文既明言兵丁，而胡氏僅以「境内民丁」釋之，絶不一及兵字，其意殆以為其時兵民全無區别，與後來不異，則疑有未妥也。

周武帝既施行府兵擴大化政策之第一步，經四年而周滅齊，又四年而隋代周，其間時間甚短，然高齊文化制度影響於戰勝之周及繼周之隋者至深且鉅，府兵制之由西魏制而變為唐代制即在此時期漸次完成者也。

陳傅良歷代兵制伍云：

魏周齊之世已行租調之法，而府兵之法由是而始基（通鑑陳紀齊顯（寅恪案：顯當作世）祖令民十八受田，輸租調，二十充兵，六十免力役，六十六還田，免租調），加以宇文泰之賢，專意法古，當時兵制增損尤詳，然亦未易遽成也。故其制雖始於周齊，而其效則漸見於隋，彰於唐，以此知先王之制其廢既久，則復之必以漸歟？

寅恪案：陳氏語意有未諦者，不足深論，但其注引齊制「十八受田，輸租調，二十充兵」之文，則殊有識。蓋後期府兵之制全部兵農合一，實於齊制始見諸明文，此實府兵制之關鍵也。但當時法令之文與實施之事不必悉相符合，今日考史者無以知其詳，故不能確言也。

又隋書貳柒百官志尚書省五兵尚書條略云：

五兵統右中兵

（掌畿内丁帳、事力、蕃兵等事。）

左外兵

（掌河南及潼關已東諸州丁帳及發召征兵等事。）

右外兵

（掌河北及潼關已西諸州，所典與左外同。）

寅恪案：北齊五兵尚書所統之右中兵、左外兵、右外兵等曹，既掌畿内及諸州丁帳及發召征兵等事，疑北齊當日實已施行兵民合一之制，此可與隋書食貨志所載齊河清三年令規定民丁充兵年限及其與受田關係者可以參證也。

隋文帝開皇十年詔書中有「墾田籍帳悉與民同」之語，與北史所載府兵初起之制兵士絶對無暇業農者，自有不同。此詔所言或是周武帝改革以後之情狀，或目府兵役屬者所墾之田，或指邊地屯墾之軍而言，史文簡略，不能詳也。隋代府兵制變革之趨向，在較周武帝更進一步之君主直轄化即禁衛軍化，及徵調擴大化即兵農合一化而已。隋之十二衛即承魏周十二大將軍之舊，杜君卿已言之，本為極顯著之事，不俟贅説。所可論者，隋文帝使軍人悉屬州縣，則已大反西魏初創府兵時「自相督率，不編户貫」即兵民分立之制，其令「丁男、中男、永業、露田皆遵後齊之制」及「發使四出，均天下之田」（隋書貳肆食貨志），雖實施如何，固有問題，然就法令形式言，即此簡略之記述或已隱括北齊清河三年規定受田與兵役關係一令之主旨，今以史文不詳，姑從闕疑。但依通鑑至德元年之胡注，則隋開皇三年令文與周保定元年令文「八兵丁」及「十二丁兵」顯有關係。而開皇三年令文隋書所載有「軍」字者，以開皇十年前軍兵不屬州縣，在形式上尚須與人民有别，故此令文中仍以軍民並列，至北史、通典以及通鑑所載無「軍」字者，以其時兵民在事實上已無可别，故得略去「軍」字，並非李延壽、杜君卿及司馬君實任意或偶爾有所略漏明矣。

由是言之，開皇三年令文卻應取前此保定元年令文胡注中境内兵民合一之義以為解釋也。夫開皇三年境内軍民在事實上已無可别，則開皇十年以後，抑更可知，故依據唐宋諸賢李、杜、馬、胡之意旨，豈可不謂唐代府兵之基本條件，即兵民合一者，實已完成於隋文之世耶？

岡崎教授論文之結論云：

隋以軍兵同於編户云者，僅古制之復舊而已。北齊雖於法令上規定受田與兵役之關係，其實行如何，尚有問題，綜合兩方面實施者，唐之兵制也。

寅恪案：北齊法令之實施與否，於此可不論。茲所欲言者，即據上引開皇三年令文及唐宋諸賢之解釋，似可推知隋代先已實施兵民合一之基本條件，不必待李唐開國以後，方始刱行之也。又以其他法制諸端論，唐初開國之時大抵承襲隋代之舊，即間有變革，亦所關較細者，豈獨於兵役丁賦之大政，轉有鉅大之創設，且遠法北齊之空文，而又為楊隋盛時所未曾規定行用者，遽取以實施耶？此亦與唐初通常情勢恐有未合也。然則府兵制後期之紀元當斷自隋始歟？總之，史料簡缺，誠難確知，岡崎教授之結論，要不失為學人審慎之態度。寅恪姑取一時未定之妄見，附識於此，以供他日修正時覆視之便利云爾，殊不敢自謂有所論斷也。

總合上引史料及其解釋，試作一結論如下：

府兵制之前期為鮮卑兵制，為大體兵農分離制，為部酋分屬制，為特殊貴族制；其後期為華夏兵制，為大體兵農合一制，為君主直轄制，為比較平民制。其前後兩期分畫之界限，則在隋代。周文帝、蘇綽則府兵制創建之人，周武帝、隋文帝其變革之人，唐玄宗、張説其廢止之人，而唐之高祖、太宗在此制度創建、變革、廢止之三階段中，恐俱無特殊地位者也。

附記：本文中所引通典諸條，後查得宋本與通行本並無差異，特附識於此。

七 財 政

近日中外史家論吾國南北朝隋唐經濟財政制度者頗多，其言有得有失，非此章範圍所能涉及。此章主旨唯在闡述繼南北朝正統之唐代，其中央財政制度之漸次江南地方化，易言之，即南朝化，及前時西北一隅之地方制度轉變為中央政府之制度，易言之，即河西地方化二事，蓋此二者皆系統淵源之範圍也。考此二事轉變之樞紐在武則天及唐玄宗二代，與兵制選舉及其他政治社會之變革亦俱在此時者相同。但欲說明其本末，非先略知南北朝之經濟財政其差異最要之點所在不可也。

今日所保存之南北朝經濟財政史料，北朝較詳，南朝尤略。然約略觀之，其最大不同之點則在北朝政府保有廣大之國有之土地。此蓋承永嘉以後，屢經變亂，人民死亡流散所致。故北朝可以有均給民田之制，而南朝無之也。南朝人民所經喪亂之慘酷不及北朝之甚，故社會經濟情形比較北朝為進步，而其國家財政制度亦因之與北朝有所不同，即較為進步是也。北魏均田之問題此章所不能詳，故僅略舉其文，至北魏以後者亦須稍附及之，以見其因襲所自，並可與南北互較，而後隋唐財政制度之淵源系統及其演進之先後次序始得而明也。

魏書壹壹拾食貨志略云：

太和九年下詔均給天下民田，諸男夫十五以上受露田四十畝，婦人二十畝，奴婢依良，丁牛一頭受田三十畝，限四牛。所授之田率倍之，三易之田再倍之，以供耕作及還受之盈縮。諸民年及課則受田，老免，及身没則還田，奴婢、牛隨有無以還受。諸桑田不在還受之限，但通入倍田分，於分雖盈，没則還田，不得以充露田之數，不足者以露田充倍。諸初受田者，男夫一人給田二十畝，課蒔，餘種桑五十樹、棗五株、榆三根；非桑之土，夫給一畝，依法課蒔榆、棗，奴各依良。諸桑田皆爲世業，身終不還，恆從見口，有盈者無受無還，不足者受種如法；盈者得賣其盈，不足者得買所不足；不得賣其分，亦不得買過所足。諸麻布之土男夫及課别給麻田十畝，婦人五畝，奴婢依良，皆從還受之法。諸宰民之官各隨地給公田，更代相付，賣者坐如律。

隋書貳肆食貨志云：

晉自過江，凡貨賣奴婢、馬、牛、田宅有文券，率錢一萬輸估四百入官，賣者三百，買者一百；無文券者隨物所堪，亦百分收四，名爲散估，歷宋、齊、梁、陳如此以爲常。以此人競商販，不爲田業，故使均輸欲爲懲勵，雖以此爲辭，其實利在侵削。又都西有石頭津，東有方山津，各置津主一人，賊曹一人，直水五人，以檢察禁物及亡叛者，其荻、炭、魚、薪之類過津者並十分稅一，以入官。其東路無禁貨，故方山津檢察甚簡。淮水北有大市百(寅恪案：通典壹壹食貨典雜稅門百字作自)餘，小市十餘所，大市備置官司，稅斂既重，時甚苦之。

〔北周〕閔帝元年初除市門稅，及宣帝即位，復興人市之稅。

〔北齊〕武平之後，權幸並進，賜與無限，加之旱蝗，國用轉屈，乃料境内六等富人，調令出錢。而給事黄門侍郎顏之推奏請立關市邸店之稅，開府鄧長顒贊成之，後主大悅。於是以其所入以供御府聲色之費，軍國之用不豫焉，未幾而亡。

通典貳田制下云：

北齊給授田令，仍依魏朝。每年十月普令轉授，成丁而授，丁老而退，不聽賣易。

隋書貳肆食貨志略云：

至〔北齊〕河清三年定令，乃命男子十八已上六十五已下爲丁，十六已上十七已下爲中，六十六已上爲老，十五已下爲小。率以十八受田，輸租調，二十充兵，六十免力役，六十六退田，免租調(此節前兵制章已引)。京城四面諸坊之外三十里爲公田，受公田者，三縣代遷户執事官一品已下逮於羽林、武賁各有差，其外畿郡華人官第一品已下羽林、武賁已上各有差。職事及百姓請墾田者名爲受田，奴婢受田者親王止三百人。（中略）。八品已下至庶人限止六十人，奴婢限外不給田者皆不輸。其方百里外及州人一夫受露田八十畝，婦四十畝，奴婢依良人限數，與在京百官同，丁牛一頭受田六十畝，限止四牛。又每丁給永業二十畝爲桑田，其中種桑五十根、榆三根、棗五根，不在還受之限，非此田者悉入還受之分。土不宜桑者給麻田，如桑田法。

又同書同卷略云：

〔隋高祖〕頒新令，制人男女三歲已下爲黃，十歲已下爲小，十七已下爲中，十八已上爲丁，丁從課役，六十爲老，乃免。自諸王已下至於都督皆給永業田各有差，多者至一百頃，少者至四十畝。其丁男、中男、永業、露田皆遵後齊之制，並課樹以桑、榆及棗。其園宅率三口給一畝，奴婢則五口給一畝。京官又給職分田，外官亦各有職分田，又給公廨田，以供公用。

唐會要捌叁租稅上（參考通典貳田制下及舊唐書肆捌食貨志、新唐書伍壹食貨志等）略云：

〔武德〕七年三月二十九日始定均田賦稅，凡天下丁男給田一頃，篤疾廢疾給四十畝，寡妻妾三十畝，若爲户者加二十畝。所授之田十分之二爲世業，餘爲口分田，身死則承户者授之，口分則收入官，更以給人。

同書玖貳内外官職田(參考前條有關諸書)略云:

武德元年十二月制内外職官各給職分田。

據此簡略之徵引,即可見北朝俱有均田之制,魏、齊、隋、唐之田制實同一系統,而南朝則無均田之制,其國用注重於關市之稅,北朝雖晚期亦征關市之稅,然與南朝此稅之地位其輕重頗有不同,然則南朝國民經濟國家財政較北朝為進步,抑又可知也。魏書陸捌甄琛傳(北史肆拾甄琛傳同)所云:

(於世宗時)上表曰:「今僞弊相承,仍崇關鄽之稅,大魏恢博,唯受穀帛之輸。」

南北社會經濟國家財政之差異要點,甄琛此數語足以盡之矣。

但隋雖統一南北,而為時甚短,又經隋末之擾亂,社會經濟之進步亦為之停頓,直至唐高宗武則天之世,生養休息約經半世紀之久,社會經濟逐漸進展,約再歷半世紀,至玄宗之時,則進展之程度幾達最高度,而舊日北朝之區域自西晉永嘉亂後其社會經濟之發達未有盛於此時者也。夫唐代之國家財政制度本為北朝之系統,而北朝之社會經濟較南朝為落後,至唐代社會經濟之發展漸超越北朝舊日之限度,而達到南朝當時之歷程時,則其國家財政制度亦不能不隨之以演進。唐代之新財政制度,初視之似為當時政府一二人所特創,實則本為南朝之舊制。蓋南朝雖為北朝所併滅,其遺制當仍保存於地方之一隅,迨經過長久之期間,唐代所統治之北朝舊區域，其經濟發展既與南朝相等，則承繼北朝系統之中央政府遂取用此舊日南朝舊制之保存於江南地方者而施行之，前所謂唐代制度之江南地方化者，即指此言也。又河隴區域在北朝區域内本為文化甚高區域，其影響於隋唐制度之全部者，前章已詳言之。但除文化一端外，其地域在吾國之西北隅，與西北諸外族鄰接，歷來不獨為文化交通之孔道，亦為國防軍事之要區。唐代繼承宇文泰關中本位之政策，西北邊疆本重於東北，至於玄宗之世，對於東北更取消極維持之政策，而對於西北，則取積極進展之政策。其關涉政治史者本章可不置論，茲所論者即西北一隅歷代為邊防要地，其地方傳統之財政經濟制度經長久之演進，頗能適合國防要地之環境。唐玄宗既對西北邊疆採軍事積極政策，則此河湟地方傳統有效之制度實有擴大推廣而改為中央政府制度之需要，此即前所謂唐代制度之河西地方化也。請就二者各舉一例以證明之，關於江南地方化者曰迴造納布，關於河西地方化者曰和糴，此二端之涉及政治軍事者不能詳述，茲僅論其淵源所從出於下：

隋唐二代長安、洛陽東西兩京俱為政治文化之中心，而長安為西魏、北周以來關中本位之根據地，當國家積極進行西北開拓政策之時，尤能得形勢近便之利，然其地之經濟運輸則遠不及洛陽之優勝，在北周以前軍政範圍限於關隴巴蜀，規模狹小，其經濟尚能自給。自周滅北齊後不久，即營建洛陽為東京，隋唐承之，故長安、洛陽天子往來行幸，誠如李林甫所謂東西兩宮者也（參新唐書貳貳叁上姦臣傳李林甫傳及通鑑貳壹肆唐紀叁拾開元二十四年條等）。夫帝王之由長安遷居洛陽，除別有政治及娛樂等原因，如隋煬帝、武則天等茲不論外，其中尚有一主因為本章所欲論者，即經濟供給之原因是也。蓋關中之地農產物雖號豐饒，其實不能充分供給帝王宮衛百官俸食之需，而其地水陸交通不甚便利，運轉米穀亦頗困難，故自隋唐以降，關中之地若值天災，農產品不足以供給長安帝王宮衛及百官俸食之需時，則帝王往往移幸洛陽，俟關中農產豐收，然後復還長安。茲就隋唐二代各舉一例如下：

隋書貳高祖紀下（北史壹壹隋本紀上略同）云：

開皇十四年八月辛未關中大旱，人饑，　　　　食於洛陽。十五年三月己未至自東巡狩。

通鑑貳佰玖唐紀貳伍景龍三年末云：

是年關中饑，米斗百錢，運山東、江淮穀輸京師，牛死什八九。羣臣多請車駕幸東都，韋后家本杜陵，不樂東遷，乃使巫覡彭君卿等說上（中宗）云：「今歲不利東行。」後復有言者，上怒曰：「豈有逐糧天子耶？」乃止。

觀此二例，可知隋唐時關中長安之經濟供給情勢矣。

至唐玄宗之世，為唐代最盛之時，且為積極施行西北開拓政策之際，當日關中經濟供給之問題尤較前代為嚴重，觀舊唐書玖捌裴耀卿傳（通典拾食貨典漕運門同，其他有關材料不備列）所云：

明年（開元二十一年）秋霖雨害稼，京城穀貴，上將幸東都，獨召耀卿，問救人之術。耀卿對曰：「今既大駕東巡，百司扈從，太倉及三輔先所積貯且隨見在發重臣分道賑給，計可支一二年。從東都更廣漕運，以實關輔，待稍充實，車駕西還，即事無不濟。臣以國家帝業本在京師，萬國朝宗，百代不易之所，但爲秦中地狹，收粟不多，儻遇水旱，便即匱乏。往者貞觀永徽之際祿廩數少，每年轉運不過一二十萬石，所用便足，以此車駕久得安居。今國用漸廣，漕運數倍於前，支猶不給，陛下數幸東都，以就貯積，爲國家大計，不憚劬勞，祇爲憂人而行，豈是故欲來往。若能更廣陝運，支粟入京，倉廩常有三二年糧，即無憂水旱。今天下輸丁約有四百萬人，每丁支出錢百文，五十文充營窖等用，貯納司農及河南府陝州，以充其費。租米則各隨遠近，任自出脚，送納東都。從都至陝，河路艱險，既用陸脚，無由廣致。若能開通河漕，變陸爲水，則所支有餘，動盈萬計。且河南租船候水始進，吴人不便河漕，由是所在停留，日月既淹，遂生隱盜，臣望沿流相次置倉。」上深然其言。尋拜黄門侍郎同中書門下平章事，充轉運使，語在食貨志。凡三年運七百萬石，省脚錢三十萬貫。

及舊唐書肆玖食貨志下（參考通典拾食貨典漕運門等）所云：

〔開元〕十八年宣州刺史裴耀卿上便宜事條曰：「江南户口稍廣，倉庫所資，惟出租庸，更無征防。緣水陸遥遠，轉運艱辛，功力雖勞，倉儲不益。今若且置武牢、洛口等倉，江南船至河口，即却還本州，更得其船充運，並取所減脚錢，更運江淮變造義倉，每年剩得一二百萬石，即望數年之外倉廩轉加。其江淮義倉下濕不堪久貯，若無船可運，三兩年色變，即給貸費散，公私無益。」疏奏不省（至二十一年始施用其言）。

則可知玄宗時關中經濟不能自足情形及其救濟之政策。裴耀卿之方略，第一在改良運輸方法，即沿流相次置倉；第二在增加運輸數量，即運江淮變造義倉。斯二者皆施行有效，然此尚為初步之政策，更進一步之政策則為就關中之地收買農産物，即所謂和糴；而改運江淮之粟為運布，即所謂迴造納布是也。

新唐書伍叁食貨志（參通鑑貳壹肆唐紀開元二十五年條）云：

貞觀開元後西舉高昌、龜兹、焉耆、小勃律，北抵薛延陀故地，緣邊數十州戍重兵，營田及地租不足以供軍，於是初有和糴。牛仙客爲相，有彭果者獻策廣關輔之糴，京師糧稟益羨，自是玄宗不復幸東都。天寶中歲以錢六十萬緡賦諸道和糴，斗增三錢，每歲短遞輸京倉者百餘萬斛，米賤則少府加估而糴，貴則賤價而糶。

關於和糴在當日政治上之重要，表弟俞大綱君曾詳論之，茲不復贅（見中央研究所集刊第伍本第壹分讀高力士外傳論變造和糴之法）。今所欲論者，乃和糴之起源及與牛仙客之關係，至彭果與此政策之內容究有何聯繫，難以考知，故置不論。舊唐書壹佰叁牛仙客傳（新唐書壹叁叁牛仙客傳略同）略云：

牛仙客，涇州鶉觚人也。初爲縣小吏，縣令傅文靜甚重之。文静後爲隴右營田使，引仙客參預其事，遂以軍功累轉洮州司馬。開元初王君㚟爲河西節度使，以仙客爲判官，甚委信之。蕭嵩代君㚟爲河西節度使，又以軍政委於仙客。及嵩入知政事，數稱薦之。稍遷太僕少卿，判涼州别駕事，仍知節度留後事，竟代嵩爲河西節度使，判涼州事。開元廿四年秋代信安王禕爲朔方行軍大總管，右散騎常侍崔希逸代仙客知河西節度事。初仙客在河西節度時省用所積鉅萬，希逸以其事奏聞。上令刑部員外郎張利貞馳傳往覆視之，仙客所積倉庫盈滿，器械精勁，皆如希逸之狀。上大悦，以仙客爲尚書，中書令張九齡執奏以爲不可，乃加實封二百户，其年十一月九齡等罷知政事，遂以仙客爲工部尚書同中書門下三品，仍知門下事。仙客既居相位，獨善其身，唯諾而已。百司有所諮決，仙客曰：「但依令式可也」，不敢措手裁決。

寅恪案：仙客以河湟一典史，躋至宰相，其與張九齡一段因緣為玄宗朝政治之一大公案，但與和糴事無直接關係，故此可不論。兹可注意者，為仙客出生及歷官之地域並其在官所職掌及功績數端，質言之，即以西北邊隅之土著，致力於其地方之足食足兵之政略，而大顯成效，遂特受獎擢，俾執中央政權是也。史傳言其在相位庸碌，不敢有所裁決，自是實録，但施行和糴於關中，史雖言其議發於彭果，然實因仙客主持之力，乃能施行。夫關中用和糴法，乃特創之大事也，以仙客之庸謹，乃敢主之者，其事其法必其平生所素習，且諗知其能收效者，否則未必敢主其議。由此推論，則以和糴政策為足食足兵之法，其淵源所在疑捨西北邊隅莫屬也。隋書貳肆食貨志（參通典壹貳食貨典輕重門義倉條）略云：

（開皇）五年五月工部尚書襄陽縣公長孫平奏令諸州百姓及軍人勸課當社共立義倉，收穫之日隨其所得，勸課出粟及麥，於當社造倉窖貯之，即委社司執帳檢校，每年收積勿使損敗，若時或不熟，當社有饑饉者，即以此穀賑給。十四年關中大旱，人饑，上幸洛陽，因令百姓就食，從官並准見口賑給，不以官位爲限，是時義倉貯在人間，多有費損。十五年二月詔曰：「本置義倉，止防水旱，百姓之徒不思久計，輕爾費損，於後乏絶。又北境諸州異於餘處，雲、夏、長、靈、鹽、蘭、豐、鄯、涼、甘、瓜等州所有義倉雜種並納本州，若人有旱儉少糧，先給雜種及遠年粟。」十六年正月又詔秦、疊、成、康、武、文、芳、宕、旭、洮、岷、渭、紀、河、廓、豳、隴、涇、寧、原、敷、丹、延、綏、銀、扶等州社倉並於當縣安置。二月又詔社倉准上、中、下三等稅：上户不過一石，中户不過七斗，下户不過四斗。

唐會要捌捌倉及常平倉（參通典壹貳食貨典及兩唐書食貨志等）略云：

貞觀二年四月尚書左丞戴胄上言，請立義倉。上曰：「既爲百姓先作儲貯，官爲舉掌，以備凶年，深是可嘉，宜下有司，議立條制。」户部尚書韓仲良奏：「王公以下墾田畝納二升，貯之州縣，以備凶年。」制可之。永徽二年閏九月六日勑：「義倉據地收稅，實是勞煩，宜令率户出粟，上下户五石，餘各有差。」

依據隋志紀述，知隋初社倉本為民間自理，後以多有費損，實同虛設，乃改為官家收辦，但限於西北諸州邊防要地者，以其處軍食為國防所關，不得如他處之便可任人民自由處理也。又依户之等第納粟，實已變開皇初立義倉時之勸導性質為強迫徵收矣。唐初之義倉似即倣隋制，然其卒令率户出粟，變為一種賦稅，中唐以後遂為兩稅之一之重要收入，其詳本章所不能論，然其演變之跡象與隋西北邊諸州相同，則殊無疑，豈其間亦有因襲摹倣之關係耶？未敢確言之也。

又觀唐會要玖拾和糴門所載如：

（貞元）四年八月詔京兆府於時價外加估和糴，先是京畿和糴多被抑配，百姓苦之。

及白氏長慶集肆壹論和糴狀所云：

凡曰和糴，則官出錢，人出穀，兩和商量，然後交易也。比來和糴，事則不然，但令府縣散配户人，促立程限，嚴加徵催，苟有稽遲，則被追捉，甚於税賦，號爲和糴，其實害人。若有司出錢，開場自糴，比於時價，稍有優饒，利之誘人，人必情願。臣久處村閭，曾爲和糴之户，親被迫蹙，實不堪命，臣近爲畿尉，曾領和糴之司，親自鞭撻，所不忍覩。

則和糴至少在德宗、憲宗之世，實際上為「散配户人，嚴加徵催」之強迫收取人民農産品之方法，其何以由「和」買而變為強徵，殊可深思。其在玄宗時如何情形固不能確知，但有可決言者，即和糴之制本為軍食而設，如唐會要捌捌倉及常平倉云：

貞元八年十月勑：「諸軍鎮和糴貯備共三十三萬石。」

及同書玖拾和糴云：

長慶元年二月勑：「其京北、京西和糴使宜勒停，先是度支以近儲無備，請置和糴使，經年無效，徒擾邊民，故罷之。」

即可瞭然隋代以全國社倉人民處理不善，特在西北邊州軍防之地改官辦之制，即是令人民直接間接納粟於軍鎮，其後改為依户等納粟，亦是「配户徵催」之制也。唐貞觀義倉之制為全國普遍制，江南尚且實施，西北更應一律遵行，而西北自貞觀至開元其間皆有軍事關係，為屯駐重兵之地，觀通典壹貳食貨典輕重門義倉條（參舊唐書玖叁及新唐書壹壹壹薛訥傳）云：

高宗武太后數十年間義倉不許雜用，其後公私窘迫，貸義倉支用，自中宗神龍之後，義倉費用向盡。

則知西北邊州軍需之廣，義倉亦必貸盡而有所不足也。但欲足軍食，捨和糴莫由，故通鑑貳壹肆唐紀叁拾開元二十五年九月條（參前引新唐書食貨志）云：

先是西北數十州多宿重兵，地租營田皆不能贍，始用和糴之法。有彭果者，因牛仙客獻策，請行糴法於關中。〔九月〕戊子敕：「以歲稔穀賤傷農，命增時價什二三，和糴東西畿粟各數百萬斛。」自是關中蓄積羨益，車駕不復幸東都矣。癸巳，敕河南、北租應輸含嘉太原倉者皆留輸本州。

是西北邊州本行和糴之法，而牛仙客、彭果因以推行於關中。牛仙客本由河湟典史歷官西北甚久，以能足食足兵顯名，致位宰相，則西北和糴之法仙客必早已行之而有效。而其所以能著效者，除有充足之財貨足以為和買之資外，尚須具備有二條件：一為其地農民人口繁殖，足以增加農產品數量，二為其地已習用此類帶有強迫性收買之方法。請略言之：

和糴者，就地收購農產物之謂，故必須其地農民人口繁殖，有充分之生產，始得行收購之實。隋季西北諸州雖罹戰禍，然休養生息至唐玄宗之晚年，必已恢復繁盛，加以政府施行充實西北邊州之政策，故其地遂為當日全國最富饒之區域。通鑑貳壹陸唐紀叁貳天寶十二載以哥舒翰兼河西節度使條述當日河西之盛況(寅恪案：此採自明皇雜録，又元氏長慶集貳肆和李校書新題樂府西涼伎一詩亦可參考)云：

是時中國盛强，自安遠門西盡唐境萬二千里，閭閻相望，桑麻翳野，天下稱富庶者無如隴右。

當日西北邊州富庶若此，和糴政策第一條件既已備具，則就其地以推行此政策，自不困難，可無疑也。

又和糴之法若官所出價，逾於地方時估者甚高，雖可以利誘民，然政府所費過鉅，如收購之數量甚多，則不易支久；如官方所出價與地方時估相差無幾，則區區微利之引誘，必不能使農民自動與胥吏交易。蓋農民大抵畏吏胥如虎狼，避之惟恐不及，此則無古今之異，不俟煩言而解者也。是以必帶有習慣性及強迫性，和糴之法始能施行有效，而不致病民。考西北邊州自隋開皇時已行按户納粟於官倉或軍倉之制，其性質即與白香山所謂「散配户人，嚴加徵催」，實無不同。雖西北邊州施行貞觀義倉之制，已變為一種賦稅，而史言西北宿重兵，其地早行和糴，則和糴之法在西北邊州諒亦不過依隋代按户納粟於軍倉之制，但略給價，以資利誘，其基本之手續方法似無大異，以上下相習，為日已久，遂能成效卓著也。至元和時關中和糴之法所以變為厲民之政者，蓋和糴之法本帶強迫性質，以非如是，無以成事，不過值國庫優裕，人民富庶之時，政府既能給價，人民亦易負擔，故當時尚不視為病民之政耳。此和糴之法所應具備之第二條件也。

總而言之，西北邊州早行和糴之法，史已明言。牛仙客推行引用於關輔，此和糴之法乃由西北地方制度一變而成中央政府制度，所謂唐代制度之河西地方化者是也。至和糴之法在西北開元二十五年以前其詳雖不可考，但今敦煌所出寫本中猶存天寶四載豆盧軍和糴計帳殘本（刊載敦煌掇瑣中輯陸陸號，寅恪曾考論其中升斗兩字，載一九三六年十月清華學報讀秦婦吟文中），尚可據以推知其大概也。

玄宗既用牛仙客和糴之法，關中經濟可以自給，則裴耀卿轉運江淮變造等農產品之政策成為不必要。但江淮之農產品雖不需，而其代替農產品可作財貨以供和糴收購之〔麻〕布，則仍須輸入京師，藉之充實關中財富力量也。故舊唐書玖玄宗本紀下（參考前引通鑑開元二十五年條及唐會要捌叁租稅下所載開元二十五年三月三日敕文）云：

開元二十五年二月戊午罷江淮運，停河北運。

通典陸食貨典賦稅下略云：

〔開元二十五年定令〕，其江南諸州租並迴造納布。

唐代自開國以來其人民所繳納之租本應為粟，今忽改而為布，乃國家財政制度上之一大變革，此中外史家所共知者也。嘗就閱讀所及，凡論此改革之文雖頗不少，似尚未有深探此變制之所從來者，不揣鄙陋，試略證論之：

竊以為此制乃南朝舊制，南朝雖併於北朝，此納布代租之制仍遺存於江南諸州，殆為地方一隅之慣例，至武則天時此制乃漸推廣施行，至玄宗開元二十五年中央政府以之編入令典，遂成為一代之制度矣。據 Sir M.A.Stein 著 Innermost Asia，Vol. III，Plates CXXVII 載其在 Astana Cemetery 所發見之布二端，其一端之文為：

婺州信安縣顯德鄉梅山里祝伯亮租布一端。

光宅元年十一月日。

寅恪案：此乃代租之布，故謂之租布。考婺州在唐代為江南道轄地，此即開元二十五年新令所謂

其江南諸州租並迴造納布

之明證。不過其事已於武后時即有之矣。武則天世東北邊疆屢有戰事，顏魯公文集附載殷亮所撰行狀（參全唐文伍壹肆）略云：

時清河郡寄客李華（寅恪案：通鑑考異依舊傳作萼）爲郡人來乞師於公曰：「國家舊制江淮

郡租布貯於清河，以備北軍，爲日久矣。相傳〔謂〕之天下北庫，今所貯者有江東布三百餘萬疋，河北租調絹七十餘萬，當郡綵綾十餘萬，累年稅錢三十餘萬，倉糧三十萬，討默啜甲仗藏於庫內，五十餘萬。」

寅恪案：李蕚所謂國家舊制為日已久，未能確定其時代，然其言江淮租布與討默啜甲仗聯文，疑即武后時事。蓋中央亞細亞發見之光宅元年婺州租布，其地域時代俱與蕚言符合，故此祝伯亮之租布即當日江東租布遺傳於今日者耳。又租布成一名詞，乃代租之布之義，觀於祝伯亮之租布及殷亮所述之言，俱可證知，而通鑑貳壹柒唐紀叁叁至德元載三月條司馬君實紀此事，其述李蕚之言作

> 國家平日聚江淮河南錢帛於彼，以贍北軍，謂之天下北庫，今有布三百餘萬匹云云。

殊為含混，失其本意，轉不如極喜更易舊文之宋子京，其於新唐書壹伍叁顏真卿傳仍依殷亮原文作「江淮租布」，為得其真也。

或問：今日租布實物之發現即迴造納布之制已行於武則天時江南諸州之明證，是固然矣，然何以知其為南朝之遺制耶？應之曰：南朝財政制度史籍所載雖甚簡略，不易詳考，但亦有可推知者，如南齊書叁武帝紀云：

> 永明四年五月癸巳詔揚、南徐二州今年户租三分二取見布，一分取錢，來歲以後遠近諸州

輸錢處並減布直，匹准四百，依舊折半，以爲永制。

同書肆拾竟陵王子良傳云：

詔折租布二分取錢。

此二卷所紀同是事，絶無可疑。而其所言錢布之比例似有矛盾，又納錢一事亦別成問題，本章皆不欲解釋，以免枝蔓。但武帝紀明言户租，蕭子良傳則謂之折租布，由此推斷，租可折納錢，亦可折納布。租若折納布，即是租布，亦即迴造納布，此所謂唐代制度之江南地方化，易言之，即南朝化者是也。

附記：此章作於一九四〇年春季，其年夏季付商務印書館印刷，久未出版，至一九四三年春季著者始於桂林廣西大學圖書館得見一九四〇年出版之東方學報第壹壹卷第壹冊仁井田陞氏吐魯番發見之唐代庸調布及租布一文，與此章所論略同。特附記歲月先後於此，以免誤會。

八 附論

本書所論，極為簡略，僅稍舉例，以闡説隋唐二代制度之全體因革要點與局部發展歷程而已。總而言之，二代之制度因時間與地域參錯綜合之關係，遂得演進，臻於美備，徵諸史籍，其跡象明顯，多可推尋，决非偶然或突然所致者也。寅恪自惟學識本至淺陋，年來復遭際艱危，倉皇轉徙，往日讀史筆記及鳩集之資料等悉已散失，然今以隨順世緣故，不能不有所撰述，乃勉强於憂患疾病之中，姑就一時理解記憶之所及，草率寫成此書。命之曰稿者，所以見不敢視為定本及不得已而著書之意云爾。一九四〇年四月陳寅恪書於昆明青園學舍，時大病初愈也。

唐代政治史述論稿

唐篔題寫

自序

寅恪嘗草隋唐制度淵源略論稿，於李唐一代法制諸端，妄有所論述。至於政治史事，以限於體例，未能涉及。茲稿所言則以唐代之政治史為範圍，蓋所以補前稿之未備也。夫吾國舊史多屬於政治史類，而資治通鑑一書，尤為空前傑作。今草茲稿，可謂不自量之至！然區區之意，僅欲令初學之讀通鑑者得此參考，或可有所啟發，原不敢謂有唐一代政治史之綱要，悉在此三篇中也。儻承通識君子不誤會創草茲稿之本旨，而糾正其譌謬，何幸如之！

壬午七夕陳寅恪書於桂林良豐雁山別墅。

中华现代学术名著丛书

《中华现代学术名著丛书》已出书目

【第一辑　四十种】

马氏文通	马建忠
国故论衡	章太炎
王国维文学论著三种	王国维
吴梅词曲论著四种	吴　梅
中国中古文学史 汉魏六朝专家文研究	刘师培
中国文学批评史(上、下)	郭绍虞
甲骨文字释林	于省吾
中国俗文学史	郑振铎
汉语语音史	王　力
红楼梦辨	俞平伯
中国韵文史	龙榆生
汉魏六朝诗论丛	余冠英
台湾通史(上、下)	连　横
秦汉史	吕思勉
中国史学史	金毓黻
史学要论	李守常
中国通史简编(上、下)	范文澜
国史大纲(上、下)	钱　穆
中国史纲(一、二卷)	翦伯赞
春秋史	童书业
魏晋南北朝史论丛	唐长孺
明清社会经济史论文集	傅衣凌
西夏史稿	吴天墀
中国伦理学史(外一种)	蔡元培
新唯识论	熊十力
东西文化及其哲学	梁漱溟
科学与玄学	罗志希
中国艺术精神	徐复观
论逻辑经验主义	洪　谦
九朝律考	程树德
比较宪法	王世杰　钱端升
中国法律与中国社会	瞿同祖
中国民治论	鲍明钤
中国官僚政治研究	王亚南
通货新论	马寅初
中国经济思想史	唐庆增
中国厘金史	罗玉东
北平生活费之分析	陶孟和
论社会学中国化	吴文藻
第四种国家的出路	吴景超

【第二辑　三十种】

目录学发微 古书通例	余嘉锡
中国戏剧史长编	周贻白
唐宋词人年谱	夏承焘
清升平署志略	王芷章
历法通志　历代日食考	朱文鑫
学历散论	高平子
中国古史的传说时代	徐旭生
中国医史(上、下)	王吉民　伍连德
古史甄微	蒙文通
中国近代史	蒋廷黻
中国考试制度史	邓嗣禹
府兵制度考释	谷霁光
大同书	康有为
仁学	谭嗣同
墨辩发微	谭戒甫
贞元六书(上、下)	冯友兰
中国哲学对于欧洲的影响	朱谦之
中国专制君主政制之评议	张君劢
中国政治史讲话	钱亦石
民法总论	史尚宽
中国政治思想史	吕振羽
近代中国政府与政治	钱端升
近代法律思潮与中国固有文化	王伯琦
帝国主义与中国政治	胡　绳
工业化与中国工业建设	刘大钧
中国交易所论	杨荫溥
中国经济建设之路	吴景超
新经济学大纲	沈志远
财政学	尹文敬
管子经济思想研究	巫宝三
中国货币史	彭信威
社会学大纲	李　达
土家研究	潘光旦
凉山彝家	林耀华
战时的乡村社区政治	蒋旨昂
丝绸之路与西域文化艺术	常任侠
西方心理学史大纲	唐　钺
POPULATION IN MODERN CHINA	Ta Chen
现代中国人口	陈　达
THE CHINESE OPIUM QUESTION IN BRITISH OPINION AND ACTION	Wen-tsao Wu
见于英国舆论与行动中的中国鸦片问题	吴文藻

积微居小学金石论丛	杨树达
现代中国文学史（外一种：明代文学）	钱基博
等韵源流	赵荫棠
诗言志辨　经典常谈	朱自清
话本小说概论（上、下）	胡士莹
司马迁之人格与风格　道教徒的诗人李白及其痛苦	李长之
明清史讲义（上、下）	孟　森
国史要义	柳诒徵
中国南洋交通史	冯承钧
通史新义	何炳松
魏晋清谈思想初论	贺昌群
中国救荒史	邓云特
认识论	张东荪
科学方法论　科学概论	王星拱
中国哲学史大纲	胡　适
知识论（上、下）	金岳霖
法相唯识学	太　虚
陈康：论希腊哲学	陈　康
康德的知识学	齐良骥
中国文化的展望	殷海光
中国道教史	傅勤家
监狱学	孙　雄
中国法制史概要	陈顾远
新政治学大纲	邓初民
财政学	何　廉　李　锐
中国之棉纺织业	方显廷
中国田制史	万国鼎
南洋华侨与闽粤社会	陈　达
文化人类学	林惠祥

【第三辑　三十五种】

中国小说史略（外一种：汉文学史纲要）	鲁　迅
现代吴语的研究	赵元任
古典新义	闻一多
谈艺录	钱锺书
唐诗综论	林　庚
中古文学史论	王　瑶
中国近三百年学术史（新校本）	梁启超
通鉴胡注表微	陈　垣
隋唐制度渊源略论稿　唐代政治史述论稿	陈寅恪
中国古代社会研究	郭沫若
古史辨自序（上、下）	顾颉刚
安阳	李　济
绿营兵志	罗尔纲
东汉的豪族	杨联陞
佛道散论	蒙文通
中国哲学史（上、下）	冯友兰
艺境	宗白华
西方美学史（上、下）	朱光潜
近代唯心论简释	贺　麟
康德学述	郑　昕
历代刑法考（上、下）	沈家本
中国商事法	刘朗泉
中国近百年政治史	李剑农
中国政治思想史（上、下）	萧公权
中国国民所得（一九三三年）（外一种：国民所得概论）	巫宝三
中国棉纺织史稿	严中平
当代中国社会学	孙本文
乡土中国　生育制度　乡土重建	费孝通
滕固美术史论著三种	滕　固
中国古代服饰研究	沈从文
A GRAMMAR OF SPOKEN CHINESE	Yuen Ren Chao
中国话的文法	赵元任
MODERN DEMOCRACY IN CHINA	Mingchien Joshua Bau
中国民治主义	鲍明钤
THE GOVERNMENT AND POLITICS OF CHINA	Ch'ien Tuan-sheng
中国的政府与政治	钱端升
THE POST-WAR INDUSTRIALIZATION OF CHINA, INDUSTRIAL CAPITAL IN CHINA	H.D.Fong
战后中国之工业化　中国之工业资本	方显廷
LAW AND SOCIETY IN TRADITIONAL CHINA	T'ung-Tsu Ch' ü
中国法律与中国社会	瞿同祖

【第四辑　三十种】

中国旧小说考证	胡　适
文心雕龙札记	黄　侃
卢前曲学论著三种	卢　前
孟姜女故事研究及其他	顾颉刚
中国目录学史	姚名达
校雠学	向宗鲁
唐五代西北方音	罗常培
中国文法要略	吕叔湘
清史探微	郑天挺
中国文化史（上、下）	陈登原
中国文化与中国的兵	雷海宗
佛学研究十八篇（校点本）	梁启超
中国景教	朱谦之
德国古典美学	蒋孔阳
神学四讲	赵紫宸
法律哲学导论	居　正
民国司法志	汪楫宝
国际法大纲	周鲠生
罗马法原论（上、下）	周　枏
马克思的政治思想	吴恩裕
欧美各国现行宪法析要	龚　钺
经济史：历史观与方法论	吴承明
从古典经济学派到马克思	陈岱孙
中国历史上的基本经济区	冀朝鼎
中国教育改造	陶行知
平民教育与乡村建设运动	晏阳初
中国教育制度沿革史	郭秉文
COTTON INDUSTRY AND TRADE IN CHINA	H. D. Fong
中国之棉纺织业	方显廷
KEY ECONOMIC AREAS IN CHINESE HISTORY	Ch'ao-ting Chi
中国历史上的基本经济区	冀朝鼎
THE CHINESE SYSTEM OF PUBLIC EDUCATION	Ping Wen Kuo
中国教育制度沿革史	郭秉文

【第五辑　三十种】

词史	刘毓盘

中国宗教思想史大纲	王治心
理学纲要	吕思勉
汉魏两晋南北朝佛教史	汤用彤
两汉经学今古文平议	钱　穆
墨学源流	方授楚
中国哲学大纲	张岱年
中国伶人血缘之研究 明清两代嘉兴的望族	潘光旦
中国乡约制度	杨开道
藏族宗教史之实地研究	李安宅
中国封建社会	瞿同祖
法律教育	孙晓楼
财政学总论	陈启修
社会主义经济论稿	孙冶方
变态心理学派别	朱光潜
旧石器时代之艺术	裴文中
中国教育财政之改进	陈友松
THE SYSTEM OF TAXATION IN CHINA IN THE TSING DYNASTY, 1644-1911	Shao-kwan Chen
清代中国的税收制度（1644-1911）	陈兆鲲
VILLAGE AND TOWN LIFE IN CHINA	L.K.Tao, Y.K.Leong
中国的乡村与城镇生活	陶孟和　梁宇皋

【第七辑　三十种】

世界文学史大纲	吴　宓
唐声诗（上、下）	任中敏
词学探微	唐圭璋
冰茧庵文史丛稿	缪　钺
屈赋新探	汤炳正
中西交通史（上、下）	方　豪
中国古代社会史论	侯外庐
中国古代史籍校读法 中国古代史籍举要	张舜徽
魏晋南北朝史论集	周一良
西域史地文物丛考	马　雍
邓以蛰论美学与艺术	邓以蛰
魏晋玄学论稿	汤用彤
中国文化要义	梁漱溟
政治学概论	李剑农
中国御史制度的沿革 中国内阁制度的沿革	高一涵
社会进化史	蔡和森
中国法律思想史	杨鸿烈
货币与银行	杨端六
财务行政论	胡善恒
所得税发达史	朱　偰
农业与工业化	张培刚
江村经济——中国农民的生活	费孝通
职业教育论	黄炎培
家庭教育	陈鹤琴
中国绘画史	潘天寿
中国数学大纲（上、下）	李　俨
中国数学史	钱宝琮
心理学史论丛	高觉敷
意识——心理学的研究	潘　菽
心理学与遗传	郭任远

【第八辑　四十种】

汉书艺文志讲疏	顾　实
十四朝文学要略	刘永济

元白诗笺证稿　陈寅恪
上古音研究　李方桂
从诗到曲（上、下）　郑　骞
训诂学概论　齐佩瑢
唐代进士行卷与文学 古诗考索　程千帆
南朝文学与北朝文学研究　曹道衡
先秦政治思想史　梁启超
中国史学通论　朱希祖
隋唐史　岑仲勉
中国地理学史（先秦至明代）　王成组
中国妇女生活史　陈东原
基督教与中国文化　吴雷川
中国天主教传教史概论　徐宗泽
道教史　许地山
论道　金岳霖
文化与人生　贺　麟
寄簃文存　沈家本
中国婚姻史　陈顾远
中国法律在东亚诸国之影响　杨鸿烈
孔门理财学　陈焕章
上海工业化研究　刘大钧
乡村建设理论　梁漱溟
中国经济原论　王亚南
金翼　林耀华
幼稚园教材研究　幼稚教育新论　张雪门
近代中国留学史
近代中国教育思想史　舒新城
THE ECONOMIC PRINCIPLES OF CONFUCIUS AND HIS SCHOOL　Chen Huan-chang
孔门理财学　陈焕章
THE GROWTH AND INDUSTRIALIZATION OF SHANGHAI　D. K. Lieu
上海工业化研究　刘大钧
THE FINANCING OF PUBLIC EDUCATION IN CHINA　Ronald Yu Soong Cheng
中国教育财政之改进　陈友松

【第六辑　四十种】

齐如山国剧论丛　齐如山
先秦文学 中国文学史讲义　游国恩
中国文学批评史（全二册）　罗根泽
中国文学发展史（全二卷）　刘大杰
宋元明讲唱文学　叶德均
晚照楼论文集　马茂元
汉书窥管　杨树达
欧化东渐史　张星烺
西域史地考古论集　黄文弼
中国疆域沿革史　顾颉刚　史念海
先秦诸子系年　钱　穆
古器物中的古代文化制度　徐中舒
中国社会之史的分析（外一种：婚姻与家族）　陶希圣
唐代长安与西域文明　向　达
古代神话与民族　丁　山
小屯、龙山与仰韶　梁思永
中国史纲　张荫麟
岳飞传　邓广铭
胡惟庸党案考　吴　晗
等不等观杂录　杨文会
欧阳竟无内外学　欧阳竟无
中国佛教史　蒋维乔

目次

上篇　統治階級之氏族及其升降

朱子語類壹叁陸歷代類叁云：

唐源流出於夷狄，故閨門失禮之事不以爲異。

朱子之語頗為簡略，其意未能詳知。然即此簡略之語句亦含有種族及文化二問題，而此二問題實李唐一代史事關鍵之所在，治唐史者不可忽視者也。茲請先論唐代三百年統治階級中心皇室之氏族問題，然後再推及其他統治階級之種族及文化問題。

若以女系母統言之，唐代創業及初期君主，如高祖之母為獨孤氏，太宗之母為竇氏，即紇豆陵氏，高宗之母為長孫氏，皆是胡種，而非漢族。故李唐皇室之女系母統雜有胡族血胤，世所共知，不待闡述，茲所論者專以男系父統之氏族為範圍也。

唐之皇室本有自撰之譜牒，原書今不可見。然如册府元龜及兩唐書等唐皇室先世淵源之記載固出自李唐皇室自撰之譜牒，即唐太宗御撰之晉書亦唐皇室自述其氏族淵源之要籍。故茲依據此類唐室自叙其家世之著述，復取其他史料互相參證，以討論此問題焉。

李唐世系之紀述，其見於册府元龜壹帝王部帝系門、舊唐書壹高祖紀、新唐書壹高祖紀、北史壹佰序傳及晉書捌柒涼武昭王傳等書者，皆不及新唐書柒拾上宗室世系表所載之詳備，今即依此表與其他史料討論之。表云：

〔李〕歆字士業，西涼後主。八子：勗、紹、重耳、弘之、崇明、崇産、崇庸、崇祐。重耳字景順，以國亡奔宋，爲汝南太守。後魏克豫州，以地歸之，拜恒農太守，復爲宋將薛安都所陷。後魏安南將軍豫州刺史，生獻祖宣皇帝諱熙，字孟良，後魏金門鎮將（舊唐書壹高祖紀云：「率豪傑鎮武川，因家焉。」新唐書壹高祖紀同）。生懿祖光皇帝，諱天賜，字德真。三子：長曰起頭，長安侯。生達摩，後周羽林監太子洗馬長安縣伯。次曰太祖〔虎〕，次曰乞豆。

此表所載必出唐室自述其宗系之舊文。茲就其所紀李重耳、李熙父子事實，分析其內容，除去其為西涼李暠之正支後裔一事以外，尚有七事，條列於下：

（一）其氏爲李。
（二）父爲宋汝南太守。
（三）後魏克豫州，父以地歸之。
（四）父爲後魏恒農太守。

（五）父爲宋將薛安都所陷，即所擒。
（六）父爲後魏安南將軍豫州刺史。
（七）子爲後魏金門鎮將。

考宋書伍文帝紀云：

〔元嘉〕二十七年二月辛巳索虜寇汝南諸郡，陳、南頓二郡太守鄭琨，汝陽、潁川二郡太守郭道隱委守走。索虜攻懸瓠城，行汝南郡事陳憲拒之。

又同書柒貳南平穆王鑠傳云：

索虜大帥拓拔燾南侵陳潁，遂圍懸瓠城，太守陳憲保城自固。

又同書柒柒柳元景傳略云：

〔元嘉〕二十七年八月〔隨王〕誕遣振威將軍尹顯祖出貲谷，奮武將軍魯方平、建武將軍薛安都、略陽太守龐法起入盧氏。（中略）。〔閏〕十月法起、安都、方平諸軍入盧氏。（中略）。法起諸軍進次方伯自，去弘農城五里。（中略）。諸軍造攻具，進兵城下。僞弘農太守李初古拔嬰城自固，法起、安都、方平諸軍鼓譟以陵城。（中略）。安都軍副譚金、薛係孝率衆先登，生禽李初古拔父子二人。（中略）。殿中將軍鄧盛、幢主劉駱亂使人入荒田，招宜陽人劉寬糾，率合義徒二千餘人，共攻金門隝，屠之。殺戍主李買得，古拔子也，爲虜永昌王長史，勇冠戎類。永昌聞其死，若失左右手。

又同書玖伍索虜傳略云：

〔元嘉〕二十七年，燾自率步騎十萬寇汝南。（中略）。宣威將軍陳、南頓二郡太守鄭琨（文帝紀作琨），綏遠將軍汝南、潁川二郡太守郭道隱并棄城奔走。虜掠抄淮西六郡，殺戮甚多。攻圍懸瓠城，城内戰士不滿千人。先是，汝南、新蔡二郡太守徐遵之去郡，南平王遣左軍行參軍陳憲行郡事，憲嬰城固守。（中略）。燾遣從弟永昌王庫仁真步騎萬餘將所略六郡口北屯汝陽。（中略）。太祖嘉憲固守，詔曰：「右軍行參軍行汝南、新蔡二郡軍事陳憲盡力捍衛，全城摧寇，忠敢之效宜加顯擢，可龍驤將軍汝南、新蔡二郡太守！」

又魏書陸壹薛安都傳云：

後自盧氏入寇弘農，執太守李拔等，遂逼陜城。時秦州刺史杜道生討安都，仍執拔等南遁。及世祖（拓拔燾）臨江，拔乃得還。

據上引史實，則父稱李初古拔，子稱李買得，名雖類胡名，姓則為漢姓，其氏既為李，是與上列第一條適合。李初古拔為弘農太守，弘農即恒農，後魏以避諱故改稱恒農，是與第四條適合。李初古拔為宋將薛安都所擒，是與第五條適合。宋書柳元景傳言：「生擒李初古拔父子」，魏書薛安都傳言：「執李拔等，仍執拔等南遁。及世祖臨江，拔乃得還」，則李初古拔當不止一子，殆買得死難，以弟或兄代領其職，今不能確知。但册府元龜壹帝王部帝系門及兩唐書壹高祖紀等書李熙率豪傑鎮武川因而留居之記載，乃後來宇文泰所改造，並非事實，俟後詳論之。總之，李熙為金門鎮將，李買得亦為金門隖戍主，地理專名如是巧同，亦可認為與第七條適合，至於北魏諸鎮設置之時代及其地望等問題則別為一事，非茲所討論者也。又第二條李重耳為宋汝南太守一事，徵諸上引史實，絶不可能。蓋既言：「為宋將薛安都所陷」，其時必在元嘉二十七年。當時前後宋之汝南太守其姓名皆可考知，郭道隱則棄城走，徐遵之則去郡，陳憲則先行郡事，後以守城功擢補實官。故依據時日先後，排比推計，實無李重耳可為宋汝南太守之餘地。據宋書柳元景傳言：「李買得為永昌王長史，永昌聞其死，若失左右手」，則李氏父子與永昌王關係密切可以推知。宋書索虜傳又言：「永昌王北屯汝陽」，考資治通鑑繫永昌王屯汝陽事於元嘉二十七年三月，繫李初古拔被擒事於元嘉二十七年閏十月，而汝陽縣本屬汝南郡，後則分為汝陽郡者，故以時日先後、地理接近及人事關係論，李初古拔殆於未被擒以前曾隨永昌王屯兵豫州之境，因有汝南太守之授。然則此唐室譜牒所言之汝南太守實非宋之汝南太守，乃由魏之汝南太守所修改而成者也。第六條之安南將軍豫州刺史當即與第二條有關，檢册府元龜壹帝王部帝系門之文，豫州刺史之上有「贈」字，是豫州刺史乃後來追贈之官，故於此不成問題，可不討論矣。魏書薛安都傳言：「〔安都〕仍執〔李〕拔等南遁。及世祖臨江，拔乃得還」，是以發其覆也。

李初古拔原有自北至南復自南還北一段因緣，李唐自述先世故實，竟或因此加以修改，以傅會李重耳之由北奔南，又由南歸北耶？幸賴其與他種記載符合及矛盾，留一罅隙，千載而後遂得以發其覆也。

復次，魏書薛安都傳之李拔即宋書柳元景傳李初古拔之省稱及雅名。梁書伍陸侯景傳載景之祖名周，而南史捌拾侯景傳作羽乙周，正與此同例。蓋胡人名字原是對音，故成繁鄙，異於華夏之雅稱，後代史官屬文，因施刪略。夫侯景稱帝，七世廟諱父祖之外皆王偉追造（見梁書南史侯景傳），天下後世傳為笑談。豈知李唐皇室先世之名字亦有與此略相類似者乎？又據魏書肆貳薛辯傳附長子初古拔傳（北史叁陸薛辯傳同）云：

> 長子初古拔，一曰車輅拔（北史輅作轂），本名洪祚，世祖賜名。

同書叁貳高湖傳亦附載高各拔之名。然則初古拔或車輅拔乃當日通常胡名，頗疑李初古拔如其同時薛洪祚之例，亦本有漢名，特以胡名著稱於史耳。

總而言之，前所列之七條，第一、第四、第五、第七四條之中，李重耳父子事實皆與李初古拔父子事實適合。第六條乃第二條之附屬，無獨立性質，可不別論。第二條、第三條實互相關連，第五條既言：「為宋將薛安都所陷」，則元嘉二十七年南北交兵之際李氏父子必屬於北，而不屬於南，否則何得謂為宋將所擒？故今易原文之劉宋為後魏，則第二、第三條之事實不獨不與其他諸條相反，而且與之相成。況其他諸條中涵有「元嘉二十七年」一定之時間、「李氏」「薛安都」之姓名專名、「弘農」「金門」之地理專名，而竟能兩相符應，天地之間似無如此偶然巧值之事。故今假定李唐為李初古拔之後裔，或不至甚穿鑿武斷也。

抑更有可論者，據唐會要壹帝號條上云：

獻祖宣皇帝諱熙（涼武昭王暠曾孫，嗣涼王歆孫，弘農太守重耳之子也）。武德元年六月二十二日追尊爲宣簡公，咸亨五年八月十五日追尊宣皇帝，廟號獻祖，葬建初陵（在趙州昭慶縣界，儀鳳二年五〔？〕月一日追封爲建昌陵，開元二十八年七月十八日詔改爲建初陵）。

懿祖光皇帝諱天賜（宣皇帝長子）。武德元年六月十二日追尊懿王，咸亨五年八月十五日追尊光皇帝，廟號懿祖，葬啓運陵（在趙州昭慶縣界，儀鳳二年三〔？〕月一日追封爲延光陵，開元二十八年七月十八日詔改爲啓運陵）。

元和郡縣圖志壹柒（參閲舊唐書叁玖地理志，及新唐書叁玖地理志趙州昭慶縣條）：

趙州。

昭慶縣，本漢廣阿縣，屬鉅鹿郡。

皇十三代祖宣皇帝建初陵。高四丈，週迴八十丈。

皇十二代祖光皇帝啓運陵。高四丈，週迴六十步。二陵共塋，週迴一百五十六步。在縣西南二十里。

册府元龜壹帝王部帝系門略云：

唐高祖神堯皇帝姓李氏，隴西狄道人。其先出自李暠，是爲涼武昭王，薨，子歆嗣位，爲沮渠蒙遜所滅。歆子重耳奔於江南，仕宋爲汝南郡守，復歸於魏，拜弘農太守，贈豫州刺史。生熙，起家金門鎮將。後以良家子鎮於武川，都督軍戎百姓之務，終於位，因家焉。生天賜，仕魏爲幢主，大統時贈司空。生太祖景皇帝虎，封趙郡公，徙封隴西公；周受魏禪，録佐命功，居第一，追封唐國公。生世祖元皇帝昞，在位十七年，封汝陽縣伯，襲封隴西公；周受禪，襲封唐國公。高祖即元皇帝之世子，母曰元貞皇后，七歲襲封唐國公，義寧二年受隋禪。

今河北省隆平縣尚存唐光業寺碑，碑文為開元十三年宣義郎前行象城縣尉楊晉所撰，中央研究院歷史語言研究所藏有拓本，頗殘闕不可讀。茲取與黄彭年等修畿輔通志壹柒肆古蹟略所載碑文相參校，而節録其最有關之數語於下：

（上略）。皇祖瀛州刺史宣簡公謹追上尊號，謚宣皇帝，皇祖妣夫人張氏追上尊號，謚宣莊皇后。皇祖懿王謹追上尊號，謚光皇帝，皇祖妣妃賈氏謹追上尊號，謚光懿皇后。（中略）。詞曰：維王桑梓，本際城池。（下略）。

案：李熙、天賜父子共塋而葬，即族葬之一證。光業寺碑頌詞復有「維王桑梓」之語，則李氏累代所葬之地即其家世居住之地，絕無疑義，而唐皇室自稱其祖留居武川之説可不攻自破矣。又據魏書壹佰陸上地形志南趙郡廣阿縣條、隋書叁拾地理志趙郡大陸縣條及元和郡縣圖志壹柒趙州昭慶縣條等，知李氏父子葬地舊屬鉅鹿郡，與山東著姓趙郡李氏居住之舊常山郡壤地鄰接，李虎之封趙郡公當即由於此也。又漢書貳捌地理志載中山國唐縣有堯山，魏書壹佰陸上地形志載南趙郡廣阿縣即李氏父子葬地復有堯臺。李虎死後，追封唐國公，蓋止取義於中山、鉅鹿等地所流傳之放勳遺蹟，並非如通常廣義兼該太原而言也。至大唐創業起居注所云：

> 初，帝奉詔爲太原道安撫大使，帝以太原黎庶陶唐舊民，奉使安撫不踰本封，因私喜此行以爲天意。

則為後來依附通常廣義之解釋，殊與周初追封李虎為唐國公時暗示其與趙郡相關之本旨不同也。然則李唐豈真出於趙郡耶？若果為趙郡李氏，是亦華夏名家，又何必假稱出於隴西耶？考元和郡縣圖志壹伍云：

> 邢州。
>
> 堯山縣，本曰柏人，春秋時晉邑，戰國時屬趙，秦滅趙，屬鉅鹿郡，後魏改「人」爲「仁」，天寶元年改爲堯山縣。

又同書壹柒云：

趙州。

平棘縣，本春秋時晉棘蒲邑，漢初爲棘蒲，後改爲平棘也，屬常山郡。

李左車墓在縣西南七里。

趙郡李氏舊宅在縣南二十里，即後魏以來山東舊族也，亦謂之三巷李家云。東祖居巷之東，南祖居巷之南，西祖居巷之西，亦曰三祖宅巷也。三祖李氏亦有地屬高邑縣。

元氏縣，本趙公子元之封邑，漢於此置元氏縣，屬常山郡，西漢常山太守皆理於元氏。

開業寺，在縣西北十五里，即後魏車騎大將軍陝定二州刺史尚書令司徒公趙郡李徽伯之舊宅也。

柏鄉縣，本春秋時晉鄗邑之地，漢以爲縣，屬常山郡，後漢改曰高邑，屬常山國，齊天保七年移高邑縣於漢房子縣東北界，今高邑縣是也。

高邑縣故城在縣北二十一里，本漢鄗縣地也。

高邑縣，本六國時趙房子之地，漢以爲縣，屬常山郡。

贊皇縣，本漢鄗邑縣之地，屬常山郡。

百陵崗，在縣東十里，即趙郡李氏之別業於此崗下也，崗上亦有李氏塋冢甚多。

昭慶縣，本漢廣阿縣，屬鉅鹿郡。

皇十三代祖宣皇帝建初陵。

皇十二代祖光皇帝啓運陵，二陵共塋，在縣西南二十里。（昭慶縣條前已引及，爲便於解說起見，特重出其概略於此。）

元和郡縣圖志著者李吉甫出於趙郡李氏，故關於其宗族之先塋舊宅皆詳載之，若一取其分布之地域核之，則趙郡李氏其顯著支派所遺留之故蹟，俱不出舊常山郡之範圍。據此，則趙郡李氏顯著支派當時之居地可以推知也。但其衰微支派則亦有居舊鉅鹿郡故疆者，考北史叁叁李孝伯傳末附載趙郡李氏世系一節（新唐書柒貳宰相世系表趙郡李氏條及鄧名世古今姓氏書辨證貳壹同）云：

楷避趙王倫之難，徙居常山。楷子輯，輯子慎、敦，居柏仁，子孫甚微。

案柏仁、廣阿二縣，後魏時俱屬南趙郡，土壤鄰接，實可視為一地域。趙郡李氏子孫甚微之一支，其徙居柏仁之時代雖未能確定，然李楷避西晉趙王倫之難，下數至其孫慎及敦，僅有二代，則李慎、李敦徙居柏仁，約在江左東晉之時。李熙父子俱葬於廣阿，計其生時亦約當南朝宋齊之世，故以地域鄰接及時代先後二者之關係綜合推論，頗疑李唐先世本為趙郡李氏柏仁一支之子孫，或者雖不與趙郡李氏之居柏仁者同族，但以同姓一姓同居一地之故，遂因緣攀附，自託於趙郡之高門，衡以南北朝庶姓冒稱士族之慣例，殊爲可能之事。總而言之，據可信之材料，依常識之判斷，李唐先世若非趙郡李氏之「破落户」，即是趙郡李氏之「假冒牌」。至於有唐一代之官書，其紀述皇室淵源間亦保存原來真實之事蹟，但其大部盡屬後人諱飾誇誕之語，治史者自不應漫無辨別，遽爾全部信從也。

又魏書玖玖私署涼王李暠傳本不載重耳南奔始末，傳世之十六國春秋纂録陸西涼録亦無其事。而湯球之十六國春秋輯補轉取唐修晉書之涼武昭王傳添此一段蛇足(見湯書叙例)，殊爲無識。今敦煌本之十六國春秋殘卷惜未得見，不知與此有關否？至於僞本十六國春秋載重耳事採自唐修晉書更不足辨論矣。

復次，周書肆明帝紀(北史玖明帝紀同)云：

二年三月庚申詔曰：「三十六國九十九姓，自魏氏南徙，咸稱河南之民。今周室既都關中，宜改稱京兆人。」

隋書叁叁經籍志史部譜序篇序云：

後魏遷洛，有八氏十姓，咸出帝族；又有三十六族，則諸國之從魏者；九十二(九？)姓世爲部落大人者，並爲河南洛陽人。其中國士人則第其門閥，有四海大姓、郡姓、州姓、縣姓；及周太祖入關，諸姓子孫有功者，並令爲其宗長，仍撰譜録，紀其所承，又以關内諸州為其本望。

據上引史文，嚴格解釋，則隋志之文自「後魏遷洛」至「並為河南洛陽人」止一節，專指胡人而言，其本末見於魏書壹壹叁官氏志等即魏孝文帝改胡姓為漢姓之事也。周書、北史周明帝二年（公元五五八年）三月庚申詔書亦指胡人而言，明帝二年在魏孝武帝入關之年（公元五三四年）後二十四年，在西魏恭帝元年（公元五五四年）改有功諸將姓為胡姓（事見周書貳文帝紀下、北史玖周本紀上）後亦四年，故從入關之遷洛諸胡族其改京兆郡望當在有功諸漢將改關內郡望之後也。

又隋志之文自「其中國士人」至「又以關内諸州為其本望」止一節，實專指漢人而言。然則李唐之稱西涼嫡裔，即所謂「並令為其宗長，仍撰譜牒，紀其所承」，其改趙郡郡望為隴西郡望，即所謂「又以關内諸州為其本望」，豈非寅恪之假説得此史文而益證實耶？所不解者，昔人於此何以未嘗留意？抑別有其他較勝之説耶？此則深願求教於博識通人也。

復次，唐會要叁皇后條（開元十三年光業寺碑文及巴黎圖書館藏敦煌寫本伯希和號第貳仟伍佰肆唐代祖宗忌日表等均同）云：

宣皇帝（熙）皇后張氏。

光皇帝（天賜）皇后賈氏。

景皇帝(虎)皇后梁氏。

元皇帝(昞)皇后獨孤氏。

據此，張賈皆是漢姓，其為漢族，當無可疑。梁氏如梁禦之例，雖有出自胡族之嫌疑(見周書壹玖、北史伍玖梁禦傳，又魏書壹壹叁官氏志云：「拔列氏後改為梁氏」)，但梁氏本為漢姓，大部分皆是漢族，未可以其中有極少數出自胡族之故，遽概括推定凡以梁為氏者皆屬胡族也。故李虎妻梁氏在未能確切證明其氏族所出以前，仍目之為漢族，似較妥慎。然則李唐血統其初本是華夏，其與胡夷混雜，乃一較晚之事實也。

茲依據上述資料，作一李唐皇室血統世系表，起自李熙，迄於世民，以備參考。至李重耳則疑本無其人，或是李初古拔之化身，故不列入，以示闕疑之意。凡女統確知為漢族者，標以□符號；確知為胡族者，標以～～～符號；雖有胡族嫌疑，但在未發見確證，仍可認為漢族者，則標以……符號。

李熙	天賜	虎	昞	淵	世民
張氏	賈氏	梁氏	獨孤氏	竇氏	長孫氏

茲依據上引資料及其解釋，再將李唐世系先後改易之歷程及胡漢文化問題加以説明。此世系改易之歷程，實不限於李唐皇室一族，凡多數北朝、隋唐統治階級之家，亦莫不如是，斯實中國中古史上一大問題，亦史學中千載待發而未發之覆也。

自鮮卑拓拔部落侵入中國統治北部之後，即開始施行漢化政策，如解散部落同於編户之類(見北史捌拾魏書捌叁上外戚傳賀訥傳、北史玖捌魏書壹佰叁高車傳及魏書壹壹叁官氏志等)，其尤顯著之例也。此漢化政策其子孫遵行不替，及魏孝文帝遷都洛陽，其漢化程度更為增高，至宣武、孝明之世，則已達頂點，而逐漸腐化矣。然同時邊塞六鎮之鮮卑及胡化之漢族，則仍保留其本來之胡化，而不為洛都漢化之所浸染。故中央政權所在之洛陽其漢化愈深，則邊塞六鎮胡化民族對於漢化之反動亦愈甚，卒釀成六鎮之叛亂，爾朱部落乘機而起。至武泰元年(公元五二八年)四月十三日河陰之大屠殺，遂為胡人及胡化民族反對漢化之公開表示，亦中古史劃分時期之重要事變也。六鎮鮮卑及胡化漢族既保持胡部特性，而不漸染漢化，則為一善戰之民族，自不待言。此民族以饑饉及虐政之故激成叛亂，南向遷徙，其大部分輾轉移入高歡統治之下(見北齊書壹神武紀上、北史陸齊本紀上、隋唐貳肆食貨志)。故歡之武力遂無敵於中原，終藉此以成其霸業。其他之小部分，由賀拔岳、宇文泰率領西徙，割據關隴，亦能抗衡高氏，分得中國西北部之地，成一北朝東西並峙之局，此治史者所習知也。然宇文氏只分有少數之六鎮民族，復局促於關隴一隅之地，終能併吞分有多數六鎮民族及雄據山東富饒區域之高齊，其故自非僅由一二君主之賢愚及諸臣材不材之所致，蓋必別有一全部系統之政策，為此東西並立之二帝國即周齊兩朝勝敗興亡決定之主因，可以斷言也。

宇文泰率領少數西遷之胡人及胡化漢族割據關隴一隅之地，欲與財富兵強之山東高氏及神州正朔所在之江左蕭氏共成一鼎峙之局，而其物質及精神二者力量之憑藉，俱遠不如其東南二敵，故必別覓一塗徑，融合其所割據關隴區域內之鮮卑六鎮民族，及其他胡漢土著之人為一不可分離之集團，匪獨物質上應處同一利害之環境，即精神上亦必具同出一淵源之信仰，同受一文化之薰習，始能內安反側，外禦強鄰。而精神文化方面尤為融合複雜民族之要道。在此以前，秦苻堅、魏孝文皆知此意者，但秦魏俱欲以魏晉以來之漢化籠罩全部複雜民族，故不得不亟於南侵，非取得神州文化正統所在之江東而代之不可，其事既不能成，僅餘一宇文泰之新塗徑而已。此新塗徑即就其割據之土依附古昔，稱為漢化發源之地(魏孝文之遷都洛陽，意亦如此，惟不及宇文泰之徹底，故仍不忘南侵也)，不復以山東江左為漢化之中心也，其詳具於拙著隋唐制度淵源略論稿，茲不贅論。此宇文泰之新塗徑今姑假名之為「關中本位政策」，即凡屬於兵制之府兵制及屬於官制之周官皆是其事。其改易隨賀拔岳等西遷有功漢將之山東郡望為關內郡望，別撰譜牒，紀其所承(見前引隋書叁叁經籍志譜序篇序)，又以諸將功高者繼塞外鮮卑部落之後（見周書貳文帝紀下及北史玖周本紀上西魏恭帝元年條等），亦是施行「關中本位政策」之例證，如欲解決李唐氏族問題當於此中求之也。

概括言之，宇文泰改易氏族之舉，可分先後二階段：第一階段則改易西遷關隴漢人中之山東郡望為關内郡望，以斷絶其鄉土之思（初止改易漢人之山東郡望，其改易胡人之河南郡望為京兆郡望，則恐尚在其後，見前引周書肆明帝紀及北史玖周本紀上明帝二年三月庚申詔書），並附會其家世與六鎮有關，即李熙留家武川之例，以鞏固其六鎮團體之情感。此階段當在西魏恭帝元年（公元五五四年）復魏孝文帝所改鮮卑人之胡姓及賜諸漢將有功者以胡姓之前，凡李唐改其趙郡郡望為隴西，偽託西涼李暠之嫡裔及稱家於武川等，均是此階段中所為也。第二階段即西魏恭帝元年詔以諸將之有功者繼承鮮卑三十六大部落及九十九小部落之後，凡改胡姓諸將所統之兵卒亦從其主將之胡姓，逕取鮮卑部落之制以治軍，此即府兵制初期之主旨（詳見拙著隋唐制度淵源略論稿兵制章，茲不贅論）。李唐之得賜姓大野，即在此階段中所為也。至周末隋文帝專周政，於大象二年（公元五八〇年）十二月癸亥迴改胡姓復為漢姓，其結果只作到迴復宇文氏第二階段之所改，而多數氏族仍停留於第一階段之中，此李唐所以雖去大野之胡姓，但仍稱隴西郡望及冒託西涼嫡裔也。職是之故，北朝、隋唐史料中諸人之籍貫往往紛歧，如與李唐先世同列八大柱國之李弼一族，周書壹伍李弼傳、舊唐書伍叁李密傳（密為弼之曾孫）、壹叁拾李泌傳(泌為弼之六代孫)，及新唐書柒貳上宰相世系表俱以為遼東襄平人，而北史陸拾李弼及曾孫密傳、文苑英華玖肆捌魏徵撰李密墓誌銘則以為隴西成紀人。蓋公私著述叙及籍貫或僅據迴復至第一階段立言，或逕依本來未改者為説，斯其所以彼此差異也。但隋唐兩朝繼承宇文氏之遺業，仍舊施行「關中本位政策」，其統治階級自不改其歧視山東人之觀念(見舊唐書柒捌、新唐書壹佰肆張行成傳)。故隋唐皇室亦依舊自稱弘農楊震、隴西李暠之嫡裔，偽冒相傳，迄於今日，治史者竟無一不為其所欺，誠可歎也(據新唐書柒壹下宰相世系表楊氏條，隋皇室自稱為弘農楊震長子牧之後。此即隋書經籍志所謂「令為其宗長，仍撰譜牒，紀其所承，又以關內諸州為其本望」者。以非本篇範圍，故不詳論，讀者可以依據有關史料類推也)。

復次，漢人與胡人之分別，在北朝時代文化較血統尤為重要。凡漢化之人即目為漢人，胡化之人即目為胡人，其血統如何，在所不論。茲舉二例以證明之：

北齊書貳肆杜弼傳(北史伍伍杜弼傳同)云：

> 顯祖(高洋)嘗問弼云：「治國當用何人？」對曰：「鮮卑車馬客，會須用中國人。」顯祖以爲譏己。

夫高齊無論其母系血統屬於何種，但其自稱及同時之人均以為其家世出自渤海蓨縣，固當日華夏之高門也。至於其所漸染者則為胡化，而非漢化。杜弼斥鮮卑，而高洋以為譏己，是漢人之受胡化者，即自命為胡人也。

又北史貳捌源賀傳、北齊書伍拾恩倖傳高阿那肱傳，至隋書陸陸源師傳删去「漢兒」二字，殊失當時語意矣）略云：

源賀，西平樂都人，私署河西王禿髮傉檀之子也。傉檀爲乞伏熾盤所滅，賀自樂都奔魏，太武素聞其名，謂曰：「卿與朕同源，因事分姓，今可爲源氏。」（寅恪案：鮮卑禿髮部即拓拔部，一語異譯，故拓拔燾謂之同源也。）

〔玄孫〕師仕齊爲尚書左外兵郎中，又攝祠部。後屬孟夏，以龍見請雩。時高阿那肱爲録尚書事，謂爲真龍出見，大驚喜，問龍所在，云作何顏色。師整容云：「此是龍星初見，依禮當雩祭郊壇，非謂真龍別有所降。」阿那肱忿然作色曰：「漢兒多事，强知星宿。」祭事不行。

夫源師乃鮮卑禿髮氏之後裔，明是胡人無疑，而高阿那肱竟目之為漢兒，此為北朝漢人、胡人之分別，不論其血統，只視其所受之教化為漢抑為胡而定之確證，誠可謂「有教無類」矣。又此點為治吾國中古史最要關鍵，若不明乎此，必致無謂之糾紛。資治通鑑壹柒壹陳宣帝太建五年，亦紀此事，胡注云：

諸源本出於鮮卑禿髮，高氏生長於鮮卑，自命爲鮮卑，未嘗以爲諱，鮮卑遂自謂貴種，率謂華人爲漢兒，率侮詬之。諸源世仕魏朝貴顯，習知典禮，遂有雩祭之請，冀以取重，乃以取詬。通鑑詳書之，又一慨也。

梅磵之説固是，又其言别有所感，然於北朝漢胡種族文化之問題似猶不免未達一間也。

李唐皇室者唐代三百年統治之中心也，自高祖、太宗創業至高宗統御之前期，其將相文武大臣大抵承西魏、北周及隋以來之世業，即宇文泰「關中本位政策」下所結集團體之後裔也。自武曌主持中央政權之後，逐漸破壞傳統之「關中本位政策」，以遂其創業垂統之野心。故「關中本位政策」最主要之府兵制，即於此時開始崩潰，而社會階級亦在此際起一升降之變動。蓋進士之科雖創於隋代，然當日人民致身通顯之塗徑並不必由此。及武后柄政，大崇文章之選，破格用人，於是進士之科為全國干進者競趨之鵠的。當時山東、江左人民之中，有雖工於為文，但以不預關中團體之故，致遭屏抑者，亦因此政治變革之際會，得以上升朝列，而西魏、北周、楊隋及唐初將相舊家之政權尊位遂不得不為此新興階級所攘奪替代。故武周之代李唐，不僅為政治之變遷，實亦社會之革命。若依此義言，則武周之代李唐較李唐之代楊隋其關係人羣之演變，尤為重大也。

武周統治時期不久，旋復為唐，然其開始改變「關中本位政策」之趨勢，仍繼續進行。迄至唐玄宗之世，遂完全破壞無遺。而天寶安史亂後又别産生一新世局，與前此迥異矣。夫「關中本位政策」既不能維持，則統治之社會階級亦必有變遷。此變遷可分中央及藩鎮兩方叙述。其所以須有此空間之區别者，因唐代自安史亂後，名義上雖或保持其一統之外貌，實際上則中央政府與一部分之地方藩鎮，已截然劃為二不同之區域，非僅政治軍事不能統一，即社會文化亦完全成為互不關涉之集團，其統治階級氏族之不同類更無待言矣。蓋安史之霸業雖俱失敗，而其部將及所統之民衆依舊保持其勢力，與中央政府相抗，以迄於唐室之滅亡，約經一百五十年之久，雖號稱一朝，實成為二國。史家述此，不得不分之為二，其理由甚明也。

又舊唐書壹肆憲宗紀上（參考通鑑貳叁柒元和二年此條胡注及唐會要陸叁修撰條）云：

元和二年十二月己卯，史官李吉甫撰元和國計簿，總計天下方鎮凡四十八，管州府二百九十五，縣一千四百五十三，户二百四十四萬二百五十四，其鳳翔、鄜坊、邠寧、振武、涇原、銀夏、靈鹽、河東、易定、魏博、鎮冀、范陽、滄景、淮西、淄青十五道凡七十一州，不申户口。每歲賦入倚辦止於浙江東西、宣歙、淮南、江西、鄂岳、福建、湖南等八道，合四十九州，一百四十四萬户。比量天寶供税之户則四分有一，天下兵戎仰給縣官者八十三萬餘人，比量天寶士馬，則三分加一，率以兩户資一兵，其他水旱所損，徵科發斂又在常役之外。吉甫都纂其事，成書十卷。

同書壹玖下僖宗紀略云：

〔光啓元年三月〕丁卯車駕〔自蜀〕至京師，時李昌符據鳳翔，王重榮據蒲陝，諸葛爽據河陽、洛陽，孟方立據邢洺，李克用據太原、上黨，朱全忠據汴滑，秦宗權據許蔡，時溥據徐泗，朱瑄據鄆齊、曹濮，王敬武據淄青，高駢據淮南八州，秦彦據宣歙，劉漢宏據浙東，皆自擅兵賦，迭相吞噬，朝廷不能制。江淮轉運路絶，兩河、江淮賦不上供，但歲時獻奉而已。國命所能制者，河西、山南、劍南、嶺南四道數十州。大約郡將自擅，常賦殆絶，藩侯廢置，不自朝廷，王業於是蕩然。

寅恪案：李吉甫所撰元和國計總簿雖在元和初年，然自安史亂後起，迄於唐亡，其所列中央政府財賦取辦之地域大致無甚殊異。唐代自安史亂後，長安政權之得以繼續維持，除文化勢力外，僅恃東南八道財賦之供給。至黄巢之亂既將此東南區域之經濟幾全加破壞，復斷絶汴路、運河之交通，而奉長安文化為中心、仰東南財賦以存立之政治集團，遂不得不土崩瓦解。大唐帝國之形式及實質，均於是告終矣。

在此奉長安文化為中心、恃東南財賦以存立集團之中，其統治階級為此集團所占據地域内之二種人：一為受高深文化之漢族，且多為武則天專政以後所提拔之新興階級，所謂外廷之士大夫，大抵以文詞科舉進身者也；一為受漢化不深之蠻夷，或蠻夷化之漢人，故其人多出自邊荒區域。凡自玄宗朝迄唐亡，一百五十年間身居内廷，實握政治及禁軍之權者皆屬此族，即閹寺之特殊階級是也。

自武則天專政破格用人後，外廷之顯貴多為以文學特見拔擢之人。而玄宗御宇，開元為極盛之世，其名臣大抵為武后所獎用者(參考舊唐書壹叁玖陸贄傳、新唐書壹伍貳李絳傳、陸宣公奏議柒請許臺省長官舉薦狀及李相國論事集等)。及代宗大曆時常袞當國，非以辭賦登科者莫得進用。自德宗以後，其宰相大抵皆由當日文章之士由翰林學士升任者也。請舉史實以證之。

通典壹伍選舉典叁載沈既濟之言略云：

初國家自顯慶以來，高宗聖躬多不康，而武太后任事，參決大政，與天子並。太后頗涉文史，好雕蟲之藝，永隆中始以文章選士。及永淳之後太后君臨天下二十餘年，當時公卿百辟無不以文章達，因循日久寖以成風。至於開元、天寶之中，太平君子唯門調户選，徵文射策，以取祿位，此行己立身之美者也。父教其子，兄教其弟，無所易業，大者登臺閣，小者任郡縣，資身奉家，各得其足，五尺童子恥不言文墨焉。其以進士爲士林華選，四方觀聽希其風采，每歲得第之人不浹辰而周聞天下，故忠賢雋彦、韞才毓行者咸出於是。而桀姦無良者或有焉，故是非相陵，毁稱相騰，或扇結鈎黨，私爲盟歃，以取科第，而聲名動天下，或鈎摭隱匿，嘲爲篇詠，以列於道路，迭爲談訾，無所不至焉。

據此，可知進士之科雖設於隋代，而其特見尊重，以為全國人民出仕之唯一正途，實始於唐高宗之代，即武曌專政之時。及至玄宗，其局勢遂成凝定，迄於後代，因而不改。故科舉制之崇重與府兵制之破壞俱起於武后，成於玄宗。其時代之符合，決非偶然也。但以事關府兵制度，茲不具論(見拙著隋唐制度淵源略論稿兵制章及玉海壹叁捌兵制叁所引鄴侯家傳)。至王定保以為進士之科「甲於貞觀」(唐摭言壹述進士上篇)，及「進士科盛於貞觀永徽之際」(同書同卷散序進士條)，則稽之史實，有所未合。其言不及沈氏之可信，無待論也。

舊唐書壹壹玖常袞傳云：

尤排擯非辭賦登科者。

同書同卷崔祐甫傳云：

常袞當國，非以辭賦登科者莫得進用。

同書肆叁職官志翰林院條略云：

玄宗即位，張說、張九齡等召入禁中，謂之翰林待詔。四方進奏，中外表疏批答，或詔從中出，宸翰所揮，亦資其檢討，謂之視草。故嘗簡當代士人，以備顧問。至德已後，天下用兵，軍國多務，深謀密詔皆從中出，尤擇名士爲翰林學士，得充選者，文士爲榮。亦如中書舍人例置學士六人，內擇年深德重者一人爲承旨，所以獨承密命故也。德宗好文，尤難其選，貞元已後爲學士承旨者，多至宰相焉。

元氏長慶集伍壹翰林承旨學士記略云：

憲宗章武皇帝以永貞元年即大位，始命鄭公(鄭絪)爲承旨學士，位在諸學士上。十七年間由鄭至杜(杜元穎)十一人，而九參大政。

白氏長慶集伍玖李留守相公(李絳)見過池上汎舟舉酒話及翰林舊事因成四韻以獻之詩(參考容齋續筆貳元和六學士條)云：

同時六學士，五相一漁翁。

據此，可知唐代自安史亂後，其宰相大抵為以文學進身之人。此新興階級之崛起，乃武則天至唐玄宗七八十年間逐漸轉移消滅宇文泰以來胡漢六鎮民族舊統治階級之結果。若取新唐書宰相表及宰相世系表與列傳所載其人之家世籍貫及出身等互相參證，於此三百年間外廷士大夫階級廢興轉移之大勢尤易明瞭也。至此由文學科舉進身之新興階級與魏晉、北朝以來傳統舊士族之關係，則於論黨派時詳述之，茲不涉及焉。

唐代自玄宗後，政柄及君權漸轉入閹寺之手，終至皇位之繼承權歸其決定，而內朝之禁軍外廷之宰相，俱供其指揮，由之進退，更無論矣。其詳當於中篇論政治革命及黨派分野時述之，茲僅略言其氏族所從出之一端於下：

舊唐書貳拾下哀帝紀云：

天祐二年六月丙申勅：福建每年進橄欖子，此因閹豎出自閩中，牽於嗜好之間，遂成貢奉之典。雖嘉忠蓋，伏恐煩勞。今後只供進蠟面茶，其進橄欖子宜停！

新唐書貳佰柒宦者傳吐突承璀傳云：

是時諸道歲進閹兒，號私白，閩嶺最多，後皆任事，當時謂閩爲中官區藪。咸通中杜宣猷爲觀察使，每歲時遣吏致祭其先，時號「敕使墓户」。宣猷卒用羣宦力，徙宣歙觀察使。

顧況古詩（據全唐詩第拾函）云：

囝一章。

囝哀閩也。（原注：囝音蹇。閩俗呼子爲囝，父爲郎罷。）

囝生閩方。閩吏得之，乃絶其陽。爲臧爲獲，致金滿屋。爲髠爲鉗，視如草木。天道無知，我罹其毒。神道無知，彼受其福。郎罷別囝，吾悔生汝。及汝既生，人勸不舉。不從人言，果獲是苦。囝別郎罷，心摧血下。隔地及天，及至黄泉，不得在郎罷前。

宦寺多冒養父之姓，其籍貫史籍往往不載，然即就兩唐書宦官及宦者傳中涉及其出生地域或姓氏稀異者觀之，亦可知其梗概也。

舊唐書壹捌肆宦官傳云：

楊思勗本姓蘇，羅州石城人，爲内官楊氏所養，以閹從事内侍省。

高力士，潘州人，本姓馮，少閹，與同類金剛二人聖曆元年嶺南討擊使李千里進入宮。則天嘉其黠慧，令給事左右。後因小過，撻而逐之。內官高延福收爲假子，延福出自武三思家，力士遂往來三思第，歲餘則天復召入禁中。

新唐書貳佰柒宦者傳上云：

魚朝恩，瀘州瀘川人也，天寶末以品官給事黃門。

劉貞亮本俱氏，名文珍，冒所養宦父姓，故改焉。

吐突承璀，閩人也，以黃門值東宮。

仇士良，循州興寧人，順宗時得侍東宮。

楊復光，閩人也，本喬氏，少養於內侍楊玄价家。

同書貳佰捌宦者傳下云：

田令孜，蜀人也，本陳氏，咸通時歷小馬坊使。

據此，可知唐代閹寺多出自今之四川、廣東、福建等省，在當時皆邊徼蠻夷區域。其地下級人民所受漢化自甚淺薄，而宦官之姓氏又有不類漢姓者，故唐代閹寺中疑多是蠻族或蠻夷化之漢人也。

唐代中國疆土之內，自安史亂後，除擁護李氏皇室之區域，即以東南財富及漢化文化維持長安為中心之集團外，尚別有一河北藩鎮獨立之團體，其政治、軍事、財政等與長安中央政府實際上固無隸屬之關係，其民間社會亦未深受漢族文化之影響，即不以長安、洛陽之周孔名教及科舉仕進為其安身立命之歸宿。故論唐代河北藩鎮問題必於民族及文化二端注意，方能得其真相所在也。茲先舉二三顯著之例，以見當時大唐帝國版圖以內實有截然不同之二分域，然後再推論其種族與統治階級之關係焉。

杜牧樊川集陸唐故范陽盧秀才墓誌云：

> 秀才盧生名霈，字子中，自天寶後三代或仕燕，或仕趙，兩地皆多良田畜馬，生年二十未知古有人曰周公、孔夫子者，擊毬飲酒，馬射走兔，語言習尚無非攻守戰鬥之事。

通典肆拾職官典末載杜佑建中時所上省用議（參新唐書壹陸陸杜佑傳）略云：

> 今田悅之徒並是庸璅，繁刑暴賦，唯恤軍戎，衣冠仕(士)人遇如奴虜。

此可以代表河北社會通常情態，其尚攻戰而不崇文教。質言之，即漸染胡化深而漢化淺也。當時漢化之中心在長安，以詩賦舉進士致身卿相為社會心理羣趨之鵠的。故當日在長安文化區域內有野心而不得意之人，至不得已時惟有北走河朔之一途。昌黎集貳拾送董召南遊河北序乃世所習誦之文，茲為闡明長安集團與河北集團政治文化對立之形勢起見，仍迻寫之於下，並略詮釋，以佐證鄙說。至韓退之不以董召南河北之行為然之意固極明顯，不待解說也。其文云：

> 燕趙古稱多感慨悲歌之士。董生舉進士，連不得志於有司，懷抱利器，鬱鬱適茲土，吾知

其必有合也。董生勉乎哉！

據此，可知在長安文化統治下之士人，若舉進士不中，而欲致身功名之會者，舍北走河朔之外，則不易覓其他之途徑也。

其文又云：

夫以子之不遇時，苟慕義强仁者皆愛惜焉，矧燕趙之士出乎其性者哉！然吾嘗聞風俗與化移易，吾惡知其今不異於古所云邪？聊以吾子之行卜之也，董生勉乎哉！

據前引杜牧之范陽盧秀才墓誌「語言習尚無非攻守戰鬥」之句及此序「風俗與化移易」之語，可知當日河北社會全是胡化，非復東漢、魏晉、北朝之舊。若究其所以然之故，恐不於民族遷移一事求之不得也，請俟後論之。

其文又云：

吾因子有所感矣，爲我弔望諸君之墓！而觀於其市，復有昔時屠狗者乎？爲我謝曰：「明天子在上，可以出而仕矣！」

然則長安天子與河北鎮將為對立不同之二集團首領，觀此數語，即可知矣。

又全唐詩第伍函李益小傳(參舊唐書壹叁柒新唐書貳佰叁文藝傳下李益傳、唐詩紀事叁拾、全唐詩話貳、辛文房唐才子傳李益傳等)云：

李益字君虞，姑臧人，大曆四年登進士第，授鄭縣尉，久不調，益不得意。北遊河朔，幽州劉濟辟爲從事。嘗與濟詩，有怨望語。憲宗時召爲秘書少監集賢殿學士，自負才地，多所凌忽，爲衆不容。諫官舉幽州詩句，降居散秩。

考益之獻劉濟詩云：

草緑古燕州，鶯聲引獨遊。雁歸天北畔，春盡海西頭。向日花偏落，馳年水自流。感恩知有地，不上望京樓。

據此，又可知雖已登進士第之李益以不得意之故猶去京洛，而北走范陽；則董召南之遊河北蓋是當日社會之常情，而非變態。然於此益見大唐帝國之後半期其中含有兩獨立敵視之團體，而此二團體之統治階級，其種族文化亦宜有不同之點在也。

今試檢新唐書之藩鎮傳，並取其他有關諸傳之人其活動範圍在河朔或河朔以外者以相參考，則發見二點：一為其人之氏族本是胡類，而非漢族；一為其人之氏族雖為漢族，而久居河朔，漸染胡化，與胡人不異。前者屬於種族，後者屬於文化。質言之，唐代安史亂後之世局，凡河朔及其他藩鎮與中央政府之問題，其核心實屬種族文化之關係也。夫河北之地，東漢、曹魏、西晉時固為文化甚高區域，雖經胡族之亂，然北魏至隋其地之漢化仍未見甚衰減之相，何以至玄宗文治燦爛之世，轉變為一胡化地域？其故殊不易解。茲就安史叛亂發源之地域及其時代先後之關係綜合推計，設一假說，以俟更詳確之證明。即使此假說一時難以確定成立，但安史叛亂及其後果即河朔藩鎮之本質，至少亦可因此明瞭也。

當玄宗文治武功極盛之世，漁陽鼙鼓一鳴，而兩京不守。安禄山之霸業雖不成，然其部將始終割據河朔，與中央政府抗衡，唐室亦從此不振，以至覆亡。古今論此役者止歸咎於天寶政治宫廷之腐敗，是固然矣；獨未注意安史之徒乃自成一系統最善戰之民族，在當日軍事上本來無與為敵者也。考安禄山之種族在其同時人之著述及專紀其事之書中，均稱為柘羯或羯胡，如：

舊唐書拾肅宗紀云：

是日(天寶十五載七月甲子)御靈武南門，下制曰：「乃者羯胡亂常，京闕失守。」(舊唐書壹貳拾郭子儀傳載建中二年德宗褒卹之詔有「羯胡作禍」，新唐書壹玖貳忠義傳張巡傳亦有「拓羯千騎」之語，至杜甫喜官軍已臨賊境二十韻詩所謂「拓羯渡臨洮」之拓羯，雖非指安禄山，但亦可爲旁證參考也。)

又同書壹佰肆封常清傳略云：

先鋒至葵園，常清使驍騎與柘羯逆戰，殺賊數十百人。臨終時表曰：「昨者與羯胡接戰。」

又顏魯公集陸康金吾碑目安禄山為羯胡，姚汝能安禄山事跡一書亦多羯胡之語，若杜工部詠懷古蹟之詩其「羯胡事主終無賴」之句，則不僅用梁侯景之古典(如梁書伍伍武陵王紀傳云：「羯胡叛渙」，即是一例），實兼取今事入之於詩也。

考玄奘西域記壹颯秣建國（即康國）條云：

兵馬强盛，多是赭羯之人，其性勇烈，視死如歸。

新唐書貳貳壹下西域傳康國傳云：

本月氏人，始居祁連北昭武城，爲突厥（寅恪案：突厥應作匈奴，唐會要玖玖康國條云：「其人土著役屬於突厥，先居祁連之北昭武城，爲匈奴所破。」宋子京蓋涉上文突厥之語致誤也）所破，稍南依葱嶺，即有其地，枝庶分王：曰安，曰曹，曰石，曰米，曰何，曰火尋，曰戊地，曰史，世謂九姓，皆氏昭武。

又同書同卷安國傳云：

募勇健者爲柘羯，柘羯猶中國言戰士也（寅恪案：上引西域記之文有「赭羯之人」一語，然則赭羯乃種族之名，此云「猶中國言戰士」，若非宋景文誤會，即後來由專名引申爲公名耳）。

又同書同卷石國傳云：

石或曰柘支，曰柘折，曰赭時。

據此，可知赭羯即柘羯之異譯，凡康安石等中亞月氏種人，皆以勇健善戰著聞者也。舊唐書貳佰上安禄山傳云：

安禄山，營州柳城雜種胡人也。

舊書所謂雜種胡之確切界説尚待詳考，但新唐書貳貳伍上逆臣傳安禄山傳云：

安禄山，營州柳城胡也，本姓康，母阿史德，少孤，隨母嫁安延偃，乃冒姓安，通六蕃語，爲互市郎。

寅恪案：安禄山事跡上引郭子儀雪安思順疏，謂安禄山本姓康。今敦煌寫本天寶丁籍亦有康、安、石等姓以羯為稱者(見歷史與地理雜誌第叁叁編第肆卷天寶十載丁籍及同書第肆壹編第肆卷天寶四載丁籍)，故安禄山父系之為羯胡，即中亞月氏種可無疑矣。至史思明之種族則新唐書貳貳伍上逆臣傳史思明傳云：

史思明，寧夷州突厥種，與安禄山共鄉里，通六蕃譯，亦爲互市郎。

疑史思明非出中亞胡種者。然舊唐書貳佰安禄山傳云：

安禄山，營州柳城雜種胡人也。(前已引，茲爲論述便利起見，特重及之。)

同書同卷史思明傳云：

史思明，寧夷州突厥雜種胡人也。

又舊唐書壹佰肆哥舒翰傳(新唐書壹叁伍哥舒翰傳同)略云：

哥舒翰，突騎施首領哥舒部落之裔也。翰母尉遲氏，于闐之族也。〔安禄山〕謂翰曰：「我父是胡，母是突厥，公父是突厥，母是胡，與公族類同，何不相親乎？」

據此類史料，初視之，似當時所謂雜種胡人者即指混合血統胡族，如哥舒翰等之例。但更詳考史傳，則知當時雜種胡人之稱實逕指昭武九姓月支種而言，如新唐書貳壹柒上回鶻傳（參通鑑貳貳陸建中元年八月甲午張光晟殺突董條）云：

始回紇至中國，常參以九姓胡，往往留京師，至千人，居貲殖產甚厚。酋長突董翳蜜施、大小梅録等還國，裝槖係道。

所言與舊唐書壹貳柒張光晟傳云：

建中元年迴紇突董、梅録領衆並雜種胡等自京師還國，輿載金帛相屬於道。

者同是一事，而舊傳之所謂雜種胡即九姓胡，可為確證。然則舊唐書之稱安禄山為雜種胡人者，實指其九姓胡而言，又其目史思明為突厥雜種胡人者，殆以其父系為突厥，而母系為羯胡，故曰「突厥雜種胡人」也。觀於史思明與安禄山俱以通六蕃語為互市郎，正是具有中亞胡種血統之特徵。至其以史為姓者，蓋從父系突厥姓阿史德或阿史那之省稱，不必為母系昭武九姓之史也。

又考安史生長之地即營州，在開元之初已多中亞賈胡，如舊唐書壹捌伍下良吏傳宋慶禮傳（新

唐書壹叁拾宋慶禮傳同)略云:

初營州都督府置在柳城，控帶奚、契丹，則天時都督趙文翽政理乖方，兩蕃反叛，攻陷州城，其後移於幽州東二百里漁陽城安置。開元五年奚、契丹各款塞歸附，玄宗欲復營州於舊城，乃詔慶禮等更於柳城築營州城，俄拜慶禮御史中丞兼檢校營州都督，開屯田八十餘所，追拔幽州及漁陽、淄青等户，招輯商胡，爲立店肆。

此必其時營州區域之内或其近傍頗有西域賈胡，慶禮始能招輯之也。故營州一地在開元以前已多中亞胡人，可知之矣。

更試一檢新唐書安禄山傳(參考安禄山事跡)，如言:

潛遣賈胡行諸道，歲輸百萬。

及

凡降蕃夷皆接以恩，禄山通夷語，躬自尉撫，皆釋俘囚爲戰士，故其下樂輸死，所戰無前。

等，則安禄山利用其中亞胡種商業語言特長之例證也。

又如言:

養同羅降契丹曳落河八千人爲假子。

及

祿山已得〔阿〕布思之衆，則兵雄天下。

則安祿山利用其混合血統胡人之資格，籠絡諸不同之善戰胡族，以增強其武力之例證也。

故據新唐書壹壹捌韋湊傳附見素傳云：

明年(天寶十四載)，祿山表請蕃將三十二人代漢將，帝許之。見素不悅，謂〔楊〕國忠曰：「祿山反狀暴天下，今又以蕃代漢，難將作矣。」未幾，祿山反。

可知祿山之擧兵與胡漢種族武力問題有關也。至舊唐書壹佰陸李林甫傳(新唐書貳貳叁上姦臣傳李林甫傳同，又大唐新語壹壹懲戒篇及諛佞篇尤可參校)云：

國家武德、貞觀已來，蕃將如阿史那社爾、契苾何力忠孝有才略，亦不專委大將之任，多以重臣領使以制之。開元中，張嘉貞、王晙、張説、蕭嵩、杜暹皆以節度使入知政事。林甫固位，志欲杜出將入相之源，嘗奏曰：「文士爲將怯當矢石，不如用寒族蕃人。蕃人善戰有勇，寒族即無黨援。」帝(玄宗)以爲然，乃用〔安〕思順代林甫領(朔方節度)使。自是高仙芝、哥舒翰皆專任大將，林甫利其不識文字，無入相由。然而祿山竟爲亂階，由專得大將之任故也。

其寒族蕃人一語涉及唐代統治階級全部，俟後論之。然安史叛亂之關鍵，實在將領之種族，則可與新唐書韋見素一傳互相證發也。

又舊唐書壹玖玖上東夷傳高麗傳(新唐書壹佰拾泉男生傳附獻誠傳同)云：

〔泉〕獻誠授右衛大將軍，兼令羽林衛上下。天授中，則天嘗内出金銀寶物，令宰相及南北衙文武官内擇善射者五人共賭之。内史張光輔先讓獻誠爲第一，獻誠復讓右玉鈐衛大將軍薛土摩支，摩支又讓獻誠。既而獻誠奏曰：「陛下令簡能射者五人，所得者多非漢官。臣恐自此已後，無漢官工射之名。伏望停寢此射。」則天嘉而從之。

寅恪案：泉獻誠、薛土摩支皆蕃將也。武則天時，蕃將之武藝已遠勝於漢人，於此可見。鄴侯家傳言府兵制之破壞實始於則天時，此亦一旁證。蓋宇文泰所鳩合之六鎮關隴胡漢混合集團至武曌時已開始崩潰，不待玄宗朝，而漢將即此混合集團之首領，其不如蕃將之善戰已如此矣。至泉獻誠為蓋蘇文之孫，男生之子，亡國敗降之餘裔，其武伎精妙猶稱當時第一，則高麗之以東隅小國能屢抗隋唐全盛之日傾國之師，豈無故哉！豈無故哉！

復次，新唐書壹貳柒張嘉貞傳附弘靖傳(舊唐書壹貳玖張延賞傳附弘靖傳同，但無「俗謂禄山、思明為二聖」之語)略云：

充盧龍節度使，始入幽州，俗謂禄山、思明爲二聖。弘靖懲始亂，欲變其俗，乃發墓毀棺，衆滋不悅。幽薊初效順，不能因俗制變，故范陽復亂。

寅恪案：聖人者唐俗稱天子之語。如通鑑貳貳貳上元二年三月條（舊唐書貳佰上、新唐書貳貳伍上史思明傳附朝義傳略同）略云：

〔史〕朝義泣曰：「諸君善爲之，勿驚聖人！」（寅恪案：此聖人指思明言。）

胡注云：

當時臣子謂其君父爲聖人。

蓋安史俱稱帝，故在其統治之下者率以聖人稱之，自無足異。所可注意者，穆宗長慶初上距安史稱帝時代已六七十年，河朔之地，禄山、思明猶存此尊號，中央政府官吏以不能遵循舊俗，而致變叛，則安史勢力在河朔之深且久，於此可見。兹節録兩唐書所載安史同時並後來河朔及其他藩鎮胡化事跡於下，其種族、文化二者之關係不待解釋，自然明瞭。至其人前後逆順賢否雖各有不同，但非此篇所論範圍，故不置言也。

其血統確有胡族分子者，如

舊唐書貳佰上安禄山傳附孫孝哲傳（新唐書貳貳伍上逆臣傳同）云：

孫孝哲，契丹人也。

新唐書貳佰拾藩鎮魏博史憲誠傳（舊唐書壹捌壹史憲誠傳同）云：

史憲誠，其先奚也，内徙靈武，爲建康人，三世署魏博將。

同書貳壹壹藩鎮鎮冀李寶臣傳(舊唐書壹肆貳李寶臣傳同)云:

李寶臣本范陽内屬奚也,善騎射,范陽將張鎖高畜爲假子,故冒其姓,名忠志,爲盧龍府果毅。

同書同卷王武俊傳(舊唐書壹肆貳王武俊傳同)云:

王武俊本出契丹怒皆部,父路俱,開元中與饒樂府都督李詩等五千帳求襲冠帶。入居薊。年十五,善騎射,與張孝忠齊名,隸李寶臣帳下爲裨將。

同書同卷王廷湊傳(舊唐書壹肆捌王廷湊傳同)云:

王廷湊本迴紇阿布思之族,隸安東都護府,曾祖五哥之,爲李寶臣帳下,驍果善鬥,王武俊養爲子,故冒姓王,世爲裨將。

同書貳壹貳藩鎮盧龍李懷仙傳(舊唐書壹肆叁李懷仙傳同)云:

李懷仙,柳城胡也,世事契丹,守營州,善騎射,智數敏給,禄山之反,以爲裨將。

同書同卷李茂勳傳(舊唐書壹捌拾李可舉傳同)云:

李茂勳本迴紇阿布思之裔,張仲武時與其侯王皆降,資沈勇善馳射,仲武器之,任以將兵,常乘邊,積功賜姓及名。

同書貳壹叁藩鎮淄青李正己傳(舊唐書壹貳肆李正己傳同)云:

李正己，高麗人，爲營州副將，從侯希逸入青州，希逸母即其姑。

同書壹肆肆侯希逸傳（舊唐書壹貳肆侯希逸傳同）云：

侯希逸，營州人，天寶末爲州裨將，守保定城。禄山反，以徐歸道爲節度使，希逸率兵與安東都護王玄志斬之，詔拜玄志平盧節度使。玄志卒，共推希逸，有詔就拜節度使。與賊确，數有功，然孤軍無援，又爲奚侵略，乃拔其軍二萬，浮海入青州，據之，平盧遂陷，肅宗因以希逸爲平盧、淄青節度使。自是淄青常以平盧冠使。

據上引李正己傳，知侯希逸至少其母系出自高麗，雖其初不從安禄山之命，然其種族固含有胡人血脈，其部下兵衆亦是胡化集團。是以自李正己襲奪其業後，淄青一鎮亦與河朔同風，遂為唐代中央政府之鉅患。推求其故，實由其統治者本從河朔胡化集團中分出者也。

新唐書壹肆捌張孝忠傳（舊唐書壹肆壹張孝忠傳同）云：

張孝忠本奚種，世爲乙失活酋長。父謐，開元中提衆納款。孝忠始名阿勞，以勇聞。燕趙間共推張阿勞、王没諾干二人齊名。没諾干，王武俊也。天寶末以善射供奉仗内，安禄山奏爲偏將。禄山、史思明陷河洛，常爲賊前鋒；朝義敗，乃自歸。

同書貳貳肆上叛臣傳李懷光傳（舊唐書壹貳壹李懷光傳同）云：

李懷光，渤海靺鞨人，本姓茹，父常，徙幽州，爲朔方部將，以戰多賜姓，更名嘉慶。懷光在軍以積勞爲都虞候，節度使郭子儀以紀綱委懷光。

寅恪案：李懷光乃朔方軍將，屬於別一系統不在河朔範圍，然以其先嘗居幽州，故亦附及之。

至唐室中興元勛李光弼，則新唐書壹叁陸其本傳(舊唐書壹壹拾李光弼傳略同)云：

李光弼，營州柳城人，父楷洛以武后時入朝。

是亦出於東北胡族，且與安禄山同鄉里，不過政治上適立於相反之地位耳。

以上諸人皆確為胡族無復疑義。又有實為漢人，或雖號漢族，而帶胡種嫌疑未能決定者，玆並列之於下。其要點在無論實為漢人或有胡族之嫌疑，其人必家世或本身居住河朔，久已胡化，故亦與胡人無異者也。如新唐書貳壹拾藩鎮魏博傳田承嗣傳(舊唐書壹肆壹田承嗣傳同)云：

田承嗣，平州盧龍人也，世事盧龍軍，以豪俠聞，隸安禄山麾下。

舊唐書壹肆壹田弘正傳(新唐書壹肆捌田弘正傳同)略云：

田弘正祖延惲，魏博節度使承嗣之季父也。弘正善騎射，爲衙内兵馬使，既受節鉞，上表曰：「臣家本邊塞，累代唐人，驅馳戎馬之鄉，不睹朝廷之禮，伏自天寶已還，幽陵肇亂，山東奥壤，悉化戎墟，官封代襲，刑賞自專。」

新唐書貳壹拾藩鎮魏博何進滔傳(舊唐書壹捌壹何進滔傳同)云：

何進滔，靈武人，世爲本軍校，少客魏，委質軍中。

寅恪案：前引新唐書西域傳，昭武九姓中有何姓，何進滔又從靈武徙居於魏，故疑其先世是羯胡，其本身又居魏，而當時魏地亦胡化區域也。

舊唐書壹捌壹韓允忠傳（新唐書貳壹拾藩鎮魏博韓君雄傳同）云：

韓允忠，魏州人也，父國昌，歷本州右職。

同書同卷樂彥禎傳（新唐書貳壹拾藩鎮魏博樂彥禎傳同）云：

樂彥禎，魏州人也，父少寂，歷澶、博、貝三州刺史。

同書同卷羅弘信傳（新唐書貳壹拾藩鎮魏博羅弘信傳同）云：

羅弘信，魏州貴鄉人，曾祖秀，祖珍，父讓，皆爲本州軍校。

據北夢瑣言伍中書蕃人事條，羅亦胡姓，然則羅弘信不獨世居胡化之地，且有本出胡族之嫌疑矣。

新唐書貳貳伍中逆臣傳朱泚傳（舊唐書貳佰下朱泚傳同）云：

朱泚，幽州昌平人，父懷珪事安史二賊。

舊唐書壹肆叁朱滔傳（新唐書貳壹貳藩鎮盧龍朱滔傳同）云：

朱滔，賊泚之弟也。

新唐書貳壹貳藩鎮盧龍朱克融傳（舊唐書壹捌拾朱克融傳同）云：

朱克融，滔孫也。

舊唐書壹肆叁劉怦傳（新唐書貳壹貳藩鎮盧龍劉怦傳同）云：

劉怦，幽州昌平人也，父貢嘗爲廣邊大斗軍使，怦即朱滔姑之子。

新唐書貳壹貳藩鎮盧龍李載義傳（舊唐書壹捌拾李載義傳同）云：

李載義自稱恒山愍王之後，性矜蕩，好與豪傑遊，力挽强搏鬥，劉濟在幽州高其能，引補帳下。

寅恪案：李載義之稱承乾後裔，固出依託，即使其真出自承乾，亦與河朔諸漢將同為胡化之漢人也。

新唐書貳壹貳藩鎮盧龍楊志誠傳（舊唐書壹捌拾楊志誠傳同）云：

〔楊〕志誠者事〔李〕載義爲牙將，載義走，因自爲都兵馬使，〔大和〕八年爲下所逐，推部將史元忠總留後。

寅恪案：楊志誠、史元忠之氏族史傳不詳，無以確言，但俱為胡化之人，則無可疑者。突厥阿史那氏、阿史德氏皆渻作史氏，中亞昭武九姓中有史氏，史憲誠本奚族，亦姓史氏（見前引兩唐書史憲誠傳），故史元忠殊有源出胡族之嫌疑也。

新唐書貳壹貳藩鎮盧龍張仲武傳（舊唐書壹捌拾張仲武傳同）云：

張仲武，范陽人，通左氏春秋，會昌初爲雄武軍使。〔陳〕行泰殺〔史〕元忠，而仲武遣其屬吴仲舒入朝，請以本軍擊回鶻。〔李〕德裕因問北方事，仲舒曰：「行泰(及殺行泰之張)絳皆遊客，人心不附；仲武舊將張光朝子，年五十餘，通書習戎事，性忠義，願歸款朝廷舊矣。」德裕入白帝，擢兵馬留後，絳爲軍中所逐。

寅恪案：陳行泰、張絳始末不詳，可不置論。張仲武受漢化較深，在河朔頗為例外，然跡其所以得軍心者，以本為范陽土著，且家世舊將，而陳行泰、張絳俱是遊客，故不能與之爭，然非李文饒之策略，仲武亦未必遽得為鎮將也。

新唐書貳壹貳藩鎮盧龍張允伸傳(舊唐書壹捌拾張公素傳同)云：

張允伸，范陽人，世爲軍校。

同書同卷張公素傳(舊唐書壹捌拾張公素傳同)云：

公素，范陽人，以列將事〔張〕允伸。

同書同卷李全忠傳(舊唐書壹捌拾李全忠傳同)云：

李全忠，范陽人，仕爲棣州司馬，罷歸，事〔李〕可舉爲牙將，可舉死，衆推爲留後。

同書同卷劉仁恭傳云：

劉仁恭，深州人，父晟客范陽，爲李可舉新興鎮將，故仁恭事軍中。

舊唐書壹捌拾朱克融等傳末略云：

史臣曰：彼幽州者，其民剛强，近則染禄山、思明之風，二(？)百餘年自相崇樹，雖朝廷有時命帥，而士人多務逐君，習苦忘非，尾大不掉，非一朝一夕之故也。

新唐書貳壹叁藩鎮横海程日華傳(舊唐書壹肆叁程日華傳同)云：

程日華，定州安喜人，父元皓爲安禄山帳下，僞署定州刺史，故日華籍本軍，爲張孝忠牙將。

同書同卷李全略傳(舊唐書壹肆叁李全略傳同)云：

李全略事〔鎮州〕王武俊爲偏裨。

同書貳壹肆藩鎮彰義吴少誠傳(舊唐書壹肆伍吴少誠傳同)云：

吴少誠，幽州潞人(父爲魏博節度都虞候)。

同書同卷吴少陽傳(舊唐書壹肆伍吴少陽傳同)云：

少陽者，與〔吴〕少誠同在魏博軍，相友善，少誠得淮西，多出金帛邀之，養以爲弟，署右職，親近無間。

同書同卷藩鎮澤潞劉悟傳(舊唐書壹陸壹劉悟傳同)云：

劉悟其祖正臣，平盧軍節度使，襲范陽，不克，死。

寅恪案：舊唐書壹肆伍劉全諒傳（新唐書壹伍壹董晉傳附陸長源傳同）略云：

父客奴由征行家於幽州之昌平，少有武藝，從平盧軍，〔天寶〕十五載四月授客奴平盧軍使，仍賜名正臣，襲范陽，爲逆賊將史思明等大敗之，正臣奔歸，爲王玄志所鴆而卒。

據此，知劉氏亦家於幽州昌平，漸染胡化者也。

舊唐書壹貳貳張獻誠傳（新唐書壹叁叁張守珪傳附獻誠傳同）云：

張獻誠，陝州平陸人，幽州大都督府長史守珪之子也，天寶末陷逆賊安禄山，受僞官，連陷史思明，爲思明守汴州，統逆兵數萬。

同書壹貳肆薛嵩傳（新唐書壹壹壹薛仁貴傳附嵩傳同）云：

薛嵩，絳州萬泉人，祖仁貴，高宗朝名將，封平陽郡公，父楚玉，爲范陽平盧節度使。嵩有膂力，善騎射，不知書，自天下兵起，束身戎伍，委質逆徒。

寅恪案：張獻誠、薛嵩雖俱大臣子孫，又非河朔土著，然以其父官范陽之故，少居其地，漸染胡化，竟與田承嗣之徒無別。甚哉風俗之移人若是，而河朔當日社會文化情狀，亦可想見矣。

舊唐書壹貳肆令狐彰傳（新唐書壹肆捌令狐彰傳同）云：

令狐彰，京兆富平人也，父濞，初任范陽縣尉，通幽州人女，生彰，及秩滿，留彰於母氏，彰遂少長范陽，善弓矢，乃策名從軍。事安禄山。

同書同卷田神功傳(新唐書壹肆捌田神功傳同)云：

田神功，冀州人也，家本微賤，天寶末爲縣里胥，會河朔兵興，從事幽薊。

新唐書壹肆捌康日知傳云：

康日知，靈州人，祖植，當開元時縛康待賓，平六胡州，日知少事李惟岳，累擢趙州刺史。

寅恪案：以康日知姓氏及籍貫言之，當亦中亞胡種也。

新唐書壹肆捌牛元翼傳云：

牛元翼，趙州人，王承宗時，與傅良弼冠諸將。

良弼清河人，以射冠軍中。

舊唐書壹肆伍李忠臣傳(新唐書貳貳肆下叛臣傳李忠臣傳同)云：

李忠臣本姓董，名秦，平盧人也，世家於幽州薊縣。忠臣少從軍，事幽州節度使薛楚玉、張守珪、安禄山等。

同書同卷李希烈傳(新唐書貳貳伍中逆臣傳李希烈傳同)云：

李希烈，遼西人，少從平盧軍，後從李忠臣浮海至河南。

綜上所引諸人氏族或確是漢人，或有胡種嫌疑，或為唐室大臣子孫，或出微賤之族，其於中央政府或忠或叛，復有先後順逆等之互異。要而言之，家世或本身曾留居河朔及長於騎射二事則大抵相類，斯實河朔地域之胡化演變所致者也。新唐書壹肆捌史孝章傳載其諫父憲誠之言曰：

天下指河朔若夷狄然。

又同書貳壹拾藩鎮傳序云：

遂使其人由羌狄然，訖唐亡百餘年率不爲王土。

故不待五代之亂，神州東北一隅如田弘正所謂「悉化戎墟」矣（見上引田弘正傳）。尤可異者，即在李唐最盛之時即玄宗之世，東漢、魏晉、北朝文化最高之河朔地域，其胡化亦已開始，此點自昔史家尠有解釋，茲試作一假說，以待將來之確證，然私心殊未敢自信也。

依據上列史料，知神州東北一隅河朔地域之內，其人民血統屬於漢種者，既若是之胡化，則其地必有胡族之遷徙無疑。凡居東北與河朔有關之胡族如高麗、東突厥（唐會要、舊唐書俱謂之北突厥，蓋舊稱如此）、迴紇、奚、契丹之類移居於與其部落鄰近之地，如河朔區域，自有可能，而於事理亦易可通者也。獨中國東北隅河朔之地而有多數之中亞胡人，甚為難解。若彼輩遠自西北萬里之外短期之內忽然遷移至東北端濱海之區，恐不可能。姑就舊史所載者考之，似有三因：其遠因為隋季之喪亂，其中因為東突厥之敗亡，其近因或主因為東突厥之復興。所謂隋季之喪亂者，即舊唐書玖叁唐休璟傳（新唐書壹壹壹唐休璟傳略同）略云：

授營州户曹。調露中單于突厥背叛，誘扇奚、契丹侵略州縣，後奚、羯胡又與桑乾突厥同反，都督周道務遣休璟將兵擊破之，超拜豐州司馬。永淳中朝議欲罷豐州，休璟上疏曰：「豐州自秦漢已來，列爲郡縣，隋季喪亂，不能堅守，乃遷徙百姓就寧慶二州，致使戎羯交侵，乃以靈夏爲邊界。貞觀之末始募人以實之，西北一隅方得寧謐。」

寅恪案：中亞羯胡必經由中國西北，而漸至東北。在隋末中國擾亂之世最為中亞胡人逐漸轉徙之良機會，兩唐書唐休璟傳或可於此事略露消息也。惟新唐書唐休璟傳及通鑑貳佰貳調露元年十月條俱無「奚、羯胡與桑乾突厥同反」之語，又新唐書唐休璟傳雖亦作「戎羯交侵」，而通鑑貳佰叁弘道元年五月條改「戎羯」為「胡虜」，固以「戎羯」為泛稱（見後漢書肆捌吳蓋陳臧傳論章懷太子注），然於此恐不免疏誤也。然則調露前後中國東北部已有不少羯胡，而羯胡之遷徙實由隋季侵入西北，輾轉移來，此於事實頗為合理者也。所謂東突厥之敗亡者，即戈本貞觀政要玖安邊篇略云：

自突厥頡利破後，諸部落首領來降者皆拜將軍中郎將，布列朝廷，五品已上百餘人，殆與朝士相半。唯拓拔不至，又遣使招慰之，使者相望於道。涼州都督李大亮以爲於事無益，徒費中國，上疏云云，太宗不納。

寅恪案：通典壹玖柒邊防典突厥傳上與此同，蓋皆源出太宗實録也。惟無「太宗不納」之句，當是杜氏略去。又「拓拔」作「柘羯」，尚未經後人誤改。舊唐書陸貳及新唐書玖玖李大亮傳紀此事，俱只舉酋長之名，而通鑑壹玖叁貞觀四年秋九月條則不著酋長之名，而以「西突厥」一語概括之，蓋柘羯一種原在西突厥範圍内也。又兩唐書大亮傳俱言太宗從大亮之請，與貞觀政要不合，鄙意吴書似得其實，而兩唐書大亮傳乃後來修飾之詞，故君卿於此闕疑耶？然則東突厥之敗亡，必有少數柘羯因之東徙者矣。所謂東突厥之復興者，即綜考上引史料，諸胡人入居河朔或歸降中國之時代大抵在武則天及唐玄宗開元之世。而此三十年間中國東北方胡族之活動其最有關大局者，莫過於東突厥之復興，即骨咄禄、默啜兄弟武力之開拓遠及中亞，竟取西突厥帝國之領部置於其管制下之事實也。關於東突厥自頡利於貞觀時破滅後至骨咄禄而復興之始末，非此所能詳及，兹惟就兩唐書所載東突厥復興與西突厥關係之史料略引一二，以供推證焉。

舊唐書壹玖肆上北突厥傳（新唐書貳壹伍上突厥傳同）略云：

骨咄禄，頡利之疏屬，自立爲可汗，以其弟默啜爲殺，骨咄禄天授中病卒。

骨咄禄死時其子尚幼，默啜遂篡其位，自立爲可汗。

默啜立其弟咄悉匐爲左廂察，骨咄禄子默矩爲右廂察，各主兵馬二萬餘人，又立其子匐俱爲小可汗，仍主處木昆等十姓（寅恪案：舊唐書壹玖肆下西突厥傳云：「其國分爲十部，每部仍令一人統之，號爲十設，每設賜以一箭，故稱十箭焉。又分十箭爲左右廂，其左廂號爲五咄陸，其右廂號爲五弩失畢。五咄陸部落居於碎葉已東，五弩失畢部落居於碎葉已西，自是都號爲十姓部落。其咄陸有五啜，一曰處木昆啜云云。」）兵馬四萬餘人，又號爲拓西可汗。

初默啜景雲中率兵西擊娑葛，破滅之。契丹及奚自神功之後常受其徵役，其地東西萬餘里，控弦四十萬，自頡利之後最爲強盛，自恃兵威，虐用其衆，默啜既老，部落漸多逃散。

（開元）四年默啜又北討九姓拔曳固，戰於獨樂河，拔曳固大敗，默啜負勝輕歸，而不設備，遇拔曳固迸卒頡質略於柳林中，突出擊默啜，斬之。

同書同卷下西突厥阿史那彌射傳附孫獻傳（新唐書貳壹伍下西突厥傳略同）云：

長安元年充安撫招慰十姓大使，獻本蕃漸爲默啜及烏質勒所侵，遂不敢還國。

同書同卷阿史那步真傳（新唐書貳壹伍下西突厥傳略同）云：

自垂拱已後十姓部落頻被突厥默啜侵掠，死散殆盡。及隨斛瑟羅纔六七萬人，徙居內地，西突厥阿史那氏遂絶。（寅恪案：通鑑貳佰肆紀此事刪去「默啜」二字，蓋與上文「垂拱」二字衝突之故，於此足徵温公讀書之精密。）

同書同卷突騎施烏質勒傳（新唐書貳壹伍下突騎施烏質勒傳同）云：

突騎施烏質勒者，西突厥之別種也。烏質勒卒，其長子娑葛代統其衆，景龍三年娑葛弟遮弩恨所分部落少於其兄，遂叛入突厥，請爲鄉導以討娑葛。默啜乃留遮弩，遣兵二萬人與其左右來討娑葛，擒之而還。

綜合上引諸條，可知東突厥復興後之帝國其勢力實遠及中亞，此時必有中亞胡族向東北遷徙者。史言「默啜既老，部落漸多逃散」，然則中國河朔之地不獨當東突厥復興盛強之時遭其侵軼蹂躪，即在其殘敗衰微之後亦仍吸收其逃亡離散之諸胡部落，故民族受其影響，風俗為之轉變，遂與往日之河朔迴然不同，而成為一混雜之胡化區域矣。夫此區域之民族既已脱離漢化，而又包括東北及西北之諸胡種，唐代中央政府若欲羈縻統治而求一武力與權術兼具之人才，為此複雜胡族方隅之主將，則柘羯與突厥合種之安禄山者，實為適應當時環境之唯一上選也。玄宗以東北諸鎮付之禄山，雖尚有他故，而禄山之種性與河朔之情勢要必為其主因，豈得僅如舊史所載，一出於李林甫固位之私謀而已耶？

更總括以上所述者論之，則知有唐一代三百年間其統治階級之變遷升降，即是宇文泰「關中本位政策」所鳩合集團之興衰及其分化。蓋宇文泰當日融冶關隴胡漢民族之有武力才智者，以創霸業；而隋唐繼其遺産，又擴充之。其皇室及佐命功臣大都西魏以來此關隴集團中人物，所謂八大柱國家即其代表也。當李唐初期此集團之力量猶未衰損，皇室與其將相大臣幾全出於同一之系統及階級，故李氏據帝位，主其軸心，其他諸族入則為相，出則為將，自無文武分途之事，而將相大臣與皇室亦為同類之人，其間更不容別一統治階級之存在也。至於武曌，其氏族本不在西魏以來關隴集團之內，因欲消滅唐室之勢力，遂開始施行破壞此傳統集團之工作，如崇尚進士文詞之科破格用人及漸毀府兵之制等皆是也。此關隴集團自西魏迄武曌歷時既經一百五十年之久，自身本已逐漸衰腐，武氏更加以破壞，遂致分崩墮落不可救止。其後皇位雖復歸李氏，至玄宗尤稱李唐盛世，然其祖母開始破壞關隴集團之工事竟及其身而告完成矣。此集團既破壞後，皇室始與外朝之將相大臣即士大夫及將帥屬於不同之階級。同時閹寺黨類亦因是變為一統治階級，擁蔽皇室，而與外朝之將相大臣相對抗。假使皇室與外廷將相大臣同屬於一階級，則其間固無閹寺階級統治國政之餘地也。抑更可注意者，關隴集團本融合胡漢文武為一體，故文武不殊途，而將相可兼任；今既別產生一以科舉文詞進用之士大夫階級，則宰相不能不由翰林學士中選出，邊鎮大帥之職捨蕃將莫能勝任，而將相文武蕃漢進用之途，遂分歧不可復合。舉凡進士科舉之崇重，府兵之廢除，以及宦官之專擅朝政，蕃將即胡化武人之割據方隅，其事俱成於玄宗之世。斯實宇文泰所創建之關隴集團完全崩潰，及唐代統治階級轉移升降即在此時之徵象。是以論唐史者必以玄宗之朝為時代畫分界綫，其事雖為治國史者所得略知，至其所以然之故，則非好學深思通識古今之君子，不能詳切言之也。

中篇　政治革命及黨派分野

唐代政治革命依其發源根據地之性質為區别，則有中央政治革命與地方政治革命二類。何以安史之亂以前地方政治革命均不能成功，且無多影響？而中央政治革命亦何以有成功與失敗？又唐代皇位之繼承常不固定，當新舊君主接續之交往往有宫廷革命，其原因為何？及外廷士大夫黨派若牛李等黨究如何發生？其分野之界綫何在？斯皆前人所未顯言而今此篇所欲討論者也。

上篇言宇文泰以「關中本位政策」創建霸業，隋唐因之，遂混一中國，為極盛之世。陸宣公奏議壹論關中事宜狀（參新唐書壹伍柒陸贄傳、通鑑貳貳捌建中四年八月條）云：

太宗文皇帝既定大業，萬方底乂，猶務戎備，不忘慮危，列置府兵，分置禁衛，大凡諸府八百餘所，而在關中者殆五百焉，舉天下不敵關中，則居重馭輕之意明矣。承平既久，武備寖微，雖府衛具存，而卒乘罕習，故禄山竊倒持之柄，乘外重之資，一舉滔天，兩京不守。

寅恪案：陸敬輿所言唐代内外輕重之形勢與政治之關係固甚確切，但唐人論事多追頌其祖宗創制之美，此不獨臣下立言之體宜然，實亦由於府兵制度之起原及其發展頗有誤會所致。蓋府兵制為宇文泰當日「關中本位政策」中最要之一端，此政策之實情自唐初以降已不復為世人所知，如李繁之鄴侯家傳為唐人論府兵制主要之書，其間多所未諦，他更無論矣，此事已於拙著隋唐制度淵源略論稿兵制章詳言之，茲可不論。然可由宣公之言推定其在「關中本位政策」猶未完全破壞以前凡操持關中主權之政府即可以宰制全國，故政治革命只有中央政治革命可以成功，地方革命則無論如何名正言順，終歸失敗，此點可以解釋尉遲迥、徐敬業所以失敗，隋文帝、武則天所以成功，與夫隋煬帝遠遊江左，所以卒喪邦家，唐高祖速據關中，所以獨成帝業。迨玄宗之世「關中本位政策」完全改變，所以地方政治革命始能成功，而唐室之衰亡實由於地方政治革命之安、史、龐勛、黃巢等之叛亂，及黃巢部將朱溫之篡奪也。

或問：唐代在「關中本位政策」即內重外輕之情形未變易以前，其政治革命惟有在中央發動者可以成功，但中央政治革命有成功，亦有失敗，其故又安在？應之曰：其關鍵實繫於守衛宮城北門禁軍之手，而北門之重要則由於唐代都城建置之形勢使然，其詳見拙著隋唐制度淵源略論稿禮儀章附論都城建築一節。茲僅略述大意，附載唐代歷次中央政治革命與宮城北門有關之史實，以資證明焉。

舊唐書壹貳陸李揆傳（參新唐書伍拾兵志及壹伍拾李揆傳、通鑑貳貳壹乾元二年三月條、十七史商榷捌玖南衙北司條）云：

> 時京師多盜賊，有通衢殺人寘溝中者。李輔國方恣横，上請選羽林騎士五百人以備巡檢。揆上疏曰：「昔西漢以南北軍相統攝，故周勃因南軍入北軍（寅恪案：新傳亦與舊傳同作「因南軍入北軍」，其實應作「因北軍入南軍」，此揆元疏之誤，非傳寫之譌也。通鑑此條胡注明知其誤，猶只云：「恐不如此」，亦太謙慎矣），遂安劉氏。皇朝置南北衙，文武區分，以相伺察。今以羽林代金吾警夜，忽有非常之變，將何以制之？」遂制罷羽林之請。

又同書壹陸捌馮宿傳附弟定傳（新唐書壹柒柒馮宿傳附弟定傳同）云：

> 改元（開成），御（宣政）殿，中尉仇士良請用神策仗衛右殿，定抗疏論罷。

通鑑貳肆伍開成元年正月載此事，胡注云：

> 南衙十六衛之兵至此雖名存實亡。然以北軍衛南衙，則外朝亦將聽命於北司，既紊太宗之紀綱，又增宦官之勢焰，故馮定言其不可。

據此可知唐代之北軍即衛宮之軍，權力遠在南軍即衛城之軍之上。其情勢與西漢南北軍所處者適相反。關於西漢南北軍制，自宋迄今，論者多矣，可以不贅。茲所欲論者，即唐代北軍及都城建置，與中央政治革命之關係一端而已。

周官考工記匠人云：

> 面朝背市。

據通常之解釋，王宮居中，其南為朝，其北為市。故止就宮與市之位置言，則宮在市之南，或市居宮之北也。考工記作成之時代雖晚，但必為儒家依據其所得之資料，加以理想化編纂之書，似無疑義。然則所言匠人營國，其宮市之位置必有當日真實之背景者。今知西漢首都之長安，其未央宮南之司馬門直抵城垣，並無坊市，而未央宮之北則有六街三市，是與考工記之文適相符合，豈與此書作成之時代有關耶？至隋代所營建之大興城，即後來唐代之長安城，其宮近城之北端，而市則在城之南方，其宮市位置適與以前之西漢長安城相反，故唐代之南北軍與西漢之南北軍其名雖同，而實際之輕重則相殊異也。夫中央政府之命令出於君主一人之身，君主所居之處乃政治劇變時成敗之所繫。西漢之長安，其宮在城南，故南軍為衛宮之武力；唐代之長安，其宮在城北，故北軍為衛宮之武力。苟明乎此，則唐代歷次中央政治革命之成敗，悉決於玄武門即宮城北門軍事之勝負，而北軍統制之權實即中央政柄之所寄託也。茲略引有關史事於下：

武德九年六月四日玄武門事變為唐代中央政治革命之第一次，而太宗一生最艱危之苦鬥也。後世往往以成敗論人，而國史復經勝利者之修改，故不易見當時真相。然高祖起兵太原，建成即與太宗各領一軍。及為太子，其所用官僚如王珪、魏徵之流即後來佐成貞觀之治之名臣，可知建成亦為才智之人。至於元吉者，尤以勇武著聞，故太宗當日相與競爭之人決非庸懦無能者，又況建成以嫡長之名位，而内得高祖宫闈之助乎？太宗終能於玄武門一擊，而建成、元吉倉卒敗亡，似此二人曾絶無計慮及準備者，頗為不近情理，疑其間必有未發之覆，而相傳之史料復多隱諱之處也。

舊唐書陸捌尉遲敬德傳（新唐書捌玖尉遲敬德傳略同）略云：

隱太子、巢剌王元吉將謀害太宗，密致書以招敬德，仍贈以金銀器物一車，敬德辭。（中略）。敬德曰：「在外勇士八百餘人今悉入宫，控弦被甲，事勢已就，王何得辭？」（中略）。〔東〕宫〔齊王〕府諸將薛萬澈、謝叔方、馮立等率兵大至，屯玄武門，殺屯營將軍。敬德持建成、元吉首以示之，宫府兵遂散。

同書同卷張公謹傳（新唐書捌玖張公謹傳同）云：

〔武德九年〕六月四日，公謹與長孫無忌等九人伏於玄武門以俟變。及斬建成、元吉，其黨來攻玄武門，兵鋒甚盛。公謹有勇力，獨閉關以拒之。

同書壹捌柒上忠義傳上敬君弘傳（新唐書壹玖壹忠義傳敬君弘傳同）略云：

武德中爲驃騎將軍，掌屯營兵於玄武門，加授雲麾將軍。隱太子建成之誅也，其餘黨馮立、謝叔方率兵犯玄武門，君弘挺身出戰，與中郎將吕世衡並遇害。太宗甚嗟賞之，贈君弘左屯衛大將軍，世衡右驍衛將軍。

同書同卷馮立傳略云：

隱太子建成引爲翊衛車騎將軍，建成被誅，〔立〕率兵犯玄武門，苦戰久之，殺屯營將軍敬君弘，解兵遁於野，俄而來請罪。太宗數之曰：「昨日出兵來戰，殺傷我將，何以逃死？」

同書同卷謝叔方傳略云：

太宗誅隱太子及元吉於玄武門，叔方率〔齊王〕府兵與馮立合軍拒戰於北闕下，殺敬君弘、呂世衡。太宗兵不振，秦府護軍尉遲敬德傳元吉首以示之，叔方下馬號哭而遁。明日出首，太宗命釋之。

據此，太宗之所以得勝，建成、元吉之所以致敗，俱由一得以兵據玄武門即宮城之北門，一不得以兵入玄武門故也。然則玄武門為武德九年六月四日事變成敗之關鍵，至為明顯。但此中實有未發之覆，即玄武門地勢之重要，建成、元吉豈有不知，必應早有所防衛，何能令太宗之死黨得先隱伏奪據此要害之地乎？今得見巴黎圖書館藏敦煌寫本伯希和號貳陸肆拾李義府撰常何墓誌銘，然後知太宗與建成、元吉兩方皆誘致對敵之勇將。常何舊曾隸屬建成，而為太宗所利誘。當武德九年六月四日常何實任屯守玄武門之職，故建成不以致疑，而太宗因之竊發。迨太宗既殺其兄弟之後，常何遂總率北門之屯軍矣。此亦新史料之發見，足資補釋舊史所不能解之一端也。至於敬君弘、呂世衡則觀太宗數馮立罪所言，殆與常何同為太宗之黨歟？史料缺乏，未敢遽定，俟更詳考之。

舊唐書玖壹桓彦範傳（新唐書壹貳拾桓彦範傳同，並參舊唐書壹捌柒上新唐書壹玖壹忠義傳王同皎傳）略云：

〔張〕柬之遽引彦範及〔敬〕暉並爲左右羽林將軍，委以禁兵，共圖其事。時皇太子每於北門起居，彦範與暉因得謁見，密陳其計，太子從之。神龍元年正月彦範與敬暉及左羽林將軍李湛、李多祚，右羽林將軍楊元琰，左威衛將軍薛思行等率左右羽林兵及千騎五百餘人討〔張〕易之、昌宗於宫中。令李湛、李多祚就東宫迎太子。兵至玄武門，彦範等奉太子斬關而入。時則天在迎仙宫之集仙殿，斬易之、昌宗於廊下，明日太子即位。

同書壹佰玖李多祚傳（新唐書壹壹拾李多祚傳同）略云：

少以軍功歷位右羽林大將軍，前後掌禁兵北門宿衛二十餘年。神龍初，張柬之將誅張易之兄弟，引多祚籌其事，謂曰：「將軍在北門幾年？」曰：「三十年矣。」柬之曰：「將軍位極武臣，豈非大帝之恩乎？」曰：「然。」又曰：「既感大帝殊澤，能有報乎？大帝之子見在東宫，張易之兄弟擅權，朝夕危逼，誠能報恩，正屬今日。」多祚曰：「苟緣王室，唯相公所使。」遂與柬之等定謀誅易之兄弟。

寅恪案：武則天雖居洛陽，然東都宫城之玄武門亦與長安宫城之玄武門同一位置，俱為形勢要害之地。中宗復辟之成功，實在溝通北門禁軍之故。張柬之既得羽林軍統將李多祚之同意，大局即定，雖以武曌之梟傑，亦無抵禦之能力矣。

舊唐書捌陸節愍太子重俊傳（新唐書捌壹節愍太子重俊傳同）略云：

〔神龍〕三年七月〔重俊〕率左羽林大將軍李多祚等矯制發左右羽林兵及千騎三百餘人，殺〔武〕三思及〔武〕崇訓於其第，又令左金吾大將軍成王千里分兵守宮城諸門，自率兵趨肅章門，斬關而入，求韋庶人及安樂公主所在。韋庶人及〔安樂〕公主遽擁帝（中宗）馳赴玄武門樓，召左羽林將軍劉仁景等令率留軍飛騎及百餘人於樓下列守。俄而多祚等兵至，欲突玄武門樓，宿衛者拒之，不得進。帝據檻呼多祚等所將千騎，謂曰：「汝等並是我爪牙，何故作逆？若能歸順，斬多祚等，與汝富貴。」於是千騎王歡喜等倒戈斬多祚等，餘黨遂潰散。

寅恪案：李多祚以一人之身，二次躬率禁軍預聞中央政治革命之役，然而前後成敗互異者，以神龍三年七月辛丑之役韋后、安樂公主等猶得擁護中宗，及保有劉仁景等一部分之北門衛兵，故能據守玄武門樓之要地，及中宗親行宣諭，而多祚等所率之禁軍遂倒戈自殺，一敗塗地矣。然則中央政治革命之成敗與玄武門之地勢及守衛北門禁軍之關係如是重大，治唐史者誠不宜忽視之也。舊唐書捌玄宗紀上（新唐書伍玄宗紀及通鑑貳佰玖景龍四年六月條同）略云：

〔唐隆元年六月〕庚子夜〔上〕率〔劉〕幽求等數十人自苑南入，總監鍾紹京又率丁匠百餘以從，分遣萬騎往玄武門，殺羽林將軍韋播、高嵩，持首而至，衆皆歡叫大集。攻白獸、玄德等門，斬關而進。左萬騎自左入，右萬騎自右入，合於凌煙閣前。時太極殿前有宿衛梓宮萬騎，聞譟聲，皆披甲應之，韋庶人惶惑走入飛騎營，爲亂兵所害。

同書伍壹后妃傳上中宗韋庶人傳（新唐書柒陸后妃傳中宗韋庶人傳同，並參考舊唐書壹捌叁新唐書貳佰陸外戚傳韋溫傳）略云：

帝（中宗）遇毒暴崩，后懼，秘不發喪。定策立溫王重茂爲皇太子，召諸府兵五萬人屯京城，分爲左右營，然後發喪。少帝即位，尊后爲皇太后，臨朝攝政。韋溫總知内外兵馬，守援宫掖。駙馬韋捷、韋濯分掌左右屯營。武延秀及溫從子播、族弟璿、外甥高嵩典左右羽林軍及飛騎。播、璿欲先樹威嚴，拜官日先鞭萬騎數人，衆皆怨，不爲之用。臨淄王率薛崇簡、鍾紹京、劉幽求等領萬騎入自玄武門，至左羽林軍，斬將軍韋璿、韋播及中郎將高嵩於寢帳，遂斬關而入，至太極殿，后惶駭遁入殿前飛騎營，爲亂兵所殺。

同書壹佰陸王毛仲傳（新唐書壹貳壹王毛仲傳同）云：

初太宗貞觀中擇官户蕃口中少年驍勇者百人，每出遊獵，令持弓矢於御馬前射生。令騎豹文韉，著畫獸文衫，謂之百騎。至則天時漸加其人，謂之千騎，分隸左右羽林營。孝和謂之萬騎，亦置使以領之。玄宗在藩邸時，常接其豪俊者，或賜飲食財帛，以此盡歸心焉。毛仲亦悟玄宗之旨，待之甚謹，玄宗益憐其敏慧。及〔景龍〕四年六月中宗遇弒，韋后稱制，令韋播、高嵩爲羽林將軍，令押千騎營（寅恪案：通鑑「千」作「萬」，是，蓋中宗已改千騎爲萬騎矣，温公之精密有如是者），榜箠以取威。其營長葛福順、陳玄禮等相與見玄宗訴冤。會玄宗已與劉幽求、麻嗣宗、薛崇簡等謀舉大計，相顧益歡，令幽求諷之，皆願決死從命。及二十日夜玄宗入苑中，乙夜福順等至，玄宗曰：「與公等除大逆，安社稷，各取富貴，在於俄頃，何以取信？」福順等請號而行，斯須斬韋播、韋璿、高嵩等頭來，玄宗舉火視之。又召鍾紹京領總監丁匠刀鋸百人至，因斬關而入，后及安樂公主等皆爲亂兵所殺。

寅恪案：玄宗景龍四年六月二十日夜之舉兵，與三年前即神龍三年七月六日節愍太子重俊發動之玄武門事變正復相似，而成敗不同者，以玄宗能預結羽林萬騎諸營長葛福順、陳玄禮等，而韋后死黨守衛玄武門之羽林禁軍諸統將如韋播、韋璿、高嵩等，皆為其部下所殺故也。

又以上所述自高祖、太宗至中宗、玄宗，中央政治革命凡四次，俱以玄武門之得失及屯衛北門禁軍之向背為成敗之關鍵。然此皆訴諸武力，公開決戰者。至於武曌之改唐為周，韋氏之潛移政柄，其轉變不出闈闥之間，兵不血刃，而全國莫之能抗，則以「關中本位政策」施行以來，內重外輕之勢所致也。然自玄宗末年安史叛亂之後，內外輕重之形勢既與以前不同，中央政變除極少破例及極小限制外，大抵不決之於公開戰爭(唐末強藩與中央政府權臣及閹寺離合之關係構成戰亂，其事應列入統治階級之升降及黨派分野範圍論之，故凡本書所未能詳述者，以義類推之可知也)，而在宮廷之內以爭取皇位繼承之形式出之。於是皇位繼承之無固定性及新舊君主接續之交，輒有政變發生，遂為唐代政治史之一大問題也。

唐自開國時建成即號為皇太子，太宗以功業聲望卓越之故，實有奪嫡之圖謀，卒釀成武德九年六月四日玄武門之事變，已詳前述，且其事為世所習知者也。太宗立承乾為皇太子，承乾乃長孫皇后之長子，既居長嫡之位，其他諸子又無太宗之功業聲望可以啟其窺伺之心者，然承乾終被廢棄，而諸子爭立，太宗心中之苦悶及其舉止之失態，觀兩唐書長孫無忌傳所載可知矣。舊唐書陸伍長孫無忌傳(新唐書壹佰伍長孫無忌傳同)云：

太子承乾得罪，太宗欲立晉王，而限以非次，迴惑不決。御兩儀殿，羣官盡出，獨留無忌及司空房玄齡、兵部尚書李勣，謂曰：「我三子一弟所爲如此，我心無憀。」因自投於牀，抽佩刀欲自刺。無忌等驚懼，爭前扶抱，取佩刀以授晉王。無忌等請太宗所欲，報曰：「我欲立晉王。」無忌曰：「謹奉詔，有異議者，臣請斬之。」太宗謂晉王曰：「汝舅許汝，宜拜謝。」因下拜。太宗謂無忌等曰：「公等既符我意，未知物論何如？」無忌曰：「晉王仁孝，天下屬心久矣，伏乞召問百寮，必無異辭，若不舞蹈同音，臣負陛下萬死。」於是建立遂定，因加授無忌太子太師。尋而太宗又欲立吳王恪，無忌密争之，其事遂輟。

寅恪案：太宗蓋世英雄，果於決斷，而至皇位繼承問題乃作如此可笑之狀，雖或施用權術，故為失態，藉以籠制諸腹心大臣，然其內心之煩惱迴惑已臻極點，則無可疑。蓋皇位繼承既不固定，則朝臣黨派之活動必不能止息，太宗之苦悶不堪，實職此之由也。又觀於其經此戲劇式之御前會議，建立晉王為太子之後，復欲改立吳王恪，可知當日皇位繼承終是搖動不固定之事，因此，太子之嗣位亦不得不別有擁戴扶立之元勛。若皇儲之繼承權本極固定者，則此輩元勛何從得居擁立之功耶？

至於高宗本庸懦之主，受制於武后，其皇儲之不固定夫何足怪？而武曌則為曠世怪傑，既屢屠殺其親生之子孫，何況區區廢立之事？故其皇位繼承之不定乃更意中事也。若立子立姪之問題乃屬於別一範圍，茲不討論，僅略引有關高宗武曌廢立其子之史文於下：

舊唐書捌陸燕王忠傳（新唐書捌壹燕王忠傳同）云：

燕王忠，高宗長子也，〔永徽〕三年立忠爲皇太子，顯慶元年廢忠爲梁王。

同書柒中宗紀略云：

永隆元年章懷太子廢，其年立爲皇太子。弘道元年高宗崩，即帝位，嗣聖元年二月皇太后廢帝爲廬陵王，其年五月遷於均州，尋徙居房陵。聖曆元年召還東都，立爲皇太子。神龍元年正月張柬之等率羽林兵誅〔張〕易之、昌宗，迎皇太子監國。乙巳則天傳位於皇太子，丙午即皇帝位。

同書同卷睿宗紀略云：

嗣聖元年則天臨朝，廢中宗爲廬陵王，立〔帝〕爲皇帝。及革命，改國號爲周，降帝爲皇嗣，徙居東宮，其具儀一比皇太子。聖曆元年中宗自房陵還，請讓位於中宗。則天遂立中宗爲皇太子，封帝爲相王。景龍四年夏六月中宗崩，臨淄王諱〔隆基〕等率兵入北軍，誅韋温等。甲辰少帝遜於別宮，是日即皇帝位。

同書壹壹陸承天皇帝倓傳（新唐書捌貳承天皇帝倓傳同，又參舊唐書捌陸新唐書捌壹孝敬皇帝傳、章懷太子傳）云：

〔李〕泌因奏〔肅宗〕曰：「臣幼稚時念黄臺瓜辭，陛下嘗聞其說乎？高宗大帝有八子，睿宗最幼，〔與〕天后所生三子自爲行第，故睿宗第四。長曰孝敬皇帝（弘），爲太子監國，而仁明孝悌，天后方圖臨朝，乃鴆殺孝敬，立雍王賢爲太子。賢每日憂惕，知必不保全，與二弟同侍於父母之側，無由敢言，乃作黄臺瓜辭，令樂工歌之，冀天后聞之省悟，即生哀愍，辭云：『種瓜黄臺下。瓜熟子離離。一摘使瓜好。再摘令瓜稀。三摘猶尚可。四摘抱蔓歸。』而太子賢終爲天后所逐，死於黔中。」

然最可注意者，實神龍元年正月癸卯(二十日)玄武門之事變，其事自唐室諸臣言之，則易周為唐為中興復辟；自武則天方面言之，則不過貪功之徒擁立既已指定而未甚牢固之繼承儲君而已(凡唐代之太子實皆是已指定而不牢固之皇位繼承者，故有待於擁立之功臣也)。此役之是非及其本末今不能詳述，所欲論者，即中宗雖復立為皇太子，其皇位繼承權實非固定，若全國俱認為必能終繼武曌之位，無有可疑者，則五王等更將何所依藉，以為號召之口實耶？茲録通鑑神龍元年五月甲午以侍中齊公敬暉為平陽王條考異所引，而為司馬君實所不取之統紀原文，以佐證鄙説焉，其文云：

太后善自粉飾，雖子孫在側，不覺衰老(其實此語通鑑上文已採用之矣)。及在上陽宮不復櫛纇，形容羸悴。上(中宗)入見，大驚。太后泣曰：「我自房陵迎汝來，固以天下授汝矣，而五賊貪功，驚我至此。」上悲泣不自勝，伏地拜謝死罪。由是(武)三思等得入其謀。

此節史料實可解釋中宗朝武氏權勢不因則天失位而消滅之故，溫公轉不之信，無乃過於審慎歟？

舊唐書捌陸殤皇帝重茂傳云：

景龍四年中宗崩，韋庶人立重茂爲帝，而自臨朝稱制。及韋氏敗，重茂遂遜位，讓叔父相王。

同書同卷節愍太子重俊傳(新唐書捌壹節愍太子重俊傳同)云：

〔神龍〕二年秋立爲皇太子，時武三思得幸中宫，深忌重俊。三思子崇訓尚安樂公主，常教公主陵忽重俊，以其非韋氏所生，常呼之爲奴。或勸公主請廢重俊爲王，自立爲皇太女，重俊不勝忿恨。

寅恪案：殤帝重茂以韋氏敗見廢，假使韋氏不敗，而倣武曌之前例行事，則重茂亦未必能久立，何況其非韋氏所生者乎？重俊起兵失敗，已於前言之，茲不復論，但究其所以舉兵之由，實以既受武三思父子及安樂公主等之陵忌，明知其皇位繼承權至不固定，遂出此冒險之舉耳。睿宗嫡長子成器雖曾居皇太子之位，終以其庶弟隆基(玄宗)功業顯著之故，而讓皇儲之位。是其皇位繼承之不固定，無待言矣。至玄宗雖非長嫡，然以誅滅韋氏戴立睿宗之大功得越其嫡兄成器而立為皇太子，此蓋有懲於建成太宗之故事，宜其皇位繼承權之固定，及考諸記載，殊亦不然，茲略引史文以證明之。

舊唐書玖伍讓皇帝憲傳(新唐書捌壹讓皇帝憲傳同)云：

讓皇帝憲本名成器，睿宗長子也。文明元年立爲皇太子，及睿宗降爲皇嗣，則天册授成器爲皇孫，唐隆元年進封宋王。睿宗踐阼，將建儲貳，以成器嫡長，而玄宗有討平韋氏之功，意久不定，成器固讓，睿宗乃許之。

同書捌玄宗紀上（新唐書伍玄宗紀略同）略云：

〔唐隆元年〕七月丙午〔睿宗〕制曰：「第三子〔隆〕基可立爲皇太子！」〔景雲〕二年二月又制曰：「皇太子〔隆〕基宜令監國！其六品以下除授及徒罪以下並取〔隆〕基處分！」延和元年六月兇黨因術人聞睿宗曰：「據玄象，帝座及前星有災，皇太子合作天子，不合更居東宮矣。」睿宗曰：「傳德避災，吾意決矣。」七月壬午制曰：「皇太子可令即皇帝位！」上（玄宗）叩頭請所以傳位之旨。睿宗曰：「吾因汝功業得宗社，易位於汝，吾知晚矣。」上始居武德殿視事，三品以下除授及徒罪皆自決之。先天二年七月三日左羽林大將軍常元楷、右羽林將軍李慈等與太平公主同謀，期以其月四日以羽林軍作亂，上密知之，因出武德殿，入虔化門，梟常元楷、李慈於北闕。睿宗明日下詔曰：「朕將高居無爲，自今軍國政刑一事已上並取皇帝處分！」

（寅恪案：通鑑貳壹拾開元元年七月乙丑上皇徙居百福殿。）

同書玖陸姚崇傳（新唐書壹貳肆姚崇傳同）云：

時玄宗在東宮，太平公主干預朝政，宋王成器爲閑廐使，岐王範、薛王業皆掌禁兵，外議以爲不便，元之（崇本名元崇，因惡與突厥叛人同名，改爲元之）同侍中宋璟密奏，請令公主往東都，出成器等諸王爲刺史以息人心。睿宗以告公主，公主大怒。玄宗乃上疏以元之、璟等離間兄弟，請加罪，乃貶元之爲申州刺史。

同書同卷宋璟傳（新唐書壹貳肆宋璟傳同）云：

時太平公主謀不利於玄宗，嘗於光範門内乘輦，伺執政以諷之，衆皆失色。璟昌言曰：「東宫有大功於天下，真宗廟社稷之主，安得有異議？」乃與姚崇同奏請令公主就東都。玄宗懼，抗表請加罪於璟等，乃貶璟爲楚州刺史。

同書玖柒張説傳（新唐書壹貳伍張説傳同）云：

是歲（景雲二年）二月睿宗謂侍臣曰：「有術者上言：五日内有急兵入宫，卿等爲朕備之！」左右相顧，莫能對。説進曰：「此是讒人設計，擬揺動東宫耳，陛下若使太子監國，則君臣分定，自然窺覦路絶，災難不生。」睿宗大悦，即日下制皇太子監國。明年又制皇太子即帝位。俄而太平公主引蕭至忠、崔湜爲宰相。以説爲不附己，轉爲尚書左丞，罷知政事，仍令往東都留司。説既知太平陰懷異計，乃使獻佩刀於玄宗，請先事討之，玄宗嘉納焉。

寅恪案：玄宗既以有大功故得立為皇太子，而其皇位繼承權仍不固定，其後雖已監國，並受内禪，即皇帝位矣，而其皇位之不安定也如故，必至誅夷太平公主黨徒之後，睿宗迫不得已，放棄全部政權，退居百福殿，於是其皇位始能安定，此誠可注意者也。至太平公主欲以羽林軍作亂，幸玄宗早知其謀，先發制人，得斬禁軍統將常元楷、李慈等，唐代中央政治革命之成敗繫於北門衛兵之手，斯又一例證矣。

舊唐書壹佰柒廢太子瑛傳（新唐書捌貳太子瑛傳同）略云：

廢太子瑛，玄宗第二子也，開元三年正月立爲皇太子。及武惠妃寵幸，〔瑛母趙〕麗妃恩乃漸弛，惠妃之子壽王瑁鍾愛，〔惠〕妃泣訴於玄宗，以太子結黨，將害於妾母子，亦指斥於至尊。玄宗震怒，謀於宰相，意將廢黜。中書令張九齡奏曰：「今太子既長，無過。」玄宗默然，事且寢。李林甫代張九齡爲中書令，希惠妃之旨，託意於中貴人，揚壽王瑁之美。〔開元〕二十五年〔惠妃女咸宜公主夫〕楊洄又搆於惠妃，言瑛兄弟（鄂王瑤、光王琚）三人與太子妃兄薛鏽搆異謀。玄宗遽召宰相籌之。林甫曰：「此蓋陛下家事，臣不合參知。」玄宗意乃決矣。使中官宣詔於宮中，並廢爲庶人，鏽配流，俄賜死於城東驛。

寅恪案：瑛乃玄宗初立之太子，其皇位繼承既已不能固定矣，至於此後所立之太子即後來繼位之肅宗，其皇位繼承權亦屢經動搖，若非乘安祿山叛亂之際擁兵自立為帝，則其果能終嗣皇位與否，殊未可知也。

新唐書貳佰柒宦者傳上高力士傳（參考通鑑貳壹肆開元二十六年條考異）云：

初，太子瑛廢，武惠妃方嬖，李林甫等皆屬壽王（瑁），帝（玄宗）以肅宗長，意未決，居忽忽不食。力士曰：「大家不食，亦膳羞不具耶？」帝曰：「爾我家老，揣我何爲而然？」力士曰：「嗣君未定耶？推長而立，孰敢爭？」帝曰：「爾言是也。」儲位遂定。

舊唐書拾肅宗紀略云：

肅宗，玄宗第三子，開元二十六年六月庚子立爲皇太子。初太子瑛得罪，上召李林甫，議立儲貳，時壽王瑁母武惠妃方承恩寵，林甫希旨，以瑁對，及立上（肅宗）爲太子，林甫懼不利己，乃起韋堅、柳勣之獄，上幾危者數四。後楊國忠依妃家，恣爲褻穢，懼上英武，潛謀不利，爲患久之。（天寶）十四載十一月（安）祿山稱兵詣闕，十二月辛丑制太子監國，仍遣上親總諸軍進討。時祿山以誅楊國忠爲名，國忠懼，乃與（楊）貴妃謀間其事，上遂不行。明年六月關門不守，國忠諷玄宗幸蜀，車駕將發（馬嵬頓），留上在後宣諭百姓，上迴軍（欲收復長安）。七月辛酉上至靈武，（裴）冕（杜鴻漸）等凡六上牋（請即皇帝位）。上不獲已，乃從，是月甲子即皇帝位於靈武。

同書壹捌肆宦官傳李輔國傳（新唐書貳佰捌宦者傳下李輔國傳同）云：

（安）祿山之亂，玄宗幸蜀，輔國侍太子（肅宗），扈從至馬嵬，誅楊國忠，輔國獻計太子，請分玄宗麾下兵，北趨朔方，以圖興復，輔國從至靈武，勸肅宗即帝位，以繫人心。

寅恪案：玄宗何以捨壽王瑁而立肅宗為皇太子，此為別一問題，非茲篇所能論及也。惟肅宗既立為皇太子之後，其皇位繼承權甚不固定，故乘安祿山叛亂玄宗倉卒幸蜀之際，分兵北走，自取帝位，不僅別開唐代內禪之又一新局，而李輔國因是為擁戴之元勛，遂特創後來閹寺擁戴或廢黜儲君之先例，此甚可注意也。

舊唐書壹壹代宗紀略云：

代宗，肅宗長子，〔乾元元年〕四月庚寅立爲皇太子。寶應元年四月肅宗大漸，所幸張皇后無子，后懼上(代宗)功高難制，陰引越王係於宮中，將圖廢立。乙丑皇后矯詔召太子，中官李輔國、程元振素知之，乃勒兵於凌霄門，俟太子至，即衛太子至飛龍廐。是夕勒兵於三殿，收捕越王係及內官朱光輝、馬英俊等，禁錮之，幽皇后於別殿。丁卯肅宗崩，元振等始迎上於九仙門，見羣臣，行監國之禮，己巳即皇帝位於柩前。

同書伍貳后妃傳下肅宗張皇后傳(新唐書柒柒后妃傳下肅宗張皇后傳同)略云：

先在靈武時，太子(代宗)弟建寧王倓爲后誣譖而死，自是太子憂懼，常恐后之搆禍。后以建寧之隙，常欲危之。寶應元年四月肅宗大漸，后與內官朱輝光、馬英俊、啖庭瑶、陳仙甫等謀立越王係，矯詔召太子入侍疾。中官程元振、李輔國知其謀，及太子入，二人以難告，請太子在飛龍廐。元振率禁軍收越王係、朱輝光等。俄而肅宗崩，太子監國，遂移后於別殿，幽崩，誅馬英俊〔等〕。

同書壹壹陸承天皇帝倓傳（新唐書捌貳承天皇帝倓傳同）略云：

時廣平王（代宗）立大功，亦爲張皇后所忌，譖搆流言。

同書壹捌肆宦官傳李輔國傳（新唐書貳佰捌宦者傳下李輔國傳同）云：

輔國判元帥行軍司馬，專掌禁軍，代宗即位，輔國與程元振有定策功。

同書同卷宦官傳程元振傳（新唐書貳佰柒宦者傳上程元振傳同）云：

寶應末肅宗晏駕，張皇后與太子（代宗）有隙，恐不附己，引越王係入宮，欲令監國。元振知其謀，密告李輔國，乃挾太子誅越王並其黨與。

寅恪案：代宗雖有收復兩京之功，而其皇位繼承權不固定如此。最可注意者，則為自寶應元年四月乙丑（十六日）事變張皇后失敗後，唐代宮禁中武曌以降女后之政柄，遂告終結。而皇位繼承之決定，乃歸於閹寺之手矣。但閹寺之中又分黨派，互有勝敗，如程元振等與朱輝光等之爭，即是其例。至於李氏子孫無論其得或不得繼承帝位如代宗與越王係之流，則皆閹寺之傀儡工具而已。

舊唐書壹壹捌楊炎傳（新唐書壹肆伍楊炎傳同）略云：

李正己上表請殺〔劉〕晏之罪。炎懼，乃遣腹心分往諸道，言晏之得罪以昔年附會姦邪，謀立獨孤妃爲皇后，上自惡之，非他過也。

同書同卷黎幹傳（新唐書壹肆伍黎幹傳同）云：

大曆中德宗居東宮，幹及〔宦官劉〕清潭嘗有姦謀動搖。

同書壹貳叁劉晏傳（新唐書壹肆玖劉晏傳同）略云：

時人風言：代宗寵獨孤妃，而又愛其子韓王迥，晏密啓請立獨孤爲皇后。〔楊〕炎奏言：「賴祖宗福佑，先皇（代宗）與陛下（德宗）不爲賊臣所間，不然，劉晏、黎幹之輩摇動社稷，凶謀果矣。」

同書壹叁柒趙涓傳（新唐書壹陸壹趙涓傳同）云：

永泰初，涓爲監察御史。時禁中失火燒屋室數十間，火發處與東宮稍近，代宗深疑之。涓爲巡使，俾令即訊。涓周歷壖垣，按據跡狀，乃上直中官遺火所致也。推鞫明審，頗盡事情，既奏，代宗稱賞焉。德宗時在東宮，常感涓之究理詳細。

寅恪案：此德宗為太子時，其皇位繼承權亦不固定之證也。

新唐書柒順宗紀略云：

大曆十四年十二月乙卯立爲皇太子，郜國公主以蠱事得罪，太子妃其女也。德宗疑之，幾廢者屢矣，賴李泌保護，乃免。

舊唐書壹叁拾李泌傳(新唐書壹叁玖李泌傳同)云：

順宗在春宮，妃蕭氏母郜國公主交通外人，上(德宗)疑其有他，連坐貶黜者數人，皇儲亦危，泌百端奏説，上意方解。

同書壹伍玖衛次公傳(新唐書壹陸肆衛次公傳同，並參考舊唐書壹伍玖鄭絪傳)云：

(貞元)二十一年正月德宗昇遐，時東宮(順宗)疾恙方甚，倉卒召學士鄭絪等至金鑾殿。中人或云：「内中商量所立未定。」衆人未對，次公遽言曰：「皇太子(順宗)雖有疾，地居冢嫡，内外繫心，必不得已，當立廣陵王(憲宗)，若有異圖，禍難未已。」絪等隨而唱之，衆議方定。

寅恪案：通鑑貳叁貳貞元三年六月條及貳叁叁貞元三年八月條載順宗為皇太子時幾被廢黜事甚詳，蓋與新唐書李泌傳同採自鄴侯家傳，李繁述其父事雖多溢美，然順宗當日皇位繼承權之動摇則為事實也。

依時代之次序，此下當論述憲宗之事蹟。但永貞内禪尤為唐代内廷閹寺黨派競爭與外朝士大夫關係之一最著事例，且唐代外廷士大夫之牛李黨爭即起於憲宗元和之世。茲為叙述便利之故，本篇中專論唐代皇位繼承不固定之事實，則至德宗順宗之交為止。此後以内廷及外朝之黨派關係與皇位繼承二端合併論證，而在論證此二端之前，先一言唐代士大夫黨派分野之界綫焉。

唐代統治階級在武曌未破壞「關中本位政策」以前，除宇文泰所創建之胡漢關隴集團胡漢諸族外，則為北朝傳統之山東士族，凡外廷士大夫大抵為此類之人也。所謂士族者，其初並不專用其先代之高官厚祿為其唯一之表徵，而實以家學及禮法等標異於其他諸姓。如范陽盧氏者，山東士族中第一等門第也，然魏收著魏書，其第肆柒卷盧玄傳論（李延壽於北史叁拾盧玄等傳論即承用伯起元文）云：

盧玄緒業著聞，首應旌命，子孫繼跡，爲世盛門。其文武功業殆無足紀，而見重於時，聲高冠帶，蓋德業儒素有過人者。

其實伯起此言不獨限於北魏時之范陽盧氏，凡兩晉、南北朝之士族盛門，考其原始，幾無不如是。魏晉之際雖一般社會有鉅族、小族之分，苟小族之男子以才器著聞，得稱為「名士」者，則其人之政治及社會地位即與鉅族之子弟無所區別，小族之女子苟能以禮法特見尊重，則亦可與高門通婚，非若後來士族之婚宦二事專以祖宗官職高下為惟一之標準者也。此點關係兩晉、南北朝士族問題之全部，茲篇殊難詳悉考辨。故除上引魏書盧玄傳論之關於河北者外，更舉關於江左一事，以為例證，其餘不能多及，但可以類推也。

舊唐書壹玖拾上文苑傳上袁朗傳（新唐書貳佰壹文藝傳上袁朗傳同）略云：

袁朗，其先自陳郡仕江左，世爲冠族。朗自以中外人物爲海內冠族，雖琅邪王氏繼有臺鼎，而歷朝首爲佐命，鄙之不以爲伍。朗孫誼又虞世南外孫，神功中爲蘇州刺史，嘗因視事，司馬清河張沛通謁，沛即侍中文瓘之子。誼揖之曰：「司馬何事？」沛曰：「此州得一長史，是隴西李亶，天下甲門。」誼曰：「司馬何言之失？門户須歷代人賢名節風教爲衣冠顧瞻，始可稱舉，老夫是也。夫山東人尚於婚媾，求於利禄，作時柱石，見危致命，則曠代無人，何可説之，以爲門户？」沛懷慚而退，時人以爲口實。

寅恪案：袁誼、張沛之言皆是也，不過袁説代表六朝初期門第原始本義，張説代表六朝後期及隋唐時代門第演化通義，其分別如是而已，然於此亦可觀古今世變矣。又袁誼「山東人尚於婚媾」之言，可取與新唐書壹玖玖儒學傳中柳沖傳附載柳芳論氏族文中

山東之人尚婚婭，江左之人尚人物，關中之人尚冠冕，代北之人尚貴戚。

諸語參證。其實袁張之異同亦涉及地域及種族問題，匪僅古今時間之關係，但此非本篇所能具論者也。

夫士族之特點既在其門風之優美，不同於凡庶，而優美之門風實基於學業之因襲。故士族家世相傳之學業乃與當時之政治社會有極重要之影響，此事寅恪嘗於拙著隋唐制度淵源略論稿禮儀章論之，茲不復贅。但東漢學術之重心在京師之太學，學術與政治之關鎖則為經學，蓋以通經義、勵名行為仕宦之途徑，而致身通顯也。自東漢末年中原喪亂以後，學術重心自京師之太學

移轉於地方之豪族，學術本身雖亦有變遷，然其與政治之關鎖仍循其東漢以來通經義、勵名行以致從政之一貫軌轍。此點在河北即所謂山東地域尤為顯著，實與唐高宗、武則天後之專尚進士科，以文詞為清流仕進之唯一途徑者大有不同也。由此可設一假定之說：即唐代士大夫中其主張經學為正宗、薄進士為浮冶者，大抵出於北朝以來山東士族之舊家也。其由進士出身而以浮華放浪著稱者，多為高宗、武后以來君主所提拔之新興統治階級也。其間山東舊族亦有由進士出身，而放浪才華之人或為公卿高門之子弟者，則因舊日之士族既已淪替，乃與新興階級漸染混同，而新興階級雖已取得統治地位，仍未具舊日山東舊族之禮法門風，其子弟逞才放浪之習氣猶不能改易也。總之，兩種新舊不同之士大夫階級空間時間既非絕對隔離，自不能無傳染薰習之事。但兩者分野之界畫要必於其社會歷史背景求之，然後唐代士大夫最大黨派如牛李諸黨之如何構成，以及其與內廷閹寺之黨派互相鉤結利用之隱微本末，始可以豁然通解，請略徵史實，以證論之。

舊唐書壹捌上武宗紀會昌四年末載宰相李德裕之言（參考新唐書肆肆選舉志，又唐語林壹言語類李太尉德裕未出學院條，謂德裕父吉甫勸勉德裕應舉及玉泉子李德裕以已非科第條所言，恐皆不可信）云：

臣無名第，不合言進士之非。然臣祖（李栖筠）天寶末以仕進無他歧，勉強隨計，一舉登第，自後不於私家置文選，蓋惡其祖尚浮華，不根藝實。然朝廷顯官須是公卿子弟，何者？自小便習舉業，目熟朝廷間事，臺閣儀範班行準則不教而自成，寒士縱有出人之才，登第之後始得一班一級，固不能熟習也。

新唐書肆肆選舉志（參考舊唐書壹柒叁鄭覃傳、王定保摭言壹散序進士條等）略云：

文宗好學嗜古，鄭覃以經術位宰相，深嫉進士浮薄，屢請罷之。文宗曰：「敦厚浮薄，色有之。進士科取人二百年矣，不可遽廢。」因得不罷。武宗即位，宰相李德裕尤惡進士。初舉人既及第，綴行通名，詣主司第謝，又有曲江會題名席。至是德裕奏：「國家設科取士，而附黨背公，自爲門生，自今一見有司而止，其期集參謁曲江題名皆罷。」

舊唐書壹柒肆李德裕傳（新唐書壹捌拾李德裕傳同，又參考玉泉子李衛公以己非科第條）略云：

李德裕，趙郡人，祖栖筠御史大夫，父吉甫趙國公。元和初宰相，德裕苦心力學，尤精西漢書、左氏春秋，耻與諸生同鄉賦，不喜科試。

新唐書壹陸叁柳公綽傳附仲郢傳云：

知吏部銓，〔李〕德裕頗抑進士科，仲郢無所徇，是時以進士選，無受惡官者。

舊唐書壹柒叁鄭覃傳（新唐書壹陸伍鄭珣瑜傳附覃傳同）。略云：

鄭覃（滎陽人），故相珣瑜之子，以父蔭補弘文校理。覃長於經學，稽古守正，帝（文宗）尤重之。覃從容奏曰：「經籍訛謬，博士相沿，難爲改正，請召宿儒奥學，校定六籍，準後漢故事，勒石於太學，永代作則，以正其闕。」從之。〔大和〕五年李宗閔、牛僧孺輔政，宗閔以覃與李德裕相善，薄之，奏罷〔覃翰林〕侍講學士。文宗好經義，心頗思之，六年二月復召爲侍講學士。七年春李德裕作相，以覃爲御史大夫。文宗嘗於延英謂宰相曰：「殷侑通經學，頗似鄭覃。」宗閔曰：「覃侑誠有經學，於議論不足聽覽。」李德裕對曰：「覃嘗嫉人朋黨，爲宗閔所薄故也。」八年德裕罷相，宗閔復知政，與李訓、鄭注同排斥李德裕、李紳。二人貶黜，覃亦左授秘書監。九年六月楊虞卿、李宗閔得罪長流，復以覃爲刑部尚書，遷尚書右僕射。訓、注伏誅，以本官同平章事。覃雖精經義，不能爲文，嫉進士浮華。開成初奏：禮部貢院宜罷進士科。初紫宸對上（文宗）語及選士，覃曰：「南北朝多用文華，所以不治。士以才堪即用，何必文辭？」帝曰：「進士及第人已曾爲州縣官者，方鎮奏署，即可之，餘即否。」覃曰：「此科率多輕薄，不必盡用。」帝曰：「輕薄敦厚，色色有之，未必獨在進士。此科置已二百年，亦不可遽改。」覃曰：「亦不可過有崇樹。」上嘗於延英論古今詩句工拙。覃曰：「近代陳後主、隋煬帝皆能章句，不知王者大端，終有季年之失。章句小道，願陛下不取也。」〔開成〕四年罷相。武宗即位，李德裕用事，欲援爲宰相，固以足疾不任朝謁〔辭〕。會昌二年致仕，卒。覃位至相國，所居鑱庇風雨，家無媵

妾，人皆仰其素風。女孫適崔皐，官纔九品衛佐，帝重其不婚權家。（此十八字新傳之文）

文宗皇帝曾製詩以示鄭覃。覃奏曰：「乞留聖慮於萬幾，天下仰望。」文宗不悦。覃出，復示李宗閔。嘆伏不已，一句一拜，受而出之。上笑謂之曰：「勿令適來阿父子見之！」

唐語林貳文學類云：

寅恪案：趙郡李氏、滎陽鄭氏俱是北朝數百年來顯著之士族，實可以代表唐代士大夫中主要之一派者。而德裕及覃父子又世為宰相，其社會歷史之背景既無不相同，宜其共結一黨，深惡進士之科也。文選為李氏所鄙視，石經為鄭覃所建刊，其學術趣向殆有關家世遺傳，不可僅以個人之偶然好惡為解釋。否則李文饒固有唐一代不屬於復古派之文雄，何以亦薄文選之書？推究其故，豈不以「熟精文選理」乃進士詞科之人即高宗、武后以後新興階級之所致力，實與山東舊族以經術禮法為其家學門風者迥然殊異，不能相容耶？南北朝社會以婚宦二端判別人物流品之高下，唐代猶承其風習而不改，此治史者所共知。兹更舉關於鄭覃之一事，以補證新唐書所紀其不婚當世權門而重舊日士族之一節如下：

太平廣記壹捌肆氏族類莊恪太子妃條（新唐書壹柒貳杜兼傳附中立傳云：開成初文宗以真源、臨真二公主降士族，謂宰相曰：「民間修婚姻，不計官品，而尚閥閱。我家二百年天子，顧不及崔盧耶？詔宗正卿取世家子以聞！」寅恪案：中立固出名家，但尚主與納妃微有不同，故附記於此，以供參證）云：

文宗爲莊恪太子選妃，朝臣家□子女者，悉被進名，士庶爲之不安。帝知之，謂宰臣者曰：「朕欲爲太子婚娶，本求汝鄭門衣冠子女爲新婚。聞在外朝臣皆不願共朕作情親，何也？朕是數百年衣冠，無何神堯打家何羅去。」因罷其選。（原注：出盧氏雜說。寅恪案：唐語林肆企羨類亦引盧氏雜說此條，但作「打朕家事羅訶去」。）

寅恪案：此條所載文宗語末句頗不易解，姑從闕疑。據舊唐書壹柒伍莊恪太子永傳（新唐書捌貳莊恪太子永傳同），魯王永以文宗大和六年十月册為皇太子，開成三年十月薨，又據新唐書陸叁宰相表（舊唐書壹叁新唐書捌文宗紀及兩唐書鄭覃傳俱同），鄭覃以大和九年十一月至開成四年五月之時間任宰相之職，而自大和六年十月至開成三年十月即魯王永為皇太子期間，宰相中覃之外，別無鄭姓者。故知文宗「汝鄭門」之語專對覃而言者也。依覃之意，李唐數百年天子之家尚不及山東舊門九品衛佐之崔氏，然則唐代山東士族心目中社會價值之高下估計亦可想見矣。又唐代皇室本出自宇文泰所創建之關隴胡漢集團，即朱元晦所謂「源流出於夷狄，故閨門失禮之事不以為異」者（上篇之首已引），固應與山東士族之以禮法為門風者大有不同。及漢化程度極深之後，與舊日士族比較，自覺相形見絀，益動企羨攀仰之念。然貴為天子，終不能競勝山東舊族之九品衛佐，於此可見當日山東舊族之高自標置，並非無因也。

至李唐皇室與山東士族之關係亦有可略言者。考唐室累代其初對於山東舊族本持壓抑政策，如新唐書玖伍高儉傳(參考舊唐書陸伍高士廉傳、唐會要叁陸氏族條、貞觀政要柒禮樂篇貞觀六年謂房玄齡條、舊唐書柒捌新唐書壹佰肆張行成傳、舊唐書捌貳新唐書貳貳叁姦臣傳上李義府傳、通鑑壹玖伍貞觀十二年正月條、太平廣記壹捌肆氏族類七姓條等)略云：

初太宗嘗以山東士人尚閥閱，後雖衰，子孫猶負世望，由是詔士廉責天下譜牒，參考史傳，檢正真僞，合二百九十三姓千六百五十一家爲九等，號曰氏族志，而崔幹仍居第一。帝曰：「我於崔、盧、李、鄭無嫌，顧其世衰，猶恃舊，不解人間何爲貴之？朕以今日冠冕爲等級高下。」遂以崔幹爲第三姓(姓舊傳作等)，班其書天下。高宗時，許敬宗以不敘武后世，李義府耻其家無名，更刊定之，裁廣類例。帝(高宗)自叙所以然，各以品位叙之，凡九等，改爲姓氏録。當時軍功入五品者，皆升譜限，縉紳耻焉，目爲「勳格」。義府奏：悉索氏族志，燒之。先是，後魏太和中定四海望族，以(李)寶等爲冠。其後矜尚門地，故氏族志一切降之。王妃主婿皆取當世勳貴名臣家，未嘗尚山東舊族(寅恪案：此爲唐初情狀，後來不如是也)。後房玄齡、魏徵、李勣復與昏，故望不减。

又國史補上(參考太平廣記壹捌肆氏族類)略云：

李積，酒泉公義琰姪孫，門户第一，而有清名，官至司封郎中懷州刺史。嘗以爲爵位不如族望，與人書札唯稱「隴西李積」而不銜。

又通鑑貳肆捌大中二年十一月萬壽公主適鄭顥條云：

顥弟顗嘗得危疾，上遣使視之。還，問〔萬壽〕公主何在？曰在慈恩寺戲場。上〔宣宗〕怒嘆曰：「我怪士大夫家不欲與我爲昏，良有以也。」亟命召公主入宮，立之階下，不之視，公主懼，涕泣謝罪。上責之曰：「豈有小郎病，不往省視，乃觀戲乎？」遣歸鄭氏。由是終上之世，貴戚皆兢兢守禮法，如山東衣冠之族。

又東觀奏記上（參唐語林柒補遺萬壽公主宣宗之女條、新唐書壹壹玖白居易傳附敏中傳）略云：

萬壽公主，上（宣宗）之女，將嫁，命擇良壻，鄭顥相門子（寅恪案：顥之祖絪憲宗朝宰相），首科及第，聲名籍甚，待昏盧氏。宰臣白敏中奏選尚，顥深銜之。大中五年敏中免相爲邠寧行營都統，行有日，奏曰：「顥不樂國姻，銜臣入骨，臣在中書，顥無如臣何，一去玉階，必媒蘖臣短，死無日矣。」

寅恪案：前言山東士族之所以興起，實用儒素德業以自矜異，而不因官祿高厚見重於人。降及唐代，歷年雖久，而其家風禮法尚有未盡淪替者。故貞觀天子欽定氏族志，雖可以降抑博陵崔氏第二房鬱後之崔幹為第三等（見新唐書柒貳下宰相世系表崔氏條及舊唐書陸拾、新唐書柒捌淮安王神通傳），而開成皇帝不能禁其宰相之寧以女孫適九品衛佐之崔皐（皐之家世未及詳考，然其為「七姓」之一，則無可疑也），而不願其家人為皇太子妃。至大中朝藉皇室之勢，奪婚盧氏，其後君臣翁婿卒皆以此為深恨，又何足怪哉！帝王之大權不及社會之潛力，此類之事即其一例，然非求之數百年往日背景，不易解釋也。

既明乎此，則牛李（德裕）黨派分野界畫之所在，終可得而言。唐語林叁識鑑類（參考南部新書丁）云：

陳夷行、鄭覃請經術孤立者進用，李珏與楊嗣復論地胄詞彩者居先，每延英議政多異同，卒無成效，但寄之頰舌而已。

蓋陳鄭為李（德裕）黨，李楊為牛黨，經術乃兩晉、北朝以來山東士族傳統之舊家學，詞彩則高宗、武后之後崛興階級之新工具。至孤立地胄之分別，乃因唐代自進士科新興階級成立後，其政治社會之地位逐漸擴大，馴致舊日山東士族如崔皋之家，轉成孤寒之族。若李（珏）楊之流雖號稱士族，即使俱非依託，但舊習門風淪替殆盡，論其實質，亦與高宗、武后由進士詞科進身之新興階級無異。迨其拔起寒微之後，用科舉座主門生及同門等關係，勾結朋黨，互相援助，如楊於陵、嗣復及楊虞卿、汝士等，一門父子兄弟俱以進士起家，致身通顯（見舊唐書壹陸肆新唐書壹陸叁楊於陵傳、舊唐書壹柒陸新唐書壹柒肆楊嗣復傳、舊唐書壹柒陸新唐書壹柒伍楊虞卿傳及南部新書己大和中人指楊虞卿宅南亭子為行中書條等），轉成世家名族，遂不得不崇尚地胄，以鞏固其新貴黨類之門閥，而拔引孤寒之美德高名翻讓與山東舊族之李德裕矣（見摭言柒好放孤寒門李太尉德裕頗為寒畯開路條及唐語林柒補遺李衛公頗升寒素條等），斯亦數百年間之一大世變也，請略徵舊籍，證明於下：

摭言叁慈恩寺題名遊賞賦詠雜記條（略見上引新唐書選舉志）略云：

> 進士題名，自神龍之後，過關宴後皆集會於慈恩塔下題名。會昌三年贊皇公（李德裕）爲上相，其年十二月中書覆奏：「奉宣旨，不欲令及第進士呼有司爲座主，趨附其門，兼題名局席等條疏進來者。伏以國家設文學之科，求貞正之士，所宜行敦風俗，義本君親，然後申於朝廷，必爲國器，豈可懷賞拔之私惠，忘教化之根源，自謂門生，遂成膠固。所以時風寖薄，臣節何施，樹黨背公，靡不由此。臣等商量今日已後，進士及第，任一度參見有司，向後不得聚集參謁，及於有司宅置宴。其曲江大會，朝官及題名局席並望勒停。」奉勅：「宜依！」
>
> 於是向之題名各盡削去。蓋贊皇公不由科第，故設法以排之，洎公失意，悉復舊態。

玉泉子云：

> 李相德裕抑退浮薄，奬拔孤寒。於時朝貴朋黨，德裕破之，由是結怨，而絕於附會，門無賓客。

舊唐書壹捌下宣宗紀大中三年九月貶李德裕為崖州司户參軍制云：

誣貞良造朋黨之名。

據此，李德裕所謂朋黨，即指新興階級浮薄之士藉進士科舉制度座主門生同門等關係締結之牛黨也。

或疑通鑑貳叁捌元和七年春正月辛未條（新唐書壹陸貳許孟容傳附季同傳同），載京兆尹元義方為鄜坊觀察使事略云：

義方入謝，因言李絳私其同年許季同，除京兆少尹，出臣鄜坊。明日上以詰絳曰：「人於同年固有情乎？」對曰：「同年乃九州四海之人偶同科第，或登科然後相識，情於何有？」

則似科舉制度與結黨無關者。但詳考之，知通鑑此條及新唐書許孟容傳俱採自李相國論事集，其書專詆李吉甫，固出於牛黨之手，其所言同年無情，乃牛黨強自辯護之詞，殊非實狀也。夫唐代科舉制度下座主門生及同年或同門關係之密切原為顯著之事，可不詳論，茲僅舉三數例於下，亦足以為證明也。

舊唐書壹柒柒韋保衡傳（新唐書壹捌肆路巖傳附韋保衡傳同）云：

保衡恃恩權，素所不悦者，必加排斥。王鐸貢舉之師，蕭遘同門生，以素薄其爲人，皆擯斥之。

寅恪案：史所書保衡之惡，依當時習慣言，乃一破例。此正可以反證當日座主門生以及同年或同門之間互相援助之常態也。

白氏長慶集壹陸重題（草堂東壁）七律四首之四云：

> 宦途自此心長別，世事從今口不言。豈止形骸同土木，兼將壽夭任乾坤。胸中壯氣猶須遣，身外浮榮何足論！還有一條遺恨事，高家門館未酬恩。

寅恪案：白樂天此詩自言已外形骸，了生死，而猶惓惓於座主高郢之深恩未報，斯不獨香山居士一人之篤於恩舊者為然，凡苟非韋保衡之薄行寡情者，莫不如是。此實可為唐代門生對座主關係密切之一例證也。

獨異志（參唐語林肆賢媛類、南部新書己）云：

> 崔羣爲相，清名甚重，元和（中）自中書舍人知貢舉，既罷，夫人李氏嘗勸其樹莊田，以爲子孫之業。笑答曰：「余有三十所美莊良田，遍在天下，夫人何憂？」夫人曰：「不聞君有此業。」羣曰：「吾前年放春榜三十人，豈非美田耶？」夫人曰：「若然者，君非陸贄相門生乎？然往年君掌文柄，使人約其子簡禮，不令就春闈之試。如以爲良田，則陸氏一莊荒矣！」羣慚而退，累日不食。

寅恪案：座主以門生為莊田，則其施恩望報之意顯然可知。此唐代座主對於門生關係密切之一例證也。

舊唐書壹柒陸楊嗣復傳(新唐書壹柒肆楊嗣復傳不載同門結黨之由，不及舊傳之得其實，又舊唐書壹柒陸李宗閔傳可與參證)云：

嗣復與牛僧孺、李宗閔皆權德輿貢舉門生，情誼相得，進退取捨多與之同。

寅恪案：史言牛派鉅子以同門之故，遂結為死黨。此唐代科舉同門關係之一例證也。

復次，唐代貢舉名目雖多，大要可分為進士及明經二科。進士科主文詞，高宗、武后以後之新學也；明經科專經術，兩晉、北朝以來之舊學也。究其所學之殊，實由門族之異。故觀唐代自高宗、武后以後朝廷及民間重進士而輕明經之記載，則知代表此二科之不同社會階級在此三百年間升沈轉變之概狀矣。其記載略録於下：

康駢劇談録(參唐語林陸補遺)云：

元和中，李賀善爲歌篇，爲韓愈深所知，重於縉紳。時元稹年少，以明經擢第，亦攻篇什，常交結於賀，日執贄造門，賀覽刺，不答遽入。僕者謂曰：「明經及第，何事看李賀？」稹慚恨而退。其後〔稹〕以制策登科，及爲禮部郎中，因議賀祖(祖當作父)諱晉〔肅〕，不合應〔進士〕舉，賀遂致轗軻。韓愈惜其才，爲著諱辯明之，竟不成名。

寅恪案：劇談録所紀多所疏誤，自不待論。但據此故事之造成，可推見當時社會重進士輕明經之情狀，故以通性之真實言之，仍不失為珍貴之社會史料也。

東觀奏記上（參新唐書壹捌貳李珏傳及唐語林叁識鑑類）略云：

李珏，趙郡贊皇人，早孤，居淮陰，舉明經。李絳爲華州刺史，一見謂之曰：「日角珠庭，非常人也，當擢進士科。明經碌碌，非子發跡之路。」一舉不第，應進士〔舉〕，許孟容爲宗伯，擢居進士。

新唐書壹捌叁崔彥昭傳云：

〔彥昭〕與王凝外昆弟也，凝大中初先顯，而彥昭未仕，嘗見凝，凝倨不冠帶，慢言曰：「不若從明經舉。」彥昭爲憾。至是凝爲兵部侍郎，母聞彥昭相，敕婢多製履襪，曰：「王氏妹必與子皆逐，吾將共行。」彥昭聞之，泣且拜，不敢爲怨，而凝竟免。（寅恪案：此採自尉遲偓中朝故事。）

摭言散序進士門云：

其艱難謂之三十老明經，五十少進士。

據上諸條，進士、明經二科在唐代社會其價值之高下，可以推知，不待廣引也。又唐代社會於此二科之評價，有高下之殊，亦由當時政治之關係所致，蓋朝廷與民衆二者互相影響也。如唐語林肆企羨類略云：

薛元超謂所親曰：「吾不才，富貴過人，平生有三恨：始不以進士擢第。」

寅恪案：上篇引通典壹伍選舉典叁所載沈既濟之言，謂進士科之特見尊重，實始於高宗、武后時。薛元超為高宗朝晚年宰相，是與沈氏之語適合也。

新唐書肆肆選舉志（摭言叁慈恩寺題名遊賞賦詠雜志條同，又新志此條前已徵引，今為解釋便利之故，復節録數語於此）略云：

武宗即位，李德裕爲宰相，尤惡進士。至是德裕奏：「國家設科取士，而附黨背公，自爲門生，自今一見有司而止，其期集參謁曲江題名皆罷。」

舊唐書壹捌下宣宗紀大中元年二月丁酉禮部侍郎魏扶奏臣今年所放進士三十三人條略云：

帝（宣宗）雅好儒士，留心貢舉，有時微行人間，採聽輿論，以觀選士之得失。又勅：「自今進士放榜後，杏園任依舊宴集，有司不得禁制！」

寅恪案：宣宗朝政事事與武宗朝相反，進士科之好惡崇抑乃其一端，而此點亦即牛李二黨進退榮辱之表徵也。請更取證於下列史料：

唐語林肆企羡類（參説郛柒叁引盧氏雜説）云：

宣宗愛羡進士，每對朝臣，問登第否？有以科名對者，必有喜，便問所試詩賦題並主司姓名，或有人物優而不中者，必歎息久之。嘗於禁中題「鄉貢士李道龍」（寅恪案：可參同書同卷同類宣宗好儒條「殿柱自題曰：鄉貢進士李某」）。

又同書同類（參東觀奏記上）略云：

> 宣宗尚文學，尤重科名。大中十年鄭顥知舉，宣宗索登科記，敕翰林：「今後放榜，仰寫及第人姓名及所試詩賦題目，仰所司逐年編次！」

夫大中一朝為純粹牛黨當政李黨在野之時期，宣宗之愛羨進士科至於此極，必非偶然也。

又張爾田先生玉溪生年譜會箋叁大中二年下引沈曾植先生之言曰：

> 唐時牛李兩黨以科第而分，牛黨重科舉，李黨重門第。

寅恪案：乙盦先生近世通儒，宜有此卓識，其所謂「牛黨重科舉者」自指重進士科而言也。或疑問曰：「牛黨中以進士科出身者如李珏，則系出趙郡李氏（見前引東觀奏記上，並參唐語林叁識鑒類及舊唐書壹柒叁新唐書壹捌貳李珏傳等），李宗閔則為唐宗室，而鄭王元懿之四世孫（見舊唐書壹柒陸新唐書壹柒肆李宗閔傳及新唐書柒拾下宗室世系表小鄭元王房條等），至黨魁牛僧孺更是隋代達官兼名儒牛弘之八世孫，且承其賜田賜書之遺業。並以進士擢第者（見舊唐書壹柒貳新唐書壹柒肆牛僧孺傳及唐文粹陸伍李珏撰牛僧孺神道碑、杜牧樊川集柒牛僧孺墓誌銘等），然則牛黨鉅子俱是北朝以來之舊門及當代之宗室，而李黨之健者如陳夷行、李紳、李回、李讓夷之流復皆以進士擢第（見舊唐書壹柒叁新唐書壹捌壹陳夷行傳、舊唐書壹柒叁新唐書壹捌壹李紳傳、舊唐書壹柒叁新唐書壹叁壹李回傳、舊唐書壹柒陸新唐書壹捌壹李讓夷傳等），是李黨亦重進士之科，前所謂牛李黨派之分野在科舉與門第者，毋乃不能成立耶？應之曰：牛李兩黨既産生於同一時間，而地域又相錯雜，則其互受影響，自不能免，但此為少數之特例，非原則之大概也。故互受影響一事可以不論，所可論者約有三端：一曰牛李兩黨之對立，其根本在兩晉、北朝以來山東士族與唐高宗、武則天之後由進士詞科進用之新興階級兩者互不相容，至於李唐皇室在開國初期以屬於關隴集團之故，雖與山東舊族頗無好感，及中葉以後山東舊族與新興階級生死競爭之際，遠支之宗室其政治社會之地位實已無大別於一般士族。如新唐書柒拾上宗室世系表所云：

唐有天下三百年，子孫蕃衍，可謂盛矣。其初皆有封爵，至其世遠親盡，則各隨其人賢愚，遂與異姓之臣雜而仕宦，至或流落於民間，甚可歎也。

故對於此新舊兩統治階級之鬥爭，傳處於中立地位，既自可牛，此李宗閔之所以為牛黨也，亦復可李，此李回之所以為李黨也。二曰：凡山東舊族挺身而出，與新興階級作殊死鬥者，必其人之家族尚能保持舊有之特長，如前所言門風家學之類，若鄭覃者，即其一例也。亦有雖號為山東舊門，而門風廢替，家學衰落，則此破落户之與新興階級不獨無所分別，且更宜與之同化也。茲更舉數例以為證明，而解疑惑焉。

舊唐書壹叁陸崔損傳（新唐書壹陸柒崔損傳同）略云：

崔損，博陵人，高祖行功已後名位卑替，大曆末進士擢第。户部尚書裴延齡素與損善，乃薦之於德宗，〔貞元〕十二年以本官（右諫議大夫）同中書門下平章事。〔損〕身居宰相，母野殯，不言展墓，不議遷祔，姊爲尼，没於近寺，終喪不臨，士君子罪之。

同書同卷盧邁傳（新唐書壹伍拾盧邁傳同）略云：

盧邁，范陽人，少以孝友謹厚稱，深爲叔舅崔祐甫所親重，兩經及第，遷尚書右丞，〔貞元〕九年以本官同中書門下平章事。〔邁〕友愛恭儉，從父弟迉爲劍南西川判官，卒於成都，歸葬於洛陽，路由京師，邁奏請至城東，哭於其柩，許之。近代宰臣多自以爲崇重，五服之親或不過從弔臨，而邁獨振薄俗，請臨弟喪，士君子是之。

同書壹捌捌孝友傳崔沔傳（新唐書壹貳玖崔沔傳同，參顔魯公文集壹肆博陵崔孝公宅陋室銘記）略云：

崔沔，京兆長安人，自博陵徙關中，世爲著姓。沔淳謹，口無二言，事親至孝，博學有文詞，母卒，哀毁逾禮。沔善禮經，朝廷每有疑義，皆取決焉。

同書壹壹玖崔祐甫傳（新唐書壹肆貳崔祐甫傳同）略云：

崔祐甫，父沔黄門侍郎，謚曰孝公。家以清儉禮法爲士流之則。安禄山陷洛陽，士庶奔迸，祐甫獨崎危於矢石之間，潛入私廟，負木主以竄。常袞當國，非以辭賦登科者莫得進用(此語前已引)，及祐甫代袞，薦延推舉，無復疑滯，日除十數人，作相未逾年凡除吏八百人，多稱允當。朱泚之亂，祐甫妻王氏陷賊中，泚以嘗與祐甫同列，雅重其爲人，乃遺王氏繒帛菽粟，王氏受而緘封之。及德宗還京，具陳其狀以獻，士君子益重祐甫家法，宜其享令名也。

據此，知崔損雖與沔、祐甫同屬博陵崔氏，而一為當世所鄙薄之「破落户」，一為禮法名家。盧邁既是祐甫之甥，其以孝友恭儉著稱，必受其父母兩系門風之薰習無疑。然則崔沔、祐甫、盧邁之流，乃真山東舊族之代表，可與新興階級對壘相抗者也。又舊唐書壹壹玖常袞傳(新唐書壹伍拾常袞傳同)云：

天寶末舉進士，(作相)尤排擯非辭科登第者。

而祐甫代袞，用人不拘於進士，豈其意旨與李德裕、鄭覃所持之説亦有合歟？是前日常崔之異同，即後來牛李之爭執，讀史者不可不知其一貫之聯繫也。三曰：凡牛黨或新興階級所自稱之門閥多不可信也，如杜牧樊川集柒牛僧孺墓誌銘(參考舊唐書壹柒貳新唐書壹柒肆牛僧孺傳及唐文粹伍陸李珏撰牛僧孺神道碑、新唐書伍柒上宰相世系表牛氏條等)云：

八代祖弘以德行儒行相隋氏，封奇章郡公，贈文安侯。文安後四世諱鳳及，仕唐爲中書門下侍郎監修國史，於公爲高祖。文安後五世集州刺史贈給事中諱休克，於公爲曾祖。集州生太常博士贈太尉紹。太尉生華州鄭縣尉贈太保諱幼聞。太保生公，孤始七歲，長安下杜樊鄉東文安有隋氏賜田數頃，書千卷尚存。

寅恪案：新唐書柒伍上宰相世系表牛氏條與牧之文微有出入。牛弘仕隋，官至吏部尚書，迄未嘗一為宰相（見隋書肆玖北史柒貳牛弘傳，但兩唐書牛僧孺傳皆謂弘為僕射，似因此可稱「相隋」，考舊史弘傳止載弘卒後贈開府儀同三司光禄大夫，並未言贈僕射。又李珏撰牛僧孺神道碑雖亦言賜田等事，但無牛弘相隋之語，通鑑貳叁柒元和三年夏四月條胡注則云：「牛弘相隋」，蓋承昔人之誤也。可詳考通典貳壹職官典叁宰相條，兹不備論），殆以吏部尚書當天官冢宰之誤。然此等俱無關宏旨，可不深論。獨家有牛弘隋代賜田一事，似僧孺與弘之血統關係確鑿可信，但一取與此相類之事即僧孺同黨白居易、敏中兄弟家所謂前代先祖賜田者考之，則又不能不使人致疑於新興階級之多所依託也。

白氏長慶集貳玖襄州別駕府君事狀云：

初高祖贈司空有功於北齊，詔賜莊宅各一區，在同州韓城縣，至今存焉。

此所謂有功於北齊之司空即白建也。據北齊書肆拾白建傳（北史伍伍白建傳略同）略云：

白建字彥舉，武平七年卒，贈司空。

是白建卒於北齊未亡以前。其生存時期，周齊二國東西並峙，互相爭競。建為齊朝主兵之大臣，其所賜莊宅何得越在同州韓城，即仇讎敵國之內乎？其為依託，不待辨說也。又新唐書柒伍下宰相世系表白氏條列白居易、敏中之先世云：

白建字彥舉，後周弘農郡守邵陵縣男。

此白建既字彥舉，與北齊主兵大臣之姓氏名字俱無差異，是即白香山所自承之祖先也。但其官則為北周弘農郡守，與北齊贈司空之事絕不能相容，其間必有竄改附會，自無可疑。豈居易、敏中之先世賜田本屬於一後周姓白名某字某之弘農郡守，而其人卻是樂天兄弟真正之祖宗，故其所賜莊宅能在後周境內，後來子孫遠攀異國之貴顯，遂致前代祖宗橫遭「李樹代桃」之阨耶？今雖難確定此一重公案，而新興階級所謂前代賜田之不能作絕對可信之物證，亦由是得以推知也。至白氏親舅甥之婚配（見近刊羅貞松先生遺稿），乃新興階級之陋習，宜其為尊尚禮法門風之山東舊族所鄙薄。又白香山之違犯當時名教，坐不孝貶官，雖有政治性質，終亦與其門族淵源不無關係，但非茲篇所能旁及者矣。

復次，舊唐書壹柒貳令狐楚傳（新唐書壹陸陸令狐楚傳略同）云：

令狐楚自言國初十八學士德棻之後。

新唐書令狐楚傳雖刪去「自言」二字，據其書柒伍下宰相世系表令狐氏條，楚實非出自德棻。然則舊傳「自言」之語固不應删也。夫楚綯父子繼世宰相，尤為牛黨之中堅，而其家世譜牒之有所依託，亦與白敏中相同。是牛黨或新興階級所自稱之門閥不足信賴，觀此可知也。

又就牛李黨派之分畫以進士科及舊門族為標識一點尚有須注意者，即李栖筠在天寶末年已以仕進無他塗，不得不舉進士(見前引舊唐書武宗紀中李德裕語)，則貞元以後宰相多以翰林學士為之，而翰林學士復出自進士詞科之高選，山東舊族苟欲致身通顯，自宜趨赴進士之科，此山東舊族所以多由進士出身，與新興階級同化，而新興階級復已累代貴仕，轉成喬木世臣之家矣。如楊收一門者可謂唐末五代間之世家也，觀舊唐書壹柒柒楊收傳所云：

楊收自言隋越公素之後。

論曰：「門非世胄，位以藝升。」

可為一例。然唐末黄巢失敗後，朱全忠遂執統治之大權。凡藉進士詞科仕進之士大夫，不論其為舊族或新門，俱目為清流，而使同罹白馬之禍，斯又中古政治社會之一大變也(見舊唐書貳拾哀帝紀天祐二年四月癸巳勅文、壹壹叁裴遵慶傳附樞傳及新唐書壹肆拾裴遵慶傳附樞傳等)。

又唐代新興之進士詞科階級異於山東之禮法舊門者，尤在其放浪不羈之風習。故唐之進士一科與倡伎文學有密切關係，孫棨北里志所載即是一證。又如韓偓以忠節著聞，其平生著述中香奩一集，淫艷之詞亦大抵應進士舉時所作(寅恪案：此集冬郎自序中「大盗入關」之語實指黄巢陷長安而言。震鈞即唐晏作韓承旨年譜乃誤以大盜屬之朱全忠，遂解釋詩旨，多所附會，殊不可信也，以不在此篇範圍，故不詳辨）。然則進士之科其中固多浮薄之士，李德裕、鄭覃之言殊未可厚非，而數百年社會階級之背景實與有關涉，抑又可知矣。

如牛黨之才人杜牧，實以放浪著稱。唐語林柒補遺所載杜牧少登第恃才喜酒色條，杜舍人牧恃才名頗縱酒色條，及其樊川集中遺懷七絕「十年一覺揚州夢，贏得青樓薄倖名」之句等皆是其證例。或疑其祖佑既為宰相，而兼通儒，是其人乃名家之子弟，似不可列之新興階級中。但詳考其家世風習，則知佑之父希望實以邊將進用（見新唐書壹陸陸杜佑傳及唐文粹陸捌權德輿撰杜佑墓誌銘），雖亦號為舊家，並非士大夫之勝流門族。舊唐書壹肆柒杜佑傳（新唐書壹陸陸杜佑傳同）云：

〔佑〕在淮南時，妻梁氏亡後，昇嬖妾李氏爲正室，封密國夫人，親族子弟言之，不從，時論非之。（寅恪案：權文公銘佑之墓，而不載李氏者，殆爲之諱耶？）

又同書壹貳肆李正己傳附師古傳（新唐書貳壹叁藩鎮淄青李正己傳附師古傳同）云：

〔貞元〕十五年正月，師古、杜佑、李欒妾媵並爲國夫人。

又同書壹叁伍李齊運傳（新唐書壹陸柒李齊運傳同）云：

末以妾衛氏爲正室，身爲禮部尚書冕服以行其禮，人士嗤誚。

又同書壹捌捌孝友傳李日知傳（新唐書壹壹陸李日知傳同）略云：

〔日知〕卒後，少子伊衡以妾爲妻，家風替矣。

夫杜氏既號稱舊門（見新唐書柒貳上宰相世系表杜氏條），而君卿所為乃與胡族武人同科，在當時士論，至少亦有如李伊衡之「以妾為妻，家風替矣」之歎。若取較山東士族仍保持其閨門禮法者，固區以別矣。然則牧之以進士擢第，浮華放浪，投身牛黨，不獨其本人性質近似使然，亦其家世風習與新興階級符合所致，實可與前述博陵崔損事並論，蓋雖俱稱舊門，仍不妨列之新興階級中也（可取兩唐書杜佑傳附牧傳與唐語林柒補遺杜牧少登第恃才喜酒色條附載牧子晦辭亦好色事互相參證。知其家風固習於浮薄，不同山東禮法舊門也）。

至於李商隱之出自新興階級，本應始終屬於牛黨，方合當時社會階級之道德，乃忽結婚李黨之王氏，以圖仕進。不僅牛黨目以放利背恩，恐李黨亦鄙其輕薄無操。斯義山所以雖秉負絕代之才，復經出入李牛之黨，而終於錦瑟年華惘然夢覺者歟？此五十載詞人之凄凉身世固極可哀傷，而數百年社會之壓迫氣流尤為可畏者也（參舊唐書壹玖拾下文苑傳、新唐書貳佰叁下李商隱傳）。

若柳仲郢處牛李二黨之間，則與義山不同，舊唐書壹陸伍柳公綽傳附仲郢傳（新唐書壹陸叁柳公綽傳附仲郢傳同）略云：

〔公綽〕子仲郢，元和十三年進士擢第，牛僧孺鎮江夏，辟爲從事。仲郢有父風，動修禮法。僧孺歎曰：「非積習名教，安能及此？」〔後李〕德裕奏爲京兆尹，謝日言曰：「下官不期太尉恩獎及此！仰報厚德，敢不如奇章門館。」德裕不以爲嫌。仲郢嚴禮法，重氣義，嘗感李德裕之知。大中朝，李氏無禄仕者，仲郢領鹽鐵時，取德裕兄子從質知蘇州院事，令以禄利贍南宅。令狐綯爲宰相，頗不悦。仲郢與綯書自明，綯深感歎，尋與從質正員官。仲郢以禮法自持，私居未嘗不拱手，内齋未嘗不束帶。三爲大鎮，廐無名馬，衣不薰香，退公布卷，不捨晝夜。子玭嘗著書誡其子弟。初公綽理家甚嚴，子弟克稟誡訓，言家法者世稱柳氏云。

考柳氏雖是舊門，然非山東冠族七姓之一，公綽、仲郢父子所出，亦非柳氏顯著之房望（見新唐書柒叁上宰相世系表柳氏條），獨家風修整，行誼敦篤，雖以進士詞科仕進（公綽舉賢良方正直言極諫科），受牛僧孺之知獎，自可謂之牛黨，然終用家門及本身之儒素德業，得見諒於尊尚門風家學之山東舊族李德裕，故能置身牛李恩怨之外，致位通顯，較李商隱之見棄於兩黨，進退維谷者，誠相懸遠矣。君子讀史見玉溪生與其東川府主升沈榮悴之所由判，深有感於士之自處，雖外來之世變縱極紛歧，而内行之修謹益不可或闕也。

牛李黨派之社會背景及其分野界畫既略闡明，其朝政競爭勝敗進退之史實始易於解釋。前論唐代中央政變皇位繼承不固定之事跡至德順之間而止，茲請續述順憲間永貞內禪隱秘之內容。但因永貞內禪為內廷閹寺與外朝士大夫黨派勾結之一顯著事例，而牛李黨派實又起於憲宗元和時之故，此後即取內外朝之黨派與皇位繼承二事合併言之。所以然者，不僅為紀述便利計，亦因此二事原有內在之關聯性，不得分隔論之也。

關於永貞內禪之隱秘，寅恪已於拙著順宗實録與續玄怪録專論之（載北京大學四十週年紀念論文甲編）。故茲於順宗實録避免繁冗，僅録其條目，而略其原文，別更節寫其他關於此事者於韓書之後，以供參證焉。

韓愈順宗實録壹之

〔王〕伾以〔王〕叔文意入言於宦者李忠言，稱詔宣下條。

同書叁之

叔文欲帶翰林學士，宦者俱文珍等惡其專權，削去翰林之職條。

同書肆之

天下事皆專斷於叔文，而王伾、李忠言爲之内主，〔韋〕執誼執行於外，而中官劉光琦、俱文珍、薛盈珍、尚解玉者皆先朝任使舊人同心猜怨條。

同書伍之

叔文入至翰林，伾入至柿林院，見李忠言、牛昭容條。

新唐書貳佰柒宦者傳上劉貞亮即俱文珍傳(舊唐書壹捌肆宦官傳俱文珍傳略同)略云：

貞元末宦人領兵，附順者益衆。會順宗立，淹痼弗能朝，惟(宦者)李忠言、牛美人侍。美人以帝旨付忠言，忠言授王叔文，叔文與柳宗元等裁定，然後下中書，然未得縱，欲遂奪神策兵以自强，即用范希朝爲京西北禁軍都將，收宦者權。而忠言素懦謹，每見叔文，與論事，無敢異同。唯貞亮乃與之爭，又惡朋黨熾結，因與中人劉光琦、薛文珍、尚衍、解玉、吕如全等同勸帝立廣陵王爲太子監國，帝納其奏。元和八年卒，憲宗思其翊戴之功，贈開府儀同三司。(此十五字舊傳之文。)

舊唐書壹伍玖路隨傳(新唐書壹肆貳路隨傳同)略云：

初韓愈撰順宗實録，説禁中事頗切直，内官惡之，往往於上前言其不實，累朝有詔改修。及隨進憲宗實録，文宗復令改正永貞時事。隨奏曰：「伏望條示舊記最錯誤者，宣付史官，委之修定。」詔曰：「其實録中所書德宗、順宗朝禁中事，宜令史官詳正刊去，其他不要更修！」

寅恪案：憲宗之得立為帝，實由宦者俱文珍等之力。文珍與其同類李忠言異趣，故内廷文珍之黨競勝，王伾、王叔文固不待論，而外廷之士大夫韋執誼、劉禹錫、柳宗元等遂亦不得不退敗矣。

韓退之本與文珍有連(見昌黎外集叁送俱文珍序及王鳴盛蛾術編伍柒)，其述永貞內禪事，頗袒文珍等。其公允之程度雖有可議，而其紀內廷宦官之非屬一黨及壓迫順宗擁立憲宗之隱秘轉可信賴。惟其如此，後來閹寺深不欲外人窺知，所以屢圖毀滅此禁中政變之史料也。劉禹錫夢得外集玖子劉子自傳述永貞內禪事云：

時太上(順宗)久寢疾，宰臣用事者都不得召對，宮掖事秘，而建桓立順，功歸貴臣。

夢得在當時政治上與退之處於反對地位者(觀昌黎集壹赴江陵途中詩「同官盡才俊，偏善柳與劉，或慮言語洩，傳之落冤讎」等語。又叁永貞行及憶昨行詩「伾文未揃崖州熾，雖得赦宥恆愁猜」之句，可以為證，其詳不能於此言之也)，而所言禁中事亦與退之相同。然則韓劉之述作皆當時俱文珍一黨把持宮掖脅迫病君擁立皇子之實錄，而永貞內禪乃唐代皇位繼承之不固定及內廷閹寺黨派影響於外朝士大夫之顯著事例也。

又舊唐書壹伍玖崔羣傳(新唐書壹陸伍崔羣傳同)云：

羣臣議上尊號，皇甫鎛欲加「孝德」二字。羣曰：有「睿聖」，則「孝德」在其中矣。竟爲鎛所搆，憲宗不樂，出爲湖南觀察都團練使。

寅恪案：皇甫鎛以斬惜「孝德」二字搆崔羣，憲宗竟信其語，因之不樂而出羣。據此，憲宗之於其父，似内有慚德也。然則永貞内禪一役必有隱秘不能昌言者，從可知矣。

牛李黨派之爭起於憲宗之世，憲宗為唐室中興英主，其為政宗旨在矯正大曆、貞元姑息苟安之積習，即用武力削平藩鎮，重振中央政府之威望。當時主張用兵之士大夫大抵屬於後來所謂李黨，反對用兵之士大夫則多為李吉甫之政敵，即後來所謂牛黨。而主持用兵之内廷閹寺一派又與外朝之李黨互相呼應，自不待言。是以元和一朝此主用兵派之閹寺始終柄權，用兵之政策因得以維持不改。及内廷閹寺黨派競爭既烈，憲宗為别一反對派之閹寺所弑，穆宗因此輩弑逆徒黨之擁立而即帝位，於是「銷兵」之議行，而朝局大變矣（後來牛李二黨魁維州之異同與此點亦有關，不僅由僧孺之嫉功也。可參考舊唐書壹柒貳新唐書壹柒肆牛僧孺傳及唐文粹伍陸李珏撰牛僧孺神道碑、杜牧樊川集柒牛僧孺墓誌銘，而通鑑貳肆柒會昌三年三月條司馬光之論及胡三省之注尤可注意也）。

舊唐書壹捌肆宦官傳吐突承璀傳（新唐書貳佰柒宦者傳上吐突承璀傳同）略云：

吐突承璀幼以黄門直東宫，憲宗即位，授内常侍，知内侍省事，俄授左軍中尉。（元和）四年王承宗叛，詔以承璀爲河中等道赴鎮州行營兵馬招討等使。諫官上疏相屬，皆言：「自古無中貴人爲兵馬統帥者」，憲宗不獲已，改爲充鎮州已東招撫處置等使。出師經年無功，承璀班師，仍爲禁軍中尉。段平仲抗疏，極論承璀輕謀弊賦，請斬之以謝天下。憲宗不獲已，降爲軍器使，俄復爲左衛上將軍知内侍省事，出爲淮南節度監軍使，上待承璀之意未已，而宰相李絳在翰林時數論承璀之過，故出之。八年欲召承璀還，乃罷絳相位，承璀還復爲神策中尉。惠昭太子薨，承璀建議請立澧王寬爲太子，憲宗不納，立遂王宥。穆宗即位，銜承璀不佑己，誅之。

同書壹陸肆李絳傳（新唐書壹伍貳李絳傳多採李相國論事集，可參讀）云：

吐突承璀恩寵莫二，是歲（元和六年）將用絳爲宰相，前一日出承璀爲淮南監軍，翌日降制，以絳爲中書侍郎同中書門下平章事。同列李吉甫便僻善逢迎上意，絳梗直多所規諫，故與吉甫不協，時議者以吉甫通於承璀，故絳尤惡之。

同書壹肆捌李吉甫傳（新唐書壹肆陸李栖筠傳附吉甫傳同）云：

劉闢反，帝（憲宗）命誅討之，計未決，吉甫密贊其謀，兼請廣徵江淮之師，由三峽路入，以分蜀寇之力，事皆允從，由是甚見親信。淮西節度使吴少陽卒，其子元濟請襲父位，吉甫以淮西内地，不同河朔，且四境無黨援，國家常宿數十萬兵以爲守禦，宜因時而取之，頗叶上旨，始爲經度淮西之謀。

新唐書貳佰壹文藝傳上元萬頃傳附義方傳（通鑑貳叁捌元和七年正月辛未條同）云：

歷虢商二州刺史福建觀察使，中官吐突承璀閩人也，義方用其親屬爲右職，李吉甫再當國，陰欲承璀奥助，即召義方爲京兆尹。（寅恪案：新唐書及通鑑俱採自李相國論事集。）

寅恪案：憲宗與吐突承璀之關係可謂密切矣。故元和朝用兵之政策必為在内廷神策中尉吐突承璀所主持，而在外朝贊成用兵之宰相李吉甫其與承璀有連，殊不足異也。至舊唐書壹叁柒呂渭傳附溫傳（新唐書壹陸拾呂渭傳附溫傳同）云：

〔元和〕三年吉甫爲中官所惡，將出鎮揚州，温欲乘其有間，傾之。

其所謂中官疑是宦官中之別一黨派，與吐突承璀處於反對之地位者也。

舊唐書壹陸柒李逢吉傳（新唐書壹柒肆李逢吉傳同，並參舊唐書壹柒貳新唐書壹陸陸令狐楚傳）云：

時用兵討淮蔡，憲宗以兵機委裴度。逢吉慮其成功，密沮之，繇是相惡。及度親征，學士令狐楚爲度制辭，言不合旨。楚與逢吉相善，帝皆黜之，罷楚學士，罷逢吉政事。

同書壹柒拾裴度傳（新唐書壹柒叁裴度傳同，並參舊唐書壹柒貳新唐書壹佰壹蕭瑀傳附俛傳、舊唐書壹陸捌新唐書壹柒柒錢徽傳等）云：

先是詔羣臣各獻誅吴元濟可否之狀，朝臣多言罷兵赦罪爲便，翰林學士錢徽蕭俛語尤切。唯度言：賊不可赦。

寅恪案：元和廷議用兵淮蔡之時，憲宗總持於上，吐突承璀之流主張於内，而外朝士大夫持論雖有異同，然其初未必遽有社會階級之背景存乎其間也。不意與吐突承璀交結贊助用兵出自山東舊門之外廷宰相李吉甫，其個人適為新興階級之急進派牛僧孺等所痛詆，竟釀成互相報復之行動。夫兩派既勢不並立，自然各就其氣類所近招求同黨，於是兩種不同社會階級爭取政治地位之競爭，遂因此表面形式化矣。及其後鬥爭之程度隨時間之久長逐漸增劇，當日士大夫縱欲置身於局外之中立，亦幾不可能。如牛黨白居易之以消極被容（樂天幸生世較早耳，若升朝更晚，恐亦難倖免也），柳仲郢之以行誼見諒，可謂例外。其餘之人若無固定顯明之表示，如出入牛李未能始終屬於一黨之李商隱，則卒為兩黨所俱不收，而「名宦不進，坎壈終身」（舊唐書壹玖拾下文苑傳下李商隱傳語）。此點為研究唐代中晚之際士大夫身世之最要關鍵，甚不可忽略者也。

舊唐書壹柒陸李宗閔傳（新唐書壹柒肆李宗閔傳同，並參考新唐書壹柒肆牛僧孺傳、舊唐書壹肆捌新唐書壹陸玖裴垍傳、舊唐書壹伍捌新唐書壹陸玖韋貫之傳、舊唐書壹陸肆新唐書壹陸叁楊於陵傳、舊唐書壹陸玖新唐書壹柒玖王涯傳、舊唐書壹肆憲宗紀下元和三年夏四月條、通鑑貳叁柒元和三年四月條等）云：

李宗閔，宗室鄭王元懿之後，貞元二十一年進士擢第，元和四年（寅恪案：四年當作三年）復登制舉賢良方正科。初宗閔與牛僧孺同年登進士第，又與僧孺同年登制科。應制之歲，李吉甫爲宰相當國，宗閔、僧孺對策指切時政之失，言甚鯁直，無所迴避。考策官楊於陵、韋貫之、李益等又第其策，爲中等，又爲不中第者注解牛李策語，同爲唱誹。又言：翰林學士王涯甥皇甫湜中選，考覈之際不先上言，裴垍時爲學士，居中覆視，無所異同。吉甫泣訴於上前，憲宗不獲已，罷王涯、裴垍學士。垍守户部侍郎，涯守都官員外郎，吏部尚書楊於陵出爲嶺南節度使，吏部員外郎韋貫之出爲果州刺史，王涯再貶虢州司馬，貫之再貶巴州刺史。僧孺、宗閔亦久之不調，隨牒諸侯府，七年吉甫卒，方入朝爲監察御史。

舊唐書壹柒壹張仲方傳（新唐書壹貳陸張九齡傳附仲方傳同，並參考白氏長慶集陸壹張仲方墓誌銘）略云：

張仲方，韶州始興人，伯祖文獻公九齡開元朝名相。仲方貞元中進士擢第，宏辭登科，歷侍御史倉部員外郎。會呂温、羊士諤誣告宰相李吉甫陰事，二人俱貶。仲方坐呂温貢舉門生，出爲金州刺史（寅恪案：此亦座主門生關係密切之例證）。吉甫卒，入爲度支郎中。時太常定吉甫謚爲恭懿，博士尉遲汾請爲敬憲。仲方駮議曰：「兵者凶器，不可從我始。師徒暴野，戎馬生郊，僵尸血流，胔骼成岳，酷毒之痛號訴無辜。勦絶羣生，迨今四載，禍胎之肇實始其謀。請俟蔡寇將平，天下無事，然後都堂聚議，謚亦未遲。」憲宗方用兵，惡仲方深言其事，怒甚，貶爲遂州司馬。

同書壹柒貳蕭俛傳(新唐書壹佰壹蕭瑀傳附俛傳同)略云：

蕭俛曾祖太師徐國公嵩開元中宰相，俛貞元七年進士擢第，元和六年召充翰林學士，九年改駕部郎中，知制誥，内職如故，坐與張仲方善。仲方駁李吉甫謚議，言用兵征發之弊由吉甫而生。憲宗怒，貶仲方，俛亦罷學士，左授太僕少卿。

同書壹柒玖蕭遘傳(新唐書壹佰壹蕭俛傳附遘傳同)略云：

蕭遘，蘭陵人，開元朝宰相太師徐國公嵩之四代孫(寅恪案：「四」字誤)。遘以咸通五年登進士第，志操不羣，自比李德裕，同年皆戲呼「太尉」。

寅恪案：新興階級黨派之構成，進士詞科同門之關係乃一重要之點，前論李絳及楊嗣復事已涉及之。今觀李宗閔傳，益為明顯。至李吉甫為人固有可議之處，而牛李詆斥太甚，吉甫亦報復過酷，此所以釀成士大夫黨派競爭數十年不止也。張仲方乃九齡之姪孫，九齡本為武后所拔擢之進士出身新興階級。據大唐新語柒識量篇(參考舊唐書壹佰陸李林甫傳、新唐書貳壹陸張九齡傳、通鑑貳壹肆開元二十四年冬十月條)云：

牛仙客爲涼州都督，節財省費，軍儲所積萬計。玄宗大悅，將拜爲尚書，張九齡諫曰：「不可。」玄宗怒曰：「卿以仙客寒士嫌之耶？若是，如卿豈有門籍？」九齡頓首曰：「〔臣〕

荒陬賤類，陛下過聽，以文學用臣；仙客起自胥吏，目不知書，韓信淮陰一壯士耳，羞與絳灌同列，陛下必用仙客，臣亦恥之。」

又國史補上（參考太平廣記壹捌肆氏族類）云：

張燕公好求山東婚姻，當時皆惡之，及後與張氏爲親者乃爲甲門。

及新唐書壹玖玖儒學傳中孔若思傳附至傳云：

明氏族學，與韋述、蕭穎士、柳沖齊名，譔百家類例，以張説等爲「近世新族」，剟去之。説子垍方有寵，怒曰：「天下族姓何豫若事，而妄紛紛邪？」垍弟素善至，以實告。初，書成，示韋述，述謂可傳，及聞垍語，懼，欲更增損。述曰：「止！丈夫奮筆成一家書，奈何因人動摇，有死，不可改！」遂罷。時述及穎士、沖皆譔類例，而至書稱工。

可知始興張氏實為以文學進用之寒族，即孔至之所謂「近世新族」之列。宜乎張説與九齡共通譜牒，密切結合，由二人之氣類本同也。因是，九齡姪孫仲方與山東舊門李吉甫氣類絶不相近，亦成為反對之黨。若蘭陵蕭氏元是後梁蕭詧之裔，而加入關隴集團，與李唐皇室對於新舊兩階級之爭得處於中立地位者相似。故蕭俛由進士出身，成為牛氏之黨，而蕭遘雖用進士擢第，轉慕李文饒之為人，乃取以自況也。

元和朝雖號稱中興，然外朝士大夫之黨派既起，内廷閹寺黨派之競爭亦劇，遂至牽涉皇位繼承問題，而憲宗因以被弒矣。

舊唐書壹柒伍澧王惲傳(新唐書捌貳澧王惲傳同)云：

澧王惲，憲宗第二子也，本名寬。吐突承璀恩寵特異，惠昭太子薨，議立儲貳，承璀獨排衆議屬澧王，欲以威權自樹。賴憲宗明斷不惑，及憲宗晏駕承璀賜死，王亦薨於其夕。

同書壹伍玖崔羣傳(新唐書壹陸伍崔羣傳同)云：

元和七年，惠昭太子薨，穆宗時爲遂王，憲宗以澧王居長，且多内助，將建儲貳，命羣與澧王作讓表。羣上言曰：「大凡己合當之，則有陳讓之儀；己不合當，因何遽有讓表？今遂王嫡長，所宜正位青宮。」竟從其奏。

同書壹捌肆宦官傳吐突承璀傳(新唐書貳佰柒宦者傳上吐突承璀傳同)云：

惠昭太子薨，承璀建議請立澧王寬爲太子，憲宗不納，立遂王宥，穆宗即位，銜承璀不佑己，誅之。(前文已引，兹爲論述之便利，特重録之。)

同書同卷王守澄傳(新唐書貳佰捌宦者傳下王守澄傳同，並參考舊唐書壹肆新唐書柒憲宗紀及舊唐書壹伍玖新唐書壹肆貳韋處厚傳中「不諱内惡」之語)云：

憲宗疾大漸，内官陳弘慶等弑逆。憲宗英武，威德在人，内官秘之，不敢除討，但云：藥發暴崩。時守澄與中尉馬進潭、梁守謙、劉承偕、韋元素等定册立穆宗皇帝。

通鑑貳肆壹元和十五年正月條（參考舊唐書壹貳拾新唐書壹叁柒郭子儀傳附釗傳）云：

初左軍中尉吐突承璀謀立澧王惲爲太子，上（憲宗）不許，及上寢疾，承璀謀尚未息，太子（穆宗）聞而憂之，密遣人問計於司農卿郭釗，釗曰：「殿下但孝謹以俟之，勿恤其他！」釗，太子之舅也。

新唐書捌宣宗紀云：

大中十二年二月廢穆宗忌日，停（穆宗）光陵朝拜及守陵宫人。

通鑑貳肆玖大中十二年二月甲子朔條紀此事，胡注云：

以陳弘志弑逆之罪歸穆宗也。

裴廷裕東觀奏記上云：

憲宗皇帝晏駕之夕，上（宣宗）雖幼，頗記其事，追恨光陵商臣之酷，即位後，誅鉏惡黨無漏網者。郭太后以上英察孝果，且懷慚懼。時居興慶宫，與一二侍兒同升勤政樓，倚衡而望，便欲殞於樓下，欲成上過，左右急持之。即聞於上，上大怒，其夕太后暴崩，上志也。

通鑑考異大中二年條引（宣宗）實録，並附按語云：

（大中二年）五月戊寅以太皇太后寢疾，權不聽政，宰臣率百寮問太后起居。己卯復問起居，下遺令。是日太后崩。初上（宣宗）篡位，以憲宗遇弒，頗疑太后在黨中，至是暴得疾崩，帝之志也。六月貶禮院檢討官王皞爲潤州句容令，以皞抗疏請郭后合葬景陵（憲宗陵名）配饗憲宗廟室故也。

〔司馬光〕按，實録所言暴崩事，皆出東觀奏記，若實有此事，則既云「是夕暴崩」，何得前一日先下詔云「以太后寢疾，權不聽政」？若無此事，廷裕豈敢輒誣宣宗？或者，郭后實以病終，而宣宗以平日疑忿之心，欲黜其禮，故皞争之，疑以傳疑，今參取之。

寅恪案：元和末年内廷閹寺吐突承璀一派欲以澧王惲繼皇位，王守澄一派欲立遂王宥即後來之穆宗，競爭至劇。吐突承璀之黨失敗，憲宗遇弒，穆宗因得王守澄黨之擁戴而繼位矣。至郭后乃穆宗之生母，其預知弒逆之謀，似甚可能。司馬君實所論雖不失史家審慎忠厚之旨，但參取兩端，頗近模稜，難以信從。蓋裴廷裕比穆宗於商臣，若非確有所據，必不敢為此誣妄之説也。鄙意郭后之暴崩儻果出於宣宗之志，則崩前一日何不可預作伏筆？或者，即因有前日寢疾之詔，遂促成次日暴崩之事乎？總之，宮掖事秘，雖不宜遽斷，然皇位繼承之不固定及閹寺黨派之競爭二端，與此唐室中興英王憲宗之結局有關，則無可疑也（鍾輅前定録李生條亦紀懿安太后為宣宗幽崩事，又日本僧圓仁入唐求法記肆所載郭太后被藥殺事，則年月名號俱有譌誤也）。

復次，内廷閹寺中吐突承璀之黨即主張用兵之黨既失敗，其反對黨得勝，擁立穆宗，故外朝宰相即此反對黨之附屬品，自然亦不主張用兵，而「銷兵」之議遂成長慶一朝之國策矣。

舊唐書壹陸穆宗紀云：

長慶元年二月乙酉天平軍節度使馬總奏：當道見管軍士三萬三千五百人，從去年正月已後，情願居農者放，逃亡者不捕。先是平定河南，及王承元去鎮州，宰臣蕭俛等不顧遠圖，乃獻「銷兵」之議，請密詔天下軍鎮，每年限百人内八人逃死，故總有是奏。

同書壹柒貳蕭俛傳（新唐書壹佰壹蕭瑀傳附俛傳略同）云：

穆宗乘章武（憲宗）恢復之餘，即位之始兩河廓定，四鄙無虞，而俛與段文昌屢獻太平之策，以爲兵以静亂，時已治矣，不宜黷武，勸穆宗休兵偃武，又以兵不可頓去，請密詔天下軍鎮有兵處每年百人之中限八人逃死，謂之「消兵」。帝既荒縱，不能深料，遂詔天下，如其策而行之。而藩籍之卒合而爲盜，伏於山林。明年朱克融、王廷湊復亂河朔，一呼而遣卒皆至。朝廷方徵兵諸藩，籍既不充，尋行招募，烏合之徒動爲賊敗，由此復失河朔，蓋「消兵」之失也。

寅恪案：「銷兵」之數每年僅限百分之八，且歷時甚短，其所以發生如是之大影響者，蓋當時河朔為胡化區域，其兵卒皆善戰之人，既被裁遣，「合而為盜」，遂為朱克融、王廷湊所利用，而中央政府徵募之人自然不能與河朔健兒為敵也。

又舊唐書壹陸陸元稹傳(新唐書壹柒肆元稹傳略同)云:

> 荊南監軍崔潭峻甚禮接稹,不以掾吏遇之,常徵其詩什諷誦之。長慶初潭峻歸朝,出稹連昌宮詞等百餘篇奏御,穆宗大悅。

新唐書壹柒玖李訓傳(參考新唐書貳佰捌宦者傳下王守澄傳)云:

> 宦人陳弘志時監襄陽軍,訓啓帝(文宗)召還,至青泥驛,遣使者杖殺之。復以計白罷〔王〕守澄觀軍容使,賜鴆死。又逐西川監軍楊承和、淮南韋元素、河東王踐言於嶺外,已行,皆賜死。而崔潭峻前物故,詔剖棺鞭屍,元和逆黨幾盡。

據新唐書李訓傳明言崔潭峻為元和逆黨,但憲宗於元和十五年正月二十七日被弒,則舊唐書元稹傳「長慶初潭峻歸朝」之語微有未妥,故新唐書元稹傳改作「長慶初潭峻方親幸」也。夫潭峻既為擁立穆宗之元和逆黨中人,其主張「銷兵」自不待言,於是知元才子連昌宮詞全篇主旨所在之結句「努力廟謨休用兵」一語,實關涉當時政局國策,世之治史讀詩者幸勿等閒放過也(參考一九三三年六月清華學報拙著讀連昌宮詞質疑。又宦官王踐言為元和逆黨之一,而文宗大和九年八月丙申詔書以李德裕與之連結者,蓋踐言曾言送還吐蕃悉怛謀之非計,與德裕主張相合,李訓、鄭注遂藉之以為說耳。詳見新唐書壹柒肆李宗閔傳、舊唐書壹柒肆新唐書壹捌拾李德裕傳等，茲不能悉論也）。

新唐書捌敬宗紀（參考舊唐書壹柒上敬宗紀）略云：

敬宗諱湛，穆宗長子也，始封鄂王，徙封景王。長慶二年穆宗因擊毬暴得疾，不見羣臣者三日，左僕射裴度三上疏請立皇太子，而翰林學士兩省官相次皆以爲言。穆宗疾少間，宰相李逢吉請立景王爲皇太子（癸巳詔以景王爲皇太子）。四年正月穆宗崩，丙子皇太子即皇帝位。

舊唐書壹柒叁李紳傳（新唐書壹捌壹李紳傳同）略云：

王守澄每從容謂敬宗曰：「陛下登九五，〔李〕逢吉之助也。先朝初定儲貳，唯臣備知。時翰林學士杜元穎、李紳勸立深王，而逢吉固請立陛下，李續之、李虞繼獻章疏。」帝雖沖年，亦疑其事。會逢吉言：「李紳在內署時，嘗不利於陛下，請行貶逐。」帝初即位，方倚大臣，不能自執，乃貶紳端州司馬。會禁中檢尋舊事，得穆宗時封書一篋，發之，得裴度、杜元穎與紳三人所獻疏，請立敬宗爲太子。帝感悟興嘆，悉命焚逢吉黨所上謗書。由是讒言稍息，紳黨得保全。

李德裕黨劉軻牛羊日曆云：

穆宗不豫，宰臣議立敬宗爲皇太子，時牛僧孺獨懷異志，欲立諸子。僧孺乃昌言於朝曰：「梁守謙、王守澄將不利於上」，又使楊虞卿漢公輩言於外曰：「王守澄欲謀廢立」，又於街衢門墻上施榜，每於穆宗行幸處路傍或苑内草間削白而書之（寅恪案：牛黨所爲殊似今日通衢廣張之效顰外國政黨宣傳標語，豈知吾中國人早已發明此方法耶？可笑，可歎！），冀謀大亂。其兇險如此。

寅恪案：敬宗為穆宗長子，故外朝諸臣請立為皇儲，又值穆宗初即位，元和逆黨方盛之時，其黨魁王守澄既贊成其事，而穆宗不久即崩，其皇位繼承權所以幸未動摇也。然觀外廷士大夫如李逢吉、劉軻之流俱藉皇儲問題互詆其政敵，並牽涉禁中閹寺黨魁，則唐代皇位繼承之不固定及内廷閹寺黨派與外朝士大夫黨派互相關係，於此復得一例證矣。

舊唐書壹柒上敬宗紀（新唐書捌敬宗紀同）云：

（寶曆二年十二月）辛丑帝夜獵還宫，與中官劉克明、田務成（成，通鑑作澄）、許文端打毬，軍將蘇佐明、王嘉憲、石定克等二十八人飲酒。帝方酣，入室更衣，殿上燭忽滅，劉克明等同謀害帝，即時殂於室内。

新唐書捌文宗紀（舊唐書壹柒上文宗紀同）云：

文宗諱昂（初名涵），穆宗第二子也，始封江王。寶曆二年十二月敬宗崩，劉克明等矯詔，以絳王悟勾當軍國事。壬寅内樞密使王守澄、楊承和、神策護軍中尉魏從簡、梁守謙奉江王而立之，率神策六軍飛龍兵誅克明，殺絳王。

舊唐書壹伍玖韋處厚傳（新唐書壹肆貳韋處厚傳同）云：

寶曆季年急變中起，文宗底綏内難，詔命將降，未有所定。處厚聞難奔赴，昌言曰：「春秋之法，大義滅親，内惡必書，以明逆順，正名討罪，於義何嫌？安可依違，有所避諱？」遂奉藩教行焉。

通鑑貳肆叁寶曆二年十二月條云：

〔宦官〕劉克明等矯稱上（敬宗）旨，命翰林學士路隋草遺制，以絳王悟權勾當軍國事。壬寅宣遺制，絳王見宰相百官於紫宸殿外廡。克明欲易置内侍之執權者，於是樞密使王守澄、楊承和、中尉魏從簡、梁守謙定議，以衛兵迎江王涵入宫，發左右神策飛龍兵進討賊黨，盡斬之。克明赴井，出而斬之，絳王爲亂兵所害。

寅恪案：憲宗為宦官所弑，閹人以其為英武之主，威望在人，若發表實情，恐外間反對者藉此聲討其族類，故諱莫如深。前論順宗實録事引舊唐書路隋傳，可以為證。及敬宗又為宦官所弑，當時閹人初亦應有所顧慮，然其所以卒從韋處厚之説，公開宣布者，則由敬宗乃童昏之君，不得比數於憲宗，遂以為無足諱言也。至敬宗及絳王悟之被弑害，與夫文宗之得繼帝位，均是内廷閹寺劉克明黨與王守澄黨競爭下之附屬犧牲品及傀儡子耳，亦可憐哉！斯又唐代皇位繼承不固定與閹寺黨爭關係之一例證也。

文宗一朝為牛李黨人參雜並進競爭紛劇之時期，故舊唐書壹柒陸李宗閔傳（新唐書壹柒肆李宗閔傳同）云：

文宗以二李（寅恪案：二李謂宗閔及德裕也，宗閔代表牛黨）朋黨，繩之不能去，嘗謂侍臣曰：「去河北賊非難，去此朋黨實難。」

夫唐代河朔藩鎮有長久之民族社會文化背景，是以去之不易，而牛李黨之政治社會文化背景尤長久於河朔藩鎮，且此兩黨所連結之宮禁閹寺，其社會文化背景之外更有種族問題，故文宗欲去士大夫之黨誠甚難，而欲去內廷閹寺之黨則尤難，所以卒受「甘露之禍」也。況士大夫之黨乃閹寺黨之附屬品，閹寺既不能去，士大夫之黨又何能去耶？及至唐之末世，士大夫階級暫時聯合，與閹寺全體敵抗，乃假借別一社會階級即黃巢餘黨朱全忠之武力，終能除去閹寺之黨。但士大夫階級本身旋罹摧殘之酷，唐之皇室亦隨以覆亡，其間是非成敗詳悉之史實雖於此不欲置論，而士大夫階級與閹寺階級自文宗以後，在政治上盛衰分合互相關涉之要點，則不得不述其概略也。

就牛李黨人在唐代政治史之進退歷程言之，兩黨雖俱有悠久之歷史社會背景，但其表面形式化則在憲宗之世。此後紛亂鬥爭，愈久愈烈。至文宗朝為兩黨參錯並進，競逐最劇之時。武宗朝為李黨全盛時期，宣宗朝為牛黨全盛時期，宣宗以後士大夫朋黨似已漸次消泯，無復前此兩黨對立、生死搏鬥之跡象，此讀史者所習知也。然試一求問此兩黨競爭之歷程何以呈如是之情狀者，則自來史家尠有解答。鄙意外朝士大夫朋黨之動態即內廷閹寺黨派之反影。內廷閹寺為主動，外朝士大夫為被動。閹寺為兩派同時並進，或某一時甲派進而乙派退，或某一時乙派進而甲派退，則外朝之士大夫亦為兩黨同時並進，或某一時甲黨進而乙黨退，或某一時乙黨進而甲黨退。迄至後來內廷之閹寺「合為一片」（此唐宣宗語，見下文所引）全體對外之時，則內廷閹寺與外廷士大夫成為生死不兩立之仇敵集團，終於事勢既窮，乞援外力，遂同受別一武裝社會階級之宰割矣。茲略引舊史，稍附論釋，藉以闡明唐代內廷閹寺與外朝士大夫黨派關聯變遷之歷程於下，或可少補前人之所未備言者歟？

舊唐書壹陸玖李訓傳（新唐書壹柒玖李訓傳同）略云：

文宗以宦者權寵太過，繼為禍胎。元和末弑逆之徒尚在左右，雖外示優假，心不堪之。思欲芟落本根，以雪讎恥。九重深處，難與將相明言，前與侍講宋申錫謀，謀之不臧，幾成反噬（寅恪案：事見舊唐書壹陸捌新唐書壹伍貳宋申錫傳），自是巷伯尤横。因鄭注得幸〔王〕守澄，俾之援訓，冀黄門不疑也。訓既秉權衡，即謀誅内豎。中官陳弘慶者，自元和末負弑逆之名，忠義之士無不扼腕。時為襄陽監軍，乃召自漢南，至青泥驛，遣人封杖决殺。王守澄自長慶已來知樞密，典禁軍，作威作福。訓既作相，以守澄為六軍十二衛觀軍容使，罷其禁旅之權，尋賜鴆殺。訓愈承恩顧，黄門禁軍迎拜戢斂。

同書同卷鄭注傳（新唐書壹柒玖鄭注傳同）略云：

是時〔李〕訓、〔鄭〕注之權赫於天下，既得行其志，生平恩讎絲毫必報。因楊虞卿之獄挾忌李宗閔、李德裕。心所惡者，目爲二人之黨，朝士相繼斥逐，班列爲之一空（寅恪案：此事可參考舊唐書壹柒下文宗紀下大和九年八月九月有關諸條，及同書壹柒肆李德裕傳、壹柒陸李宗閔傳，新唐書壹柒肆李宗閔傳、壹捌拾李德裕傳等）。注自言有金丹之術，可去痿弱重腿之疾。始李愬自云得效，乃移之〔王〕守澄，亦神其事，繇是中官視注皆憐之。卒以是售其狂謀，而守澄自貽其患。

同書壹捌肆宦官傳王守澄傳（新唐書貳佰捌宦者傳下王守澄傳同）略云：

時仇士良有翊上之功，爲守澄所抑，位未通顯。〔李〕訓奏用士良分守澄之權，乃以士良爲左軍中尉。守澄不悅，兩相矛盾。訓因其惡，大和九年帝（文宗）令內養李好古齎鴆賜守澄，秘而不發。守澄死，仍贈揚州大都督。其弟守涓爲徐州監軍，召還，至中牟，誅之。守澄豢養訓、〔鄭〕注，反罹其禍。人皆快其受佞，而惡訓、注之陰狡。

新唐書壹柒肆李宗閔傳（舊唐書壹柒陸李宗閔傳略同）略云：

〔李〕訓、〔鄭〕注劾宗閔異時陰結駙馬都尉沈𥫗、內人宋若憲、宦者韋元素、王踐言等求宰相，而踐言監軍劍南，受〔李〕德裕賕，復與宗閔家私，乃貶宗閔潮州司戶參軍事，𥫗逐柳去之，人人駭栗。帝乃詔宗閔、德裕姻家門生故吏自今一切不問。州，元素等悉流嶺南，親信並斥。時訓、注欲以權市天下，凡不附己者，皆指以二人黨逐

通鑑貳肆伍大和九年六月條（參考新唐書貳佰捌宦者傳下王守澄傳）云：

因之，出承和於西川，元素於淮南，踐言於河東，皆爲監軍。神策左軍中尉韋元素、樞密使楊承和、王踐言居中用事，與王守澄争權不叶，李訓、鄭注

寅恪案：李訓、鄭注所以能異於宋申錫，幾成掃除閹寺之全功者，實在利用閹寺中自分黨派，如王守澄與仇士良、韋元素等之例是也。又當時牛李黨人各有其鈎結之中官，訓、注之進用本皆由於閹寺，故能悉其隱秘，遂欲同時一舉將閹寺及士大夫諸黨派俱排斥而盡去之也。當日閹寺之黨派既是同時並進，互相争鬥，達於劇烈之高點，故士大夫之黨派各承其反影，亦復如之。斯為文宗一朝政治上最要之關鍵，前人論此，似少涉及者，特為標出之如此。

新唐書壹柒玖李訓傳（舊唐書壹陸玖李訓傳同）略云：

〔訓〕出〔鄭〕注，使鎮鳳翔，外爲助援，擢所厚善，分總兵柄。於是王璠爲太原節度使，郭行餘爲邠寧節度使，羅立言權京兆尹，韓約金吾將軍，李孝本御史中丞。陰許璠、行餘多募士，及金吾臺府卒刼以爲用。〔大和九年〕十一月壬戌（二十一日）帝（文宗）御紫宸殿，約奏：「甘露降金吾左仗樹。」〔帝〕輦如含元殿，詔宰相羣臣往視，還，訓奏：「非甘露。」帝

顧中尉仇士良、魚弘志等驗之。訓因欲閉止諸宦人，使無逸者。時璠、行餘皆辭赴鎮，兵列丹鳳門外。訓傳呼曰：「兩鎮軍入受詔旨！」聞者趨入，邠寧軍不至。宦人至仗所，會風動廡幕，見執兵者，士良等驚走出。閽者將闔扉，爲宦侍叱爭，不及閉。訓急，連呼金吾兵曰：「衛乘輿者，人賜錢百千！」於是有隨訓入者。宦人曰：「事急矣！」即扶輦，決罘罳下殿趨。訓攀輦曰：「陛下不可去！」士良曰：「李訓反。」帝曰：「訓不反。」士良手搏訓而躓，訓壓之，將引刀鞾中，救至，士良免。立言、孝本領衆四百東西來上殿，與金吾士縱擊，宦官死數十人。訓持輦愈急，至宣政門，宦人郗志榮揕訓，仆之，入東上閤即閉，宫中呼萬歲。會士良遣神策副使劉泰倫、陳君奕等率衛士五百挺兵出，所值輒殺，殺諸司史六七百人，復分兵屯諸宫門，捕訓黨千餘人，斬四方館，流血成渠。

贊曰：李德裕嘗言：「天下有常勢，北軍是也。」訓因王守澄以進，此時出入北軍，若以上意說諸將，易如靡風，而反以臺府抱關游徼抗中人，以搏精兵，其死宜哉！文宗嘗稱訓天下奇才。德裕曰：「訓曾不得齒徒隸，尚何才之云？」世以德裕言爲然。（寅恪案：李德裕語見其所著窮愁志奇才論。）

寅恪案：此甘露事變之一幕悲劇也。當時中央政權寄託於皇帝之一身，發號施令必用其名義，故政權之爭，其成敗關鍵在能否劫持皇帝一人而判定。夫皇帝之身既在北軍宦官掌握之内，若不以南衙臺府抱關游徼敵抗神策禁旅，則當日長安城中，將用何等兵卒與之角逐乎？此甘露變後所以僅餘以藩鎮武力對抗閹寺北軍之唯一途徑，是即崔淄郎之所取用而奏效，但為當世及後世所詬病者也。至謂「以上意説（北軍）諸將，易如靡風」，則天下事談何容易！在大和之前即永貞之時，王叔文嘗謀奪閹寺兵柄，舉用范希朝韓泰，卒無所成（事見韓愈順宗實録伍及舊唐書壹叁伍新唐書壹陸捌王叔文傳），況文宗朝宦官盤踞把持之牢固更有甚於順宗時者乎？而韓退之永貞行（昌黎集叁）所云：

君不見太皇（順宗）諒陰未出令，小人乘時偷國柄。北軍百萬虎與貔，天子自將非他師。（寅恪案：神策軍實宦官所將耳，非天子自將也，退之此語無乃欺人之甚耶？）一朝奪印付私黨，懍懍朝士何能爲？

不過俱文珍私黨之誣詞，非公允之論也。然則李訓實為「天下奇才」，文宗之語殊非過譽，較當日外朝士大夫牛李黨人之甘心作閹寺附屬品者，固有不同矣。李文饒挾私嫌，其言不足信，後之史家何可據之，而以成敗論人也！

通鑑紀貳肆伍大和九年十一月壬戌即二十一日甘露事變，其結論有云：

自是天下事皆決於北司，宰相行文書而已。

誠道其實也。至文宗幾為閹寺所廢，如皮光業見聞録之所言者（見通鑑考異大和九年十一月條及唐語林叁方正類，新唐書貳佰柒宦者傳下仇士良傳末)，固有未諦，已為司馬君實所指出。但自此以後，唐代皇位之繼承完全決於宦官之手，而外朝宰相惟有服從一點，若取下列史料證之，則更無可疑也。

唐語林柒補遺云：

宣宗崩，内官定策立懿宗，入中書商議，命宰臣署狀，宰相將有不同者。夏侯孜曰：「三十年前外大臣得與禁中事，三十年以來外大臣固不得知。但是李氏子孫，内大臣定，外大臣即北面事之，安有是非之説？」

又新唐書壹捌貳李玨傳云：

始莊恪太子薨，帝(文宗)屬意陳王(成美)，已而武宗即位，人皆爲危之。玨曰：「臣下知奉所言，安與禁中事？」

蓋甘露事變在文宗大和九年，即公元八三五年。宣宗崩於大中十三年，即公元八五九年，夏侯孜所謂三十年者，乃約略舉成數言之。又李玨之事與夏侯孜不同，其語之意旨亦異。然可據以證知自開成後所謂「建桓立順，功歸貴臣」(劉夢得語，見前引)，而外朝宰相固絶難與聞也。

舊唐書壹柒下文宗紀(參舊唐書壹柒伍新唐書捌貳陳王成美傳)云：

〔大和〕六年十月甲子詔：魯王永宜册爲皇太子。

〔開成〕三年九月壬戌上(文宗)以皇太子慢遊敗度，欲廢之。中丞狄兼謨垂涕切諫。是夜移太子於少陽院，殺太子宫人左右數十人。十月庚子皇太子薨於少陽院，謚莊恪。

〔開成〕四年十月丙寅制：以敬宗第六男成美爲皇太子。

〔開成〕五年春正月戊寅朔上不康，不受朝賀。己卯詔立親弟潁王瀍爲皇太弟，權勾當軍國事，皇太子復爲陳王。辛巳上崩於大明宫之太和殿。

同書壹捌上武宗紀(新唐書捌武宗紀同，並參考舊唐書壹柒伍新唐書捌貳陳王成美傳)略云：

武宗諱炎，穆宗第五子，本名瀍。文宗以敬宗子陳王成美爲皇太子。〔開成〕五年正月二日文宗暴疾，宰相李珏、知樞密劉弘逸奉密旨：以皇太子監國。兩軍中尉仇士良、魚弘志矯詔迎潁王於十六宅，立爲皇太弟。四日文宗崩，皇太弟即皇帝位。陳王成美、安王溶殂於邸第。初，楊賢妃有寵於文宗，而莊恪太子母王妃失寵怨望，爲楊妃所譖，王妃死，太子廢。及開成末年，帝多疾，無嗣，賢妃請以安王溶嗣，帝謀於宰臣李珏，珏非之，乃立陳王。至是，仇士良欲歸功於己，乃發安王舊事，故二王與賢妃皆死。以開府右軍中尉仇士良封楚國公，左軍中尉魚弘志爲韓國公。

新唐書捌貳莊恪太子永傳(舊唐書壹柒伍莊恪太子永傳同)略云：

〔大和〕六年立爲皇太子，母(王德妃)愛弛，楊賢妃方幸，數譖之，帝(文宗)震怒，羣臣連章論救，〔帝〕意少釋，然太子終不能自白其讒，是年（開成三年）暴薨。（寅恪案：日本僧圓仁入唐求法記亦有殺皇太子之記述，可供參考。）

通鑑貳肆陸會昌元年三月條（參新唐書壹佰柒宦者傳上仇士良傳）云：

初知樞密劉弘逸、薛季稜有寵於文宗，仇士良惡之。上（武宗）之立非二人及宰相意，故楊嗣復出爲湖南觀察使，李珏出爲桂管觀察使。士良屢譖弘逸等於上，勸上誅之，乙未賜弘逸、季稜死。

張固幽閒鼓吹云：

朱崖（李德裕）在維揚，監軍楊欽義追入，必爲樞近，而朱崖（德裕）致禮皆不越尋常，欽義心銜之。一日邀中堂飲，更無餘賓，而陳設寶器圖書數牀皆殊絶，一席祇奉亦竭情禮。宴罷，皆以贈之，欽義大喜過望。行至汴州，有詔令監淮南軍。欽義至，即具前時所獲歸之。朱崖（德裕）曰：「此無所直，奈何相拒？」悉却與之。欽義感悦數倍，後竟作樞密使，武皇一朝之柄用皆欽義所致也。

通鑑貳肆陸開成五年九月紀李德裕入相事，即採用張書，胡注云：

史言李德裕亦不免由宦官以入相。

寅恪案：上引文宗、武宗兩朝間史料，亦皆唐代皇位繼承不固定及一時期宮掖閹寺黨派競爭決定後，李氏子孫充傀儡，供犧牲，而士大夫黨派作閹寺黨派之附屬品，隨其勝敗以為進退之明顯例證也。又幽閒鼓吹載李德裕入相實由楊欽義，鄙意小說家記衛公事多誣詞，究其可信與否，未敢確定，即使可信，亦非贊皇入相之主因。據通鑑貳肆柒會昌三年五月壬寅以翰林學士承旨崔鉉為中書侍郎同平章事條云：

上（武宗）夜召學士韋琮，以鉉名授之，令草制，宰相樞密皆不之知。時樞密使劉行深、楊欽義皆愿慤，不敢預事，老宦者尤之曰：「此由劉楊懦怯，墮敗舊風故也。」

是楊欽義以愿慤著聞，不敢依慣例以干預命相，則文饒之入相似非全由欽義之力，可以推知。其時宦官劉弘逸一派與牛黨之宰相李珏等翊戴皇太子成美，既遭失敗，則得勝之閹寺仇士良、魚弘志一派自必排去牛黨之宰相，而以其有連之李黨代之，楊欽義殆屬於仇士良派者，此德裕入相之主因也。然則宮掖閹寺競爭之勝敗影響於外朝士大夫之進退，於此益得證明而無疑矣。

新唐書捌宣宗紀略云：

宣宗諱忱，憲宗第十三子也。始封光王，本名怡。會昌六年武宗疾大漸，左神策護軍中尉馬元贄立光王爲皇太叔。三月甲子即皇帝位。四月乙亥始聽政。丙子李德裕罷。五月乙巳翰林學士承旨兵部侍郎白敏中同中書門下平章事。

通鑑貳肆捌會昌六年三月條云：

上(武宗)疾篤，旬日不能言，諸宦者密於禁中定策。辛酉下詔，稱皇子沖幼，須選賢德，光王怡可立爲皇太叔，更名忱，一應軍國大事令權勾當。甲子上崩，丁卯宣宗即位。

胡注：

以武宗之英達，李德裕之得君，而不能定後嗣，卒制命於宦豎，北司掌兵，且專宫禁之權也。

寅恪案：會昌季年内廷閹寺黨派競爭之史實無從詳知，但就武宗諸子不得繼位之事推之，必是翊戴武宗即與李黨有連之一派失敗，則可決言。於是宣宗遂以皇太叔之名義嗣其姪之帝位，而唐代皇位繼承之不固定，觀此益可知矣。胡氏之語甚諦，自會昌六年三月宦官馬元贄等於宫中決策後，外朝李黨全盛之局因以告終，相位政權自然轉入其敵黨牛黨之手也。

由憲宗朝至文宗朝，牛李爭鬥雖劇，而互有進退。武宗朝為始終李黨當國時期，宣宗朝宰相則屬於牛黨，但宣宗以後不復聞劇烈之黨爭。究其所以然之故，自來未有言之者，若依寅恪前所論證，外朝士大夫黨派乃内廷閹寺黨派之應聲蟲，或附屬品，儻閹寺起族類之自覺，其間不發生甚劇之黨爭，而能團結一致以對外者，則與外朝諸臣無分別連結之必要，而士大夫之黨既失其各別之内助，其競爭遂亦不得不終歸消歇也。兹略舉一二例，以為證明。

唐語林貳政事類下(參新唐書壹陸玖韋貫之傳附澳傳)云：

宣宗暇日召翰林學士韋澳入。上曰：「要與卿款曲，少間出外，但言論詩！」上乃出詩一篇。有小黃門置茶牀訖，亟屏之。乃問：「朕於敕使如何？」澳曰：「威制前朝無比。」上閉目搖手曰：「總未，依前怕他。在卿如何？計將安出？」澳既不爲之備，率意對曰：「謀之於外廷，即恐有大和事（寅恪案：大和事指甘露事變），不若就其中揀拔有才者，委以計事。」上曰：「此乃末策，朕行之，初擢其小者，至黄，至緑，至緋，皆感恩，若紫衣掛身，即合爲一片矣。」澳慚汗而退。

北夢瑣言伍令狐公密狀條云：

唐大和中閹官恣横，因甘露事王涯等皆罹其禍，竟未昭雪。宣宗即位，深抑其權，末年嘗授旨於宰相令狐公〔綯〕，欲盡誅之。〔綯〕慮其寃，乃密奏牓子曰：「但有罪莫舍，有闕莫填，自然無遺類矣。」後爲宦者所見，於是南〔衙〕北〔司〕益相水火，洎昭宗末崔侍中〔胤〕得行其志，然而玉石俱焚也。

寅恪案：韋澳意欲利用閹人，以制閹人，即李訓、鄭注之故技。在文宗大和之世用之雖不能成全功，然其初頗亦收效者，以當時閹寺中王守澄與仇士良之徒尚分黨派，未「合為一片」，故可資利用也。迨其起族類之自覺，團結一致，以抗外敵，如唐語林北夢瑣言所載大中時事，則離間之術不能復施，此宣宗以後宮禁閹寺一致對外之新形勢，不獨在内廷無派別，亦使在外朝無黨爭，統制中央全局，不可動搖分裂，故激成崔胤借助藩鎮外來兵力，盡取此輩族類而殲滅之也。

又讀史者或見僖宗時宦官田令孜惡其同類楊復恭、復光兄弟事，因以致疑於宣宗以後閹寺「合為一片」之説者，如舊唐書壹玖下僖宗紀所言：

〔中和〕三年六月甲子楊復光卒於河中，其部下忠武八都都頭鹿晏弘、晉暉、王建、韓建等各以其衆散去。時復光兄復恭知内樞密，田令孜以復光立破賊功，憚而惡之，故賊平賞薄。及聞復光死，甚悦，復擯復恭，罷樞密爲飛龍使。

是也。但檢同書同卷中和三年五月王鐸罷行營都統條云：

時中尉田令孜用事，自負帷幄之功，以鐸用兵無功，而由楊復光建策召沙陀，成破賊之效，欲權歸北司，乃黜鐸而悦復光也。

然則田令孜雖與楊復恭、復光兄弟不相得，對於外朝士大夫則仍能自相團結，一致敵視。蓋當時閹寺南衙北司之界限即階級族類之意識甚為堅強明顯，不欲連結外朝士大夫自相攻擊，因亦無從造成士大夫之黨派，如以前牛李兩黨者也。

新唐書玖懿宗紀（參考通鑑貳肆玖大中十三年六月條通鑑考異咸通二年二月條，及容齋隨筆陸杜悰條）略云：

懿宗諱漼，宣宗長子也，始封鄆王。宣宗愛夔王滋，欲立爲皇太子，而鄆王長，故久不決。大中十三年八月宣宗疾大漸，以夔王屬內樞密使王歸長、馬公儒、宣徽南院使王居方等，而左神策護軍中尉王宗實、副使丌元實矯詔立鄆王爲皇太子。癸巳即皇帝位於柩前。王宗實殺王歸長、馬公儒、王居方。

通鑑貳伍拾咸通二年二月條云：

是時士大夫深疾宦官，事小有相涉，則衆共棄之。建州進士葉京嘗預宣武軍宴，識監軍之面，既而及第，在長安與同年出遊，遇之於塗，馬上相揖，因之謗議諠然，遂沈廢終身，其不相悦如此。（寅恪案：昌黎外集叁有送汴州監軍俱文珍序並詩，備極諂諛之詞。夫文珍亦宣武軍監軍也，而退之與葉京之遭遇乃逈不相似，據是可知貞元及咸通時，士大夫與閹寺關係之異同矣。）

依新紀所載，似宣宗末年內廷閹寺仍有黨派競爭者，然考唐代閹寺中神策軍中尉掌握兵柄，其權最大，宣宗牽於所愛，雖明知彼輩已「合為一片」，而其末年仍仿文宗之舊事，勉強試一利用並無實力之樞密使等，使與執持兵柄之神策中尉對抗，實計出無聊，故終於同一無成。而王歸長與王宗實二派因實力大相懸殊之故，其競爭必無足道，讀史者幸勿誤會以此個別之例外，疑及全體之通則也。且其時閹寺已起族類之自覺，一致對外，與文宗時不同，是以無須亦不欲連結外朝士大夫，以興黨爭，蓋非復宣宗以前由内廷黨派勝敗，而致外朝黨派進退之先例矣。至於唐代帝位繼承之不固定，茲又得一例證，自無待言。觀通鑑咸通二年所紀葉京事，可知宣宗末載懿宗初年士大夫亦倣閹寺「合為一片」，與相對敵。後來崔胤以士大夫代表之資格，盡誅宦官，蓋非一朝一夕之所致也。

通鑑貳伍貳咸通十四年七月戊寅條（參考舊唐書壹玖下新唐書玖僖宗紀）略云：

上（懿宗）疾大漸，左軍中尉劉行深、右軍中尉韓文約立少子普王儼爲皇太子，權勾當軍國政事。辛巳上崩於咸寧殿，僖宗即位。八月劉行深、韓文約皆封國公。

同條考異曰：

范質五代通録：梁李振謂陝州護軍韓彝範曰：「懿宗初升遐，韓中尉殺長立少，以利其權，遂亂天下。今將軍復欲爾耶？」彝範即文約孫也。按：懿宗八子，僖宗第五，餘子新舊書不載長幼，又不言所終，不言所殺者果何王也。

據此，唐代内廷閹寺決定帝位繼承之經過及李氏子孫作傀儡犧牲之悲劇，史乘殊多闕漏，要為與前此相似，乃一種公式化之行動，其概況亦可推知也。

舊唐書貳拾上昭宗紀（參考新唐書拾昭宗紀通鑑貳伍柒文德元年三月條）略云：

昭宗諱曄，懿宗第七子，封壽王。文德元年二月僖宗暴不豫，及大漸之夕，而未知所立，羣臣以吉王最賢，又在壽王之上，將立之，唯軍容楊復恭請以壽王監國。三月六日立爲皇太弟，八日即位。

同書壹捌肆宦官傳楊復恭傳（新唐書貳佰捌宦者傳下楊復恭傳同）略云：

李茂貞收興元，進復恭前後與〔楊〕守亮私書六十紙，內訴致仕之由云：「吾於荊榛中援立壽王，有如此負心門生天子，既得尊位，乃廢定策國老。」

寅恪案：唐代科舉制度，門生為座主所獎拔，故最感恩，兩者之間情誼既深，團結自固。牛黨之所以終競勝李黨者，亦與此點有關。楊復恭「門生天子」之喻，乃宦官受士大夫積習之傳染，雖擬譬稍有不倫，然止就宦官專決皇位繼承一事言之，則其語實與當時政治之情狀符合也。

新唐書拾昭宗紀（舊唐書貳拾上昭宗紀同）云：

光化三年十一月己丑神策軍中尉劉季述、王仲先、內樞密使王彥範、薛齊偓作亂，皇帝居於少陽院。辛卯季述以皇太子裕爲皇帝。

天復元年正月乙酉左神策軍將孫德昭、董彥弼、周承誨以兵討亂，皇帝復於位。劉季述、薛齊偓伏誅，降封皇太子裕爲德王。

同書捌貳德王裕傳（舊唐書壹柒伍德王裕傳同）略云：

德王裕，昭宗長子也，大順二年六月二十八日封，韓建殺諸王，因請裕爲皇太子。劉季述等幽帝（昭宗）東內，奉裕即皇帝位。季述誅，詔還少陽院，復爲王。

舊唐書壹柒伍憲宗以下諸子傳論云：

自天寶已降，內官握禁旅，中闈篡繼皆出其心，故手纔攬於萬機，目已睨於六宅（寅恪案：諸王居於十六宅）。

寅恪案：唐代皇帝廢立之權既歸閹寺，皇帝居宮中亦是廣義之模範監獄罪囚。劉季述等之廢立不過執行故事之擴大化及表面化耳。唐代皇位繼承之不固定，此役乃三百年間最後之結局。蓋哀帝（柷）之立及其遜位一段經過，則屬於朱全忠創業之裝飾物及犧牲品（詳見舊唐書貳拾下哀帝紀、新唐書拾昭宣光烈孝皇帝紀），不足特為論述也。

舊唐書壹捌肆宦官傳楊復恭傳末（參考新唐書貳佰捌宦者傳下韓全誨張彥弘傳、舊唐書貳拾上新唐書拾昭宗紀）略云：

是月（光化三年正月），〔朱〕全忠迎駕還長安，詔以崔胤爲宰相兼判六軍諸衛。胤奏曰：「高祖太宗時無內官典軍旅，自天寶已後，宦官寖盛，貞元、元和分羽林衛爲左右神策軍，使衛從，令宦官主之，自是參掌樞密，由是內務百司皆歸宦者。不翦其本根，終爲國之蟊賊。內諸司使務宦官主者，望一切罷之，諸道監軍並追赴闕廷。」詔曰：「其第五可範已下並宜賜死，其在畿甸同華河中並盡底處置訖，諸道監軍使已下及管內經過並居停內使敕到並仰隨處誅夷訖聞奏，其左右神策軍並令停廢！」

寅恪案：舊傳所載崔胤之奏及答詔，乃中古政治史畫時代之大文字，故節録之，以結此篇焉。

下篇　外族盛衰之連環性及外患與內政之關係

李唐一代為吾國與外族接觸繁多，而甚有光榮之時期。近數十年來考古及異國文籍之發見迻譯能補正唐代有關諸外族之史事者頗多，固非此篇之所能詳，亦非此篇之所欲論也。茲所欲論者只二端：一曰外族盛衰之連環性，二曰外患與內政之關係，茲分別言之於下：

所謂外族盛衰之連環性者，即某甲外族不獨與唐室統治之中國接觸，同時亦與其他之外族有關，其他外族之崛起或強大可致某甲外族之滅亡或衰弱，其間相互之因果雖不易詳確分析，而唐室統治之中國遂受其興亡強弱之影響，及利用其機緣，或坐承其弊害，故觀察唐代中國與某甲外族之關係，其範圍不可限於某甲外族，必通覽諸外族相互之關係，然後三百年間中國與四夷更疊盛衰之故始得明瞭，時當唐室對外之措施亦可略知其意。蓋中國與其所接觸諸外族之盛衰興廢，常為多數外族間之連環性，而非中國與某甲外族間之單獨性也。新唐書貳壹伍上四夷傳總序略云：

唐興，蠻夷更盛衰，嘗與中國抗衡者有四：突厥、吐蕃、回鶻、雲南是也。凡突厥、吐蕃、回鶻以盛衰先後爲次；東夷、西域又次之，迹用兵之輕重也；終之以南蠻，記唐所繇亡云。

宋子京作唐書四夷傳，其叙述次第一以盛衰先後，二迹用兵之輕重，三記唐所由亡。兹篇論述則依其所以更互盛衰之跡，列為次序，欲藉以闡發其間之連環性。至唐亡由於南詔，乃屬於外患與内政關係之範圍，俟於篇末論之，兹先不涉及也。

又唐代武功可稱為吾民族空前盛業，然詳究其所以與某甲外族競争，卒致勝利之原因，實不僅由於吾民族自具之精神及物力，亦某甲外族本身之腐朽衰弱有以招致中國武力攻取之道，而為之先導者也。國人治史者於發揚讚美先民之功業時，往往忽略此點，是既有違學術探求真實之旨，且非史家陳述覆轍，以供鑑誡之意，故本篇於某外族因其本身先已衰弱，遂成中國勝利之本末，必特為標出之，以期近真實而供鑑誡，兼見其有以異乎誇誣之宣傳文字也。

通典壹玖柒邊防典突厥條上（參新唐書貳壹伍上突厥傳、唐會要玖肆北突厥條）云：

及隋末亂離，中國人歸之者甚衆，又更強盛，勢陵中夏。迎蕭皇后，置於定襄。薛舉、竇建德、王世充、劉武周、梁師都、李軌、高開道之徒雖僭尊號，俱北面稱臣。東自契丹，西盡吐谷渾、高昌諸國皆臣之，控弦百萬，戎狄之盛近代未有也。大唐起義太原，劉文静聘其國，引以爲援。

舊唐書陸柒李靖傳(參考新唐書貳壹伍上突厥傳、貞觀政要貳任賢篇、大唐新語柒容恕篇)云：

太宗初聞靖破頡利，大悦，謂侍臣曰：「朕聞『主憂臣辱，主辱臣死』。往者國家草創，太上皇(高祖)以百姓之故，稱臣於突厥，朕未嘗不痛心疾首，志滅匈奴，坐不安席，食不甘味。今者暫動偏師，無往不捷，單于款塞，恥其雪乎？」

寅恪案：隋末中國北部群雄並起，悉奉突厥為大君，李淵一人豈能例外？溫大雅大唐創業起居注所載唐初事最為實録，而其紀劉文靜往突厥求援之本末，尚於高祖稱臣一節隱諱不書。逮頡利敗亡已後，太宗失喜之餘，史臣傳録當時語言，始洩露此役之真相。然則隋末唐初之際，亞洲大部民族之主人是突厥，而非華夏也。但唐太宗僅於十年之後，能以屈辱破殘之中國一舉而覆滅突厥者，固由唐室君臣之發奮自強，遂得臻此，實亦突厥本身之腐敗及迴紇之興起二端有以致之也。茲略引史文，以證明之於下：

通典壹玖柒邊防典突厥上條(參考舊唐書壹玖肆上新唐書貳壹伍上突厥傳、唐會要玖肆北突厥條等)云：

貞觀元年陰山以北薛延陀、迴紇、拔也古等十餘部皆相率叛之，擊走其欲谷設。頡利遣突利討之，師又敗績，奔還，頡利怒，拘之十餘日，突利由是怨憾，内欲背之。二年突利遣使奏言與頡利有隙，奏請擊之。詔秦武通以并州兵馬隨便接應。三年薛延陀自稱可汗於漠北，遣使來貢方物。頡利每委任諸胡，疏遠族類，胡人貪冒，性多翻覆，以故法令滋章，兵革歲動，國人患之，諸部攜貳。頻年大雪，六畜多死，國中大餒。頡利用度不給，復重斂諸部，由是下不堪命，内外叛之。

舊唐書壹玖伍迴紇傳(新唐書貳壹柒上回鶻傳同，又參舊唐書壹玖玖下鐵勒傳、新唐書壹壹柒下薛延陀傳、唐會要玖陸薛延陀傳、通典壹玖玖邊防典薛延陀條等)云：

初有特健俟斤死，有子曰菩薩，部落以爲賢而立之。初菩薩與薛延陀侵突厥北邊，突厥頡利可汗遣子欲谷設率萬騎討之。菩薩領騎五千與戰，破之於馬鬣山，因逐北至於天山，又進擊大破之，俘其部衆，迴紇由是大振，因率其衆附於薛延陀，號菩薩爲活頡利發，仍遣使朝貢。菩薩勁勇有膽氣，善籌策，每對敵臨陣，必身先士卒，以少制衆，常以射獵爲務，其母烏羅渾主知争訟之事，平反嚴明，部内齊肅，迴紇之盛由菩薩之興焉。貞觀擒降突厥頡利等可汗之後，北虜唯菩薩、薛延陀爲盛。太宗册北突厥莫賀咄爲可汗，遣統迴紇僕骨同羅思結阿跌等部，迴紇酋帥吐迷度與諸部大破薛延陀多彌可汗，遂併其部曲，奄有其地。

寅恪案：北突厥或東突厥之敗亡除與唐為敵外，其主因一為境内之天災及亂政，二為其他鄰接部族迴紇薛延陀之興起兩端，故授中國以可乘之隙。否則雖以唐太宗之英武，亦未必能致如是之奇蹟。斯外族盛衰連環性之一例證也。

舊唐書壹玖伍迴紇傳（新唐書貳壹柒下回鶻傳同）云：

開成初，其相有安允合者，與特勒（寅恪案：勒當作勤，下同）柴草欲篡薩特可汗。薩特可汗覺，殺柴草及安允合。又有迴紇相掘羅勿者，擁兵在外，怨誅柴草、安允合，又殺薩特可汗，以廅馺特勒爲可汗。有將軍句録末賀恨掘羅勿，走引黠戛斯，領十萬騎破迴鶻城，殺廅馺，斬掘羅勿，燒蕩殆盡，迴鶻散奔諸蕃。有迴鶻相馺職者，擁外甥龐特勒及男鹿并遏粉等兄弟五人一十五部，西奔葛邏禄，一支投吐蕃，一支投安西，又有近可汗牙十三部以特勒烏介爲可汗，南來附漢。（寅恪案：通鑑貳肆陸開成四年末條柴草作柴革。考異駁後唐獻祖紀年録之語及唐會要玖捌迴紇條俱可參考。）

唐會要玖捌迴紇條云：

連年饑疫，羊馬死者被地，又大雪爲災。

新唐書貳壹柒下黠戛斯傳略云：

回鶻授其君長阿熱爲毗伽頓頡斤。回鶻稍衰，阿熱即自稱可汗。回鶻遣宰相伐之，不勝，拏鬥二十年不解。阿熱恃勝肆詈，回鶻不能討，其將句録莫賀導阿熱破殺回鶻可汗，諸特勒（寅恪案：勒亦當作勤）皆潰。

寅恪案：迴紇自唐肅宗以後最為雄大，中國受其害甚鉅，至文宗之世天災黨亂擾其內，黠戛斯崛起侵其外，於是崩潰不振矣。然考之史籍，當日中國亦非盛強之時，而能成此攘夷之偉業者，雖以李文饒之才智，恐不易致此，其主因所在，無乃由堅昆之興起，遂致迴紇之滅亡歟？斯又外族盛衰連環性之一例證也。

新唐書貳壹陸下吐蕃傳論云：

唐興，四夷有弗率者，皆利兵移之，蹶其牙，犁其庭而後已。唯吐蕃、回鶻號强雄，爲中國患最久。贊普遂盡盜河湟，薄王畿爲東境，犯京師，掠近輔，殘華人，謀夫虓帥環視共計，卒不得要領。晚節二姓自亡，而唐亦衰焉。

寅恪案：吐蕃之盛起於貞觀之世，至大中時，其部族瓦解衰弱，中國於是收復河湟，西北邊陲稍得安謐。計其終始，約二百年，唐代中國所受外族之患未有若斯之久且劇者也。迨吐蕃衰敗之後，其役屬之党項別部復興起焉。此党項部後裔西夏又為中國邊患，與北宋相終始。然則吐蕃一族之興廢關係吾國中古史者如是，其事蹟茲篇固不能詳言，而其盛衰之樞機即與其他外族之連環性，及唐代中央政府肆應之對策即結合鄰接吐蕃諸外族，以行包圍之秘計，舊史雖亦載其概略，惜未有闡發解釋者，故不得不於此一論述之也。

李唐承襲宇文泰「關中本位政策」，全國重心本在西北一隅，而吐蕃盛強延及二百年之久。故當唐代中國極盛之時，已不能不於東北方面採維持現狀之消極政略(見下論高麗事節)，而竭全國之武力財力積極進取，以開拓西方邊境，統治中央亞細亞，藉保關隴之安全為國策也。又唐資太宗、高宗兩朝全盛之勢，歷經艱困，始克高麗，既克之後，復不能守，雖天時地勢之艱阻有以致之(亦見下文論高麗事節)，而吐蕃之盛強使唐無餘力顧及東北，要為最大原因。此東北消極政策不獨有關李唐一代之大局，即五代、趙宋數朝之國勢亦因以構成。由是言之，吐蕃一族與唐之競爭影響甚鉅，更不能不為一論述之也。

新唐書捌宣宗紀(參考舊唐書壹捌下宣宗紀、壹玖陸下吐蕃傳、壹玖捌西戎傳党項傳，新唐書貳壹陸下吐蕃傳、貳貳壹上西域傳党項傳，及唐會要玖柒吐蕃條玖捌党項羌條等)云：

(大中)三年二月吐蕃以秦、原、安樂三州，石門、驛藏、木峽、制勝、六盤、石峽、蕭七關歸於有司。十月吐蕃以維州歸於有司。十二月吐蕃以扶州歸於有司。

(大中)四年十一月党項寇邠寧。十二月鳳翔節度使李安業、河東節度使李拭爲招討党項使。

(大中)五年三月白敏中爲司空，招討南山平夏党項行營兵馬都統。四月赦平夏党項羌。八月乙巳赦南山党項羌。十月沙州人張義潮以瓜、沙、伊、肅、鄯、甘、河、西、蘭、岷、廓十一州歸於有司。

同書貳壹陸下吐蕃傳（參考通鑑貳肆柒會昌二年、貳肆捌會昌三年、貳肆玖大中三年諸條）略云：

〔彝泰〕贊普立幾三十年病不事，委任大臣，故不能抗中國，邊候晏然。死，以弟達磨嗣，達磨嗜酒好畋獵，喜内，且凶愎少恩，政益亂。自是國中地震裂，水泉湧，岷山崩，洮水逆流三日，鼠食稼，人饑疫，死者相枕藉，鄯廓閒夜聞鼙鼓聲，人相驚。會昌二年贊普死，無子，以妃綝兄尚延力子乞離胡爲贊普，始三歲，妃共治其國。大相結都那見乞離胡不肯拜，曰：「贊普支屬尚多，何至立綝氏子邪？」用事者共殺之。三年，國人以贊普立非是，皆叛去。〔尚〕恐熱自號宰相，以兵二十萬擊〔鄯州節度使尚〕婢婢。恐熱敗，單騎而逃。大中三年，婢婢引衆趨甘州西境，恐熱大略鄯、廓、瓜、肅、伊、西等州，保渭州，奉表歸唐。

寅恪案：吐蕃之破敗由於天災及内亂，觀此可知也。吐蕃中央政權統治之力既弱，故其境内諸部族逐漸離邏逤之管制而獨立，党項之興起，張義潮之來歸，皆其例也。宣宗初雖欲以兵力平定党項，而終不得不遣白敏中施招撫之策，含混了之。則河湟之恢復實因吐蕃内部之衰亂，非中國自身武力所能致，抑又可見矣。

新唐書貳壹陸上吐蕃傳略云：

是歲（長壽元年）又詔王孝傑〔等〕擊吐蕃，大破其衆，更置安西都護府於龜茲，以兵鎮守，議者請廢四鎮勿有也。崔融獻議曰：「太宗文皇帝踐漢舊跡，竝南山，抵葱嶺，剖裂府鎮，煙火相望，吐蕃不敢内侮。高宗時有司無狀，棄四鎮不能有，而吐蕃遂張，入焉耆之西，長鼓右驅，踰高昌，歷車師，鈔常樂，絶莫賀延磧，以臨敦煌。今孝傑一舉而取四鎮，還先帝舊封，若又棄之，是自毁成功而破完策也。夫四鎮無守，胡兵必臨西域，西域震則威憺南羌，南羌連衡，河西必危。且莫賀延磧袤二千里，無水草，若北接虜，唐兵不可度而北，則伊西北庭安西諸蕃悉亡。」議者乃格。〔開元〕十年攻小勃律國，其王没謹忙詒書北庭節度使張孝嵩曰：「勃律唐西門，失之，則西方諸國皆墮吐蕃。」始勃律王來朝，父事帝（玄宗），還國，置綏遠軍以捍吐蕃，故歲常戰。吐蕃每曰：「我非利若國，我假道攻四鎮爾。」

同書壹叁伍高仙芝傳（參舊唐書壹佰肆高仙芝傳、新唐書貳貳壹下西域傳小勃律傳）略云：

小勃律其王爲吐蕃所誘，妻以女，故西北二十餘國皆羈屬吐蕃。天寶六載詔仙芝以步騎一萬出討。八月仙芝以小勃律王及妻自赤佛道還連雲堡，與〔監軍邊〕令誠俱班師，於是拂林大食諸胡七十二國皆震攝降附。

同書貳貳貳上南蠻傳南詔傳略云：

時（貞元時）唐兵屯京西朔方，大峙糧，欲南北並攻取故地，然南方轉饟稽期，兵不悉集。吐蕃苦唐詔掎角，亦不敢圖南詔。〔韋〕皋令〔部將武〕免按兵嶲州，節級鎮守，雖南詔境，亦所在屯戍。吐蕃懲野戰數北，乃屯三瀘水，遣論妄熱誘瀕瀘諸蠻復城悉攝，悉攝吐蕃險要也。蠻酋潛導南詔與皋部將杜毗羅狙擊。〔貞元〕十七年春夜絶瀘，破虜屯，斬五百級。虜保鹿危山，毗羅伏以待。又戰，虜大奔。於時康、黑衣大食等兵及吐蕃大酋皆降，獲甲二萬首。

時虜兵三萬攻鹽州，帝（德宗）以虜多詐，疑繼以大軍，詔皋深鈔賊鄙，分虜勢。皋表：賊精鎧多置南屯，今向鹽夏，非全軍，欲掠河曲党項畜産耳。俄聞虜破麟州，皋督諸將分道出，或自西山，或由平夷，或下隴陀和石門，或徑神川、納川，與南詔會。是時回鶻、太原、邠寧、涇原軍獵其北，劍南、東川、山南兵震其東，鳳翔軍當其西，蜀南詔深入，克城七，焚堡百五十，所斬首萬級，獲鎧械十五萬，圍昆明、維州，不能克，乃班師。振武、靈武兵破虜二萬，涇原、鳳翔軍敗虜原州，惟南詔攻其腹心，俘獲最多。

唐會要壹佰大食條（參舊唐書壹玖捌西戎傳大食傳、新唐書貳貳壹下西域傳大食傳）略云：

又案賈躭四夷述云，貞元二年（寅恪案：舊傳作「貞元中」，新傳作「貞元時」，此「二年」兩字當有衍誤。）與吐蕃爲勁敵，蕃兵大半西禦大食，故鮮爲邊患，其力不足也。

寅恪案：唐關中乃王畿，故安西四鎮為防護國家重心之要地，而小勃律所以成唐之西門也。玄宗之世，華夏、吐蕃、大食三大民族皆稱盛強，中國欲保其腹心之關隴，不能不固守四鎮。欲固守四鎮，又不能不扼據小勃律，以制吐蕃，而斷絶其與大食通援之道。當時國際之大勢如此，則唐代之所以開拓西北，遠征葱嶺，實亦有其不得已之故，未可專咎時主之黷武開邊也。夫中國與吐蕃既處於外族交互之複雜環境，而非中國與吐蕃一族單純之關係，故唐室君臣對於吐蕃施行之策略亦即利用此諸族相互之關係。易言之，即結合鄰接吐蕃諸外族，以為環攻包圍之計。據上引新書南詔傳，可知貞元十七年之大破吐蕃，乃略收包圍環攻之效者。而吐蕃與中亞及大食之關係，又韋南康以南詔制吐蕃之得策，均可於此傳窺見一二也。茲復別引史籍，以為證明於下：

舊唐書壹肆拾韋臯傳（新唐書壹伍捌韋臯傳同）云：

臯以雲南蠻衆數十萬與吐蕃和好，蕃人入寇必以蠻爲前鋒，〔貞元〕四年，臯遣判官崔佐時入南詔蠻，説令向化，以離吐蕃之助。

新唐書貳貳貳上南蠻傳南詔傳略云：

〔貞元〕五年，〔異牟尋〕遺〔韋〕臯書曰：願竭誠日新，歸款天子，請加戍劍南、涇原等州。安西鎮守揚兵四臨，委回鶻諸國所在侵掠，使吐蕃勢分力散，不能爲强，此西南隅不煩天兵可以立功云。

舊唐書壹貳玖韓滉傳（新唐書壹貳陸韓休傳附滉傳同）云：

時兩河罷兵，中土寧乂。滉上言：「吐蕃盜有河湟，爲日已久。大曆已前，中國多難，所以肆其侵軼。臣聞近歲已來，兵衆寖弱，西迫大食之强，北病迴紇之衆，東有南詔之防，計其分鎮之外，戰兵在河隴五六萬而已。國家第令三數良將長驅十萬衆，於涼、鄯、洮、渭並修堅城，各置二萬人，足當守禦之要，臣請以當道（寅恪案：舊唐書壹貳德宗紀上貞元元年七月丙午，兩浙節度使韓滉檢校尚書左僕射江淮轉運使）所貯蓄財賦爲饋運之資，以充三年之費；然後營田積粟，且耕且戰，收復河隴二十餘州，可翹足而待也。」上（德宗）甚納其言。滉之入朝也（寅恪案：舊唐書壹貳德宗紀上貞元二年十一月兩浙節度使韓滉來朝），路由汴州，厚結劉玄佐，將薦其可任邊事。玄佐納其賂，因許之。及來覲，上訪問焉，初頗稟命，及滉以疾歸第，玄佐意怠，遂辭邊任，盛陳犬戎未衰，不可輕進。滉貞元三年二月以疾薨，遂寢其事。

同書同卷張延賞傳（新唐書壹貳柒張嘉貞傳附延賞傳同）云：

（延賞）請減官員，收其俸禄，資幕職戰士，俾劉玄佐收復河湟，軍用不乏矣。上（德宗）然之。初韓滉入朝，至汴州，厚結劉玄佐，將薦其可委邊任，玄佐亦欲自効，初稟命，及滉卒，玄佐以疾辭，上遣中官勞問，卧以受命。延賞知不可用，奏用李抱真，抱真亦辭不行。

時抱真判官陳曇奏事京師，延賞俾曇勸抱真，竟拒絶之。蓋以延賞挾怨罷李晟兵柄，由是武臣不附。

通鑑貳叁貳貞元三年七月條略云：

〔李〕泌曰：「臣能不用中國之兵，使吐蕃自困。」上（德宗）曰：「計將安出？」對曰：「臣未敢言之。」上固問，不對。泌意欲結迴紇、大食、雲南，與共圖吐蕃，令吐蕃所備者多。知上素恨迴紇，故不肯言。

同書貳叁叁貞元三年九月條略云：

〔李泌〕對曰：「願陛下北和迴紇，南通雲南，西結大食、天竺，如此，則吐蕃自困。」上（德宗）曰：「三國當如卿言，至於迴紇，則不可。」泌曰：「臣固知此，所以不敢早言。爲今之計，當以迴紇爲先，三國差緩耳。」上曰：「所以招雲南、大食、天竺奈何？」對曰：「迴紇和，則吐蕃已不敢輕犯塞矣。次招雲南，則是斷吐蕃之右臂也。大食在西域爲最强，自葱嶺盡西海，地幾半天下，與天竺皆慕中國，代與吐蕃爲仇，臣故知其可招也。」

寅恪案：德宗、韋皋、韓滉、李泌等皆欲施用或略已實行包圍環攻吐蕃之政策，若非當日唐室君主及將相大臣深知諸外族相互之關係，不能致此，而李長源之論尤為明暢。通鑑所載當採自鄴侯家傳。李繁著書雖多誇大溢美之語(如劉玄佐之入朝，實出韓滉之勸促，而鄴侯家傳則歸功於李泌，司馬君實謂之掠美，即是其例也。見通鑑考異貞元二年十一月條)，然校以同時關係諸史料，知其所述包環吐蕃之策要為有所依據，不盡屬浮詞也。

前言唐太宗、高宗二朝全盛之世，竭中國之力以取高麗，僅得之後，旋即退出，實由吐蕃熾盛，唐室為西北之強敵所牽制，不得已乃在東北方取消極退守之策略。然則吐蕃雖與高麗不接土壤，而二者間之連環關係，實影響於中夏數百年國運之隆替。今述吐蕃事竟，即續論高麗者，亦為此連環之關係，不獨叙述次第之便利也。

隋煬帝承文帝統一富盛之後，唐太宗藉内安外攘之威，傾中夏全國之力，以攻高麗之小邦，終於退敗。煬帝竟坐是覆其宗社，而太宗亦遺恨無窮。自來史家於此既鮮卓識之議論，而唐高宗之所以暫得旋失之故復無一貫可通之解釋。鄙意高麗問題除前所謂外族盛衰之連環性外，尚別具天時、地理、人事三因素，與其他外族更有不同。其關於唐以前及以後之史事者，以非本篇範圍，不能涉及。因僅就唐代用兵高麗之本末，推論此三因素之關係，以明中國在唐以前經營東北成敗利鈍所以然之故，治史之君子儻亦有取於是歟？

唐承宇文氏「關中本位政策」，其武力重心即府兵偏置於西北一隅，去東北方之高麗甚遠。中國東北方冀遼之間其雨季在舊曆六七月間，而舊曆八九月至一二三月又為寒凍之時期。故以關中遼遠距離之武力而欲制服高麗攻取遼東之地，必在凍期已過雨季未臨之短時間獲得全勝而後可。否則，雨潦泥濘冰雪寒凍皆於軍隊士馬之進攻餱糧之輸運已甚感困難，苟遇一堅持久守之勁敵，必致無功或覆敗之禍。唐以前中國對遼東、高麗進攻之策略為速戰速決者，其主因實在此。若由海道以取高麗，則其鄰國百濟、新羅為形勢所關之地，於不善長海戰之華夏民族尤非先得百濟，以為根據，難以經略高麗。而百濟又與新羅關係密切，故百濟、新羅之盛衰直接影響於中國與高麗之爭競。唐代之中國連結新羅，制服百濟，藉以攻克高麗，而國力分於西北吐蕃之勁敵，終亦不能自有，轉以為新羅強大之資，此實當日所不及料，因成為後來數百年世局轉捩之樞紐者也。

關於高麗問題，茲引史籍以供釋證，而此事於時日先後之記載最為重要，故節録通鑑所紀唐太宗伐高麗之役於下，藉作一例。其以干支記日者悉注明數字及月建大小盡，庶幾讀者於時間之長短獲一明確印象。並略增删胡注之文，附載陸路行軍出入遼東所經重要城邑距長安洛陽之遠近，讀者若取時日與道里綜合推計，則不僅此役行軍運糧之困難得知實狀，而於國史上唐前之東北問題亦可具一正確之概念也。

通鑑壹玖柒紀唐太宗伐高麗事略云：

上（太宗）將征高麗。〔貞觀十八年〕秋七月（大盡）辛卯（二十日）勑將作大監閻立德等詣洪、饒、江三州，造船四百艘，以載軍糧。甲午(二十三日)下詔遣營州都督張儉等帥幽營二都督兵及契丹、奚、靺鞨，先擊遼東，以觀其勢。以太常卿韋挺爲饋運使，以民部侍郎崔仁師副之。自河北諸州皆受挺節度，聽以便宜從事。又命太僕少卿蕭銳運河南諸州糧入海。冬十月(大盡)甲寅(十四日)車駕行幸洛陽(寅恪案：在今河南洛陽縣。通典壹柒柒州郡典河南府洛州去西京八百五十里)。十一月(大盡)壬申(初二日)至洛陽。前宜州刺史鄭元璹已致仕，上以其嘗從隋煬帝伐高麗，召詣行在問之。對曰：「遼東道遠，糧運艱阻，東夷善守城，攻之不可猝下。」上曰：「今日非隋之比，公但聽之！」張儉等值遼水漲，久不得濟，上以爲畏懦，召詣洛陽。甲午(二十四日)以刑部尚書張亮爲平壤道行軍大總管，帥江淮嶺峽兵四萬、長安洛陽募士三千、戰艦五百艘，自萊州泛海趨平壤。又以太子詹事左衛率李世勣爲遼東道行軍大總管，帥步騎六萬人及蘭河二州降胡趣遼東，兩軍合勢並進。庚子(三十日)諸軍大集於幽州(寅恪案：在今河北薊縣。通典壹柒捌州郡典范陽郡幽州今理薊縣，去西京二千五百二十三里，去東京一千六百八十里)。手詔諭天下，言：昔隋煬帝殘暴其下，高麗王仁愛其民，以思亂之軍擊安和之衆，故不能成功。今略言必勝之道有五：一曰：以大擊小，二曰：以順討逆，三曰：以治乘亂，四曰：以逸待勞，五曰：以悅當怨，何憂不克？布告元元，勿爲疑懼！十二月(小盡)甲寅(十四日)詔諸軍及新羅、百濟、奚、契丹分道擊高麗。

〔貞觀〕十九年春正月（小盡），韋挺坐不先行視漕渠，運米六百餘艘至盧思臺側（胡注云：盧思臺去幽州八百里，此漕渠蓋即曹操伐烏丸所開泉州渠也），淺塞不能進，械送洛陽。丁酉（二十八日）除名，以將作少監李道裕代之，崔仁師亦坐免官。二月（大盡）庚戌（十二日）上自將諸軍發洛陽。是月李世勣軍至幽州。三月（小盡）丁丑（十九日）車駕至定州（寅恪案：在今河北定縣。通典壹柒捌州郡典博陵郡定州今理安喜縣，去西京二千一百里，去東京一千二百十里）。丁亥（十九日）上謂侍臣曰：「遼東本中國之地，隋氏四出師而不能得，朕今東征，欲爲中國報子弟之讐，高麗雪君父之恥耳。且方隅大定，惟此未平，故及朕之未老，用士大夫餘力以取之。」上將發，太子（高宗）悲泣數日，上曰：「今留汝鎮守，輔以賢俊，悲泣何爲？」壬辰（二十四日）車駕發定州。李世勣軍發柳城（寅恪案：在今熱河朝陽縣。通典壹柒捌州郡典柳城郡營州今理柳城縣，去西京五千里，去東京四千一百一十里）。多張形勢，若出懷遠鎮者（寅恪案：新唐書叁玖地理志營州柳城郡有懷遠守捉城）。而潛師北趣甬道，出高麗不意。夏四月（大盡）戊戌朔（初一日）世勣自通定濟遼水（胡注云：通定鎮在遼水西，隋大業八年伐遼所置，甬道隋起浮橋渡遼水所築。寅恪案：通典壹柒捌柳城郡營州至遼河四百八十里），至玄菟（寅恪案：三國志魏志叁拾東夷傳東沃沮傳云：〔漢武帝〕

以沃沮城爲玄菟郡，後爲夷貊所侵，徙郡勾麗西北，今所謂玄菟故府是也。胡注云：有遼山，遼水所出），高麗大駭，城邑皆閉門自守。壬寅（初五日）遼東道副大總管江夏王道宗將兵數千至新城（寅恪案：在今遼寧瀋陽縣西北），城中無敢出者。營州都督張儉將胡兵爲前鋒，進渡遼水，趨建安城（胡注云：自遼東城西行三百里至建安城。胡注蓋依據新唐書肆叁下地理志引賈耽所記入四夷道里也）。丁未（初十日）車駕發幽州。壬子（十五日）李世勣、江夏王道宗攻高麗蓋牟城（胡注云：蓋牟城在遼東城東北。寅恪案：在今遼寧蓋平縣）。丁巳（二十日）東駕至北平（胡注云：此古北平也，舊志平州隋爲北平郡。寅恪案：在今河北盧龍縣。通典壹柒捌州郡典北平郡平州今理盧龍縣，東北到柳城郡七百里，去西京四千三百二十里，去東京三千五百二十里）。癸亥（二十六日）李世勣等拔蓋牟城，獲二萬餘口，糧十餘萬石。張亮率舟師自東萊渡海，襲卑沙城（寅恪案：隋書陸肆來護兒傳云：「〔大業〕十年又帥師渡海，至卑奢城，高麗舉國來戰，護兒大破之，斬首千餘級，將趨平壤，高元震懼，遣使執叛臣斛斯政，詣遼東城下，上表請降。〔煬〕帝許之，遣人持節召護兒旋師。」卑奢城即卑沙城也，可以參證），程名振引兵夜至，副總管王大度先登，五月（小盡）己巳（初二日）拔之。分遣總管丘孝忠等曜兵於鴨緑水（寅恪案：通典壹捌陸邊防典高句麗傳云：馬訾水一名鴨緑水，在平壤城西北四百五十里，遼水東南四百八十里。胡注云：漢書謂之馬訾水，今謂之混同江）。李世勣進至遼東城下（寅恪案：在今遼寧遼陽縣北）。庚午（初三日）車駕至遼澤，泥淖二百餘里，人馬不可通，將作大監閻立德布土作橋，軍不留行。壬申（初五日）渡澤東。乙亥（初八日）高麗步騎四萬救遼東，既合戰，唐兵不利。〔江夏王〕道宗收散卒，與驍騎數十衝之，左右出入，李世勣引兵助之，高麗大敗。丁丑（初十日）車駕渡遼水，撤橋以堅士卒之心。李世勣攻遼東城，晝夜不息，旬有二日。上引精兵會之，甲申（十七日）遂克之。所殺萬餘人，得勝兵萬餘人，男女四萬口，以其城爲遼州。乙未（二十八日）進軍白巖城（寅恪案：在今遼寧遼陽縣東北）。六月（大盡）丁酉朔（初一日）城主孫代音請降，上受其降，以白巖城爲巖州。己亥（初三日）以蓋牟城爲蓋州。丁未（十一日）車駕發遼東。丙辰（二十日）至安市城（寅恪案：在今遼寧蓋平縣東北），進兵攻之。丁巳（二十一日）北部耨薩延壽、惠真帥高麗、靺鞨兵十五萬救安市。上謂侍臣曰：「今爲延壽策有三：引兵直前，連安市城爲壘，攻之不可猝下，欲歸則泥潦爲阻，坐困吾軍，上策也。拔城中之衆，與之宵遁，中策也。來與吾戰，下策也。」高麗有對盧，年老習事，謂延壽曰：「爲吾計者，莫若頓兵不戰，曠日持久，遣奇兵斷其運道，糧食既盡，求戰不得，欲歸無路，乃可勝也。」延壽不從，引軍直進，去安市城四十里。江夏王道宗曰：「高麗傾國以拒王師，平壤之守必弱，假臣精卒五千覆其本根，則數十萬衆可不戰而降。」上不應。戊午（二十二日）諸軍並進，高麗兵大潰，斬首二萬餘級。己未(二十三日)延壽、惠真帥其衆三萬六千八百人〔來〕降。獲馬五萬匹，牛五萬頭，鐵甲萬領，佗器械稱是。高麗舉國大駭，上驛書報太子，更名所幸山曰駐蹕山。秋七月(大盡)辛未(初五日)上徙營安市城東嶺。上之克白巖也，謂李世勣曰：「吾聞安市城險而兵精，建安兵弱而糧少，公可先攻建安，建安下，則安市在吾腹中。」對曰：「建安在南，安市在北，吾軍糧皆在遼東，若賊斷吾糧道，將若之何？不如先攻安市，安市下，則取建安耳。」上曰：「以公爲將，安得不用公策。」世勣遂攻安市，攻久不下。高延壽、惠真請於上曰：「安市人自爲戰，未易猝拔，烏骨城(寅恪案：在今遼寧蓋平縣東境地)耨薩老耄，不能堅守，移兵臨之，朝至夕克，其餘當道小城望風奔潰，鼓行而前，平壤必不守矣。」羣臣亦曰：張亮在沙城(胡注云：沙城即卑沙城)，召之，信宿可至。併力拔烏骨城，渡鴨緑水，直取平壤，在此舉矣。上將從之，獨長孫無忌以爲建安城之虜衆猶十萬，若向烏骨，皆躡吾後，不如先破安市，取建安，然後長驅而進，此萬全之策也。上乃止。諸軍急攻安市，江夏王道宗督衆築土山逼其城，晝夜不息，凡六旬，用功五十萬。上以遼左早寒，草枯泉凍，士馬難久留，且糧食將盡，九月(大盡。寅恪案：是年八月小盡)癸未(十八日)勑班師，命李世勣、江夏王道宗將步騎四萬爲殿。乙酉(二十日)至遼東。丙戌(二十一日)渡遼水。遼澤泥潦，車馬不通，命長孫無忌將萬人剪草填道，以車爲梁，上自繫薪於馬鞘以助役。冬十月(小盡)丙申朔(初一日)上至蒲溝駐馬，督填道諸軍，渡勃錯水(胡注云：蒲溝勃錯水皆在遼澤中)。暴風雪，士卒沾濕，多死者。凡征高麗戰士死者幾二千人，戰馬死者什七八，上以不能成功，深悔之。歎曰：「魏徵若在，不使我有是行也。」命馳驛祀徵以少牢，復立所製碑，召其妻子詣行在勞之。丙午(十一日)至營州，丙辰(二十一日)上聞太子奉迎將至，從飛騎三千人馳入臨榆關(寅恪案：通典壹柒捌州郡典北平郡平州盧龍縣臨榆關在縣城東一百八十里據此當即今山海關地)，道逢太子。上之發定州也，指所御褐袍謂太子曰：「俟見汝，乃易此袍耳。」在遼左雖盛暑流汗弗之易，及秋穿敗，左右請易之，上曰：「軍士衣多弊，吾獨御新衣可乎？」至是太子進新衣，乃易之。十一月(大盡)辛未(初七日)車駕至幽州。庚辰(十六日)過易州境(寅恪案：今河北易縣。通典壹柒捌上谷郡易州，去西京二千一百九十七里，去東京一千四百六十二里)，丙戌(二十二日)車駕至定州。壬辰(二十八日)車駕發定州。十二月(小盡)戊申(十四日)至并州(通典壹柒玖州郡典太原府并州今理太原、晉陽二縣，去西京一千三百里，去東京八百八十五里。寅恪案：唐代州治在今山西太原省會西南三十里)。

(貞觀)二十年二月(大盡)乙未(初二日)上發并州。三月(小盡)己巳(初七日)車駕還京師(寅恪案：即今西安市)。上謂李靖曰：「吾以天下之衆困於小夷，何也？」靖曰：「此道宗所解。」

上顧問江夏王道宗，具陳在駐蹕時乘虛取平壤之言。上悵然曰：「當時匆匆，吾不憶也。」

寅恪案：唐太宗之伐高麗，於貞觀十八年秋冬間著手準備，至半歲之後，即貞觀十九年二月間太宗發洛陽，李世勣會集陸軍即戰鬥主力於幽州，於是開始出動，蓋非俟至氣候稍暖之時不能於東北行軍也。又歷二月之久至五月初，李世勣軍進至遼東城下，太宗亦於此時渡遼澤，但為泥淖阻滯至一星期之久，始與世勣會兵，其軍行已嫌遲緩，及攻圍遼東城，經十有二日方能克之，已在五月中旬將盡之際矣。又頓兵安市，由六月二十日至九月十八日三月之久而不能克取其城。遼左秋晚氣候轉變，糧道不通，若不急速班師，則將全軍覆没。江夏王道宗出奇之計，高延壽、惠真攻烏骨之策及太宗越安市先取建安之議實皆不可施行，祇為快意之談耳，觀李世勣、長孫無忌等之言可知也。至太宗雖經寒暑不肯易弊褐一事傳為美談，實則太宗明知此役利在速戰速決，若至秋季不能復衣褐袍之時，無論成敗如何，斷不能不班師歸來，與太子相見。故不妨先作豪語，以收人心，斯亦英雄權譎之一端歟？又張亮等雖克卑沙，竟無大效者，殆以從海道攻高麗，與百濟之關係甚大，觀於同一李世勣之人在太宗貞觀時不能克高麗，而在高宗總章時能滅其國者，固由敵人有內亂可乘，而百濟先已取得，要為其主因之一也。其他史籍所載太宗伐高麗之功績多是官書諱飾其失敗之詞，既不足信，故亦可不辨。

新唐書貳貳拾東夷傳高麗傳（參舊唐書壹玖玖上東夷傳高麗傳、唐會要玖伍高句麗條）略云：

〔泉〕蓋蘇文死，子男生代爲莫離支，與弟男建、男産相怨。男生據國内城，遣子獻誠入朝求救，蓋蘇文弟亦請割地降。〔乾封元年〕九月〔龐〕同善破高麗兵，男生率師來會。以李勣爲遼東道行軍大總管，轉燕趙食廥遼東。明年勣次新城，城人縛戍酋出降，勣進拔城十有六。郭待封以舟師濟海趨平壤。三年（是歲改元總章）勣率〔薛〕仁貴拔扶餘城，它城三十皆納款。侍御史賈言忠計事還，帝（高宗）問：「軍中云何？」對曰：「必克。先帝（太宗）問罪所以不得志者，虜未有釁也。今男生兄弟閲很，爲我鄉導，虜之情僞我盡知之，故曰必克。」男建以兵五萬襲扶餘，勣破之薩賀水上，進拔大行城，契苾何力會勣軍於鴨緑，拔辱夷城，悉師圍平壤。九月勣縱兵譟而入〔城〕，執〔高麗王高〕藏男建等，收凡五部百七十六城户六十九萬，剖其地爲都督府者九，州四十二，縣百。後復置安東都護府，擢酋豪有功者，授都督刺史令，與華官參治，仁貴爲都護，總兵鎮之。總章二年大長鉗（鉗通鑑貳佰壹咸亨元年條作劍）牟岑率衆反，立藏外孫安舜爲王。詔高侃〔等〕討之，舜殺鉗牟岑，走新羅。侃徙都護府治遼東州。儀鳳二年授藏遼東都督，封朝鮮郡王，還遼東，以安餘民。徙安東都護府於新城。藏以永淳初死，舊城往往入新羅，遺人散奔突厥靺鞨。

舊唐書壹玖玖上東夷傳新羅傳（參新唐書貳貳拾東夷傳新羅傳、唐會要玖伍新羅條）略云：

太宗將親伐高麗，詔新羅纂集士馬，應接大軍。新羅遣五萬人入高麗南界，攻水口城，降之。

（貞觀）二十一年（新羅王金）善德卒，立其妹真德爲王。永徽元年真德大破百濟之衆。三年真德卒，以春秋嗣立爲新羅王。六年百濟與高麗、靺鞨率兵侵其北界，攻陷三十餘城，春秋遣使上表求救。顯慶五年命左武衛大將軍蘇定方爲熊津道大總管，統水陸十萬，仍令春秋爲嵎夷道行軍總管與定方討平百濟，俘其王扶餘義慈獻于闕下。龍朔元年法敏襲王。咸亨五年納高麗叛衆，略百濟地，守之。帝（高宗）怒，以其弟仁問爲新羅王，自京師歸國，詔劉仁軌（等）發兵窮討，破其衆於七重城。詔李謹行爲安東鎮撫大使，屯買肖城，三戰，虜皆北，法敏遣使入朝謝罪，仁問乃還（自「龍朔元年」至「仁問乃還」一節爲新傳之文）。自是新羅漸有高麗、百濟之地，其界益大，西至於海（寅恪案：唐會要云：「既盡有百濟之地及高句麗南境，東西約九百里，南北約一千八百里」，語較明悉）。

唐會要玖伍百濟條（參考舊唐書壹玖玖上、新唐書貳貳拾百濟傳）略云：

百濟者乃扶餘之別種，當馬韓之故地，大海之北，小海之南，東北至新羅，西至越州，南渡海至倭國，與新羅爲仇讎。貞觀十六年與高麗通和，以絶新羅入朝之道。太宗親征高麗，百濟懷二，數年之間朝貢遂絶。顯慶五年八月十三日左衛大將軍蘇定方討平之，虜其王義慈及太子崇將校五十八人送於京師。其國分爲五部，統郡三十七，城二百，户七十六萬。至是以其地置熊津、馬韓、東明、金漣、德安等五都督府，各統州縣，立其酋長爲都督刺史縣令，命左衛郎將王文度爲都統，總兵以鎮之。〔舊將〕福信與浮屠道琛反，迎故王子扶餘豐於倭，立爲王。龍朔元年〔劉〕仁軌發新羅兵往救，二年〔劉〕仁願遣劉仁軌破〔其衆〕，豐走，不知所在，諸城皆復。帝（高宗）以扶餘隆爲熊津都督，俾歸國，平新羅故憾，招還遺人。麟德二年與新羅王會熊津，刑白馬以盟，仁願等還，隆畏衆攜散，亦歸京師。

（自「福信與浮屠道琛反」至「亦歸京師」一節爲新傳之文。）

新唐書貳壹陸上吐蕃傳（參舊唐書壹玖陸上吐蕃傳及舊唐書捌叁新唐書壹壹壹薛仁貴傳）略云：

自是歲入邊，破有諸羌羈縻十二州。總章中，議徙吐谷渾於涼州，傍南山。帝（高宗）刈吐蕃之入，召宰相等議先擊吐蕃，議不決，亦不克徙。咸亨元年入殘羈縻十八州，率于闐取龜茲撥換城，於是安西四鎮並廢。詔薛仁貴爲邏娑道行軍大總管，阿史那道真、郭待封副之，出討吐蕃，並護吐谷渾還國，師凡十餘萬，至大非川，爲欽陵所拒，王師敗績，遂滅吐谷渾，而有其地。

寅恪案：高麗時代高宗獲勝之重要原因在乘高麗之內亂及據新羅、百濟之形勢。然既得其國，而終不能有，則以吐蕃熾盛，西北危急，更無餘力經營東北。觀其從新克高麗勝將薛仁貴以討吐蕃，而致大敗之事可知也。自此以後，高麗廢而新羅、渤海興，唐室對於東北遂消極採退守維持現狀之政策。惟大同江以南之地實際雖不能有，而名義尚欲保留，及至玄宗開元全盛之時，即此虛名亦予放棄，斯誠可謂唐代對外之一大事。茲特迻錄關係史料全文於下，治吾國中古史者讀之，不能不為之驚心怵目，感歎不已也。

册府元龜玖柒壹外臣部朝貢門云：

〔開元二十四年〕六月，新羅王金興光遣使賀獻表曰：「伏奉恩勅：浿江以南宜令新羅安置！臣生居海裔，沐化聖朝，雖丹素爲心，而功無可效，以忠正爲事，而勞不足賞。陛下降雨露之恩，發日月之詔，錫臣土境，廣臣邑居，遂使墾闢有期，農桑得所，臣奉絲綸之旨荷榮寵之深，粉骨糜身，無繇上答。」

南詔與其他外族盛衰之連環性，觀前引關於吐蕃諸條，其概略已可推知。吐蕃之國勢自貞元時開始衰弱，文宗以後愈見不振，中國自韋皋帥蜀，定與南詔合攻吐蕃之策，南詔屢得勝利，而中國未能增強，大和三年南詔遂陷邛、戎、嶲三州，入掠成都（見舊唐書壹玖柒新唐書貳貳貳中南蠻傳南詔傳，及舊唐書壹玖叁杜元穎傳、新唐書玖陸杜如晦傳附元穎傳），西川大困。通鑑貳肆玖大中十二年六月條略云：

初安南都護李琢爲政貪暴，群蠻怨怒，導南詔侵盜邊境，自是安南始有蠻患。

同書同卷大中十三年末條略云：

初，韋皋在西川開青溪道以通群蠻，使由蜀入貢。又選群蠻子弟，聚之成都教以書數，欲慰悅羈縻之。如是五十年，羣蠻子弟學於成都者，殆以千數，軍府頗厭於廩給。又蠻使入貢，利於賜與，所從傔人寖多，杜悰爲西川節度使，奏請節减其數，詔從之。南詔豐祐怒，自是入貢不時，頗擾邊境。會宣宗崩，中使告哀，豐祐亦卒，子酋龍立，禮遇（使者）甚薄。上（懿宗）以酋龍不遣使來告喪，又名近玄宗諱，遂不行册禮。酋龍乃自稱皇帝，遣兵陷播州。

胡注云：

爲南詔攻蜀攻交趾張本。

然則，宣宗末世南詔始大為邊患。其強盛之原因則緣吐蕃及中國既衰，其鄰接諸國俱無力足與為敵之故，此所謂外族盛衰之連環性也。至中國内政所受之影響直關唐室之覆亡，不僅邊境之患而已，當别於後述之，茲暫不涉及。又凡唐代中國與外族之關係今已論其重要者，其餘雖從略，然可以前所言之義例推之也。

中國無論何代，即當堅持閉關政策之時，而實際終難免不與其他民族接觸，李唐一代其與外族和平及戰爭互相接觸之頻煩，尤甚於以前諸朝，故其所受外族影響之深且鉅，自不待言。但關於宗教文化者，固非今所論之範圍，即直接有關内部政治者，亦只能舉一二大事，以為例證，未遑詳盡論述之也。

鄴侯家傳論府兵廢止之原因，其一為長期兵役，取劉仁軌任洮河鎮守使為例證（見玉海壹叁捌兵制叁所引，通鑑貳叁貳貞元二年八月條亦採自鄴侯家傳也）。蓋唐代府兵之制其特異於西魏、北周之時期者，實在設置軍府地域内兵農之合一。吐蕃強盛之長久，為與唐代接觸諸外族之所不及，其疆土又延包中國西北之邊境，故不能不有長期久戍之「長征健兒」，而非從事農業之更番衛士所得勝任。然則鄴侯家傳所述誠可謂一語破的，此吐蕃之強盛所給予唐代中國内政上最大之影響也。（關於府兵制前期問題，詳見拙著隋唐制度淵源略論稿兵制章，茲可不論，惟唐代府兵為兵農合一制一點，恐讀者尚持葉水心兵農分離説而不之信，請略舉一二例證，以祛其疑焉。一為通典陸食貨典賦稅下載唐高宗龍朔三年七月制「衛士八等已下每年放還，令出軍，仍免庸調」，此制之前載（高祖武德）九年三月詔「天下户立三等，未盡升降，宜為九等」之文。故可據以推定龍朔三年七月制中「八等」之「等」乃指户籍等第而言，然則此制與其初期僅籍六等以上豪户者不同，即此制已推廣普及於設置軍府地域内全部人民之確證也。二為戈本貞觀政要貳直諫類貞觀三年詔關中租稅免二年條（參唐會要捌伍團貌雜録條及魏鄭公諫録）略云：

> 右僕射封德彝等並欲中男十八已上簡點入軍，敕三四出。（魏）徵奏以爲不可。太宗怒，乃出敕：「中男已上雖未十八，身形壯大，亦取！」徵又不從。太宗曰：「中男若實小，自不點入軍，若實大，亦可簡取。」徵曰：「若次男已上盡點入軍，租賦雜徭將何取給？且比年國家衛士不堪攻戰豈爲其少？若精簡壯健，人百其勇，何必在多？」

通鑑壹玖貳武德九年十二月亦載此事，胡注云：

唐制民年十六爲中男，十八始成丁，二十一爲丁，充力役。

據魏徵「租賦雜徭將何取給」之語推之，則當日人民未充衛士時亦須擔負租賦雜徭之義務，是一人之身兼充兵務農之二業也，豈非唐代府兵制兵農合一之明證乎？斯事今不能詳論，僅略述大意，附注於此。）

迴紇與中國摩尼教之關係，論者頗衆，又不屬本書範圍，自可不言。其族類與中國接觸，而影響及戰時之財政經濟者，亦非所欲論，茲僅略述迴紇與中國在和平時期財政經濟之關係於下：

新唐書伍拾兵志云：

乾元後迴紇恃功，歲入馬取繒，馬皆病弱不可用。

同書伍壹食貨志云：

迴紇有助收西京功，代宗厚遇之，與中國婚姻，歲送馬十萬匹，酬以縑帛百餘萬匹，而中國財力屈竭，歲負馬價。

舊唐書壹貳柒源休傳略云：

（迴紇）可汗使謂休曰：「所欠吾馬直絹一百八十萬匹，當速歸之！」

同書壹玖伍迴紇傳（參新唐書貳壹柒上回鶻傳）略云：

迴紇特功，自乾元之後屢遣使以馬和市繒帛，仍歲來市，以馬一匹易絹四十匹(新傳絹作縑)。動至數萬馬，其使候遣，繼留於鴻臚寺者非一。蕃得帛無厭，我得馬無用，朝廷甚苦之。是時特詔厚賜遣之，示以廣恩，且俾知愧也。是月(大曆八年十一月)迴紇使使赤心領馬一萬匹來求市，代宗以馬價出於租賦，不欲重困於民，命有司量入計，許市六千匹。

〔貞元〕八年七月，以迴紇藥羅葛靈檢校右僕射，仍給市馬絹七萬匹。回鶻請和親，憲宗使有司計之，禮費約五百萬貫，方內有誅討，未任其親。

新唐書貳壹柒上回鶻傳(參考李相國論事集)略云：

〔回鶻〕遣伊難珠再請昏，未報，可汗以三千騎至鸊鵜泉。於是振武以兵屯黑山，治天德城備虜。禮部尚書李絳奏言：「北狄貪没，唯利是視，比進馬規直，再歲不至，豈厭繒帛之利哉？殆欲風高馬肥，而肆侵軼。北狄西戎素相攻討，故邊無虞。今回鶻不市馬，若與吐蕃結約解讎，則將臣閉壁憚戰，邊人拱手受禍，臣謂宜聽其昏，使守藩禮。或曰：降主費多，臣謂不然。我三分天下賦，以一事邊，今東南大縣賦歲二十萬緡，以一縣賦爲昏貲，非損寡得大乎？今惜昏費不與，假如王師北征，兵非三萬，騎五千，不能扞且馳也。又如保十全之勝，一歲輒罷，其饋餉供擬豈止一縣賦哉？」帝(憲宗)不聽。

白氏長慶集肆新樂府云：

陰山道。疾貪虜也。

陰山道，陰山道，紇邏敦肥水泉好。每至戎人送馬時，道旁千里無纖草。草盡泉枯馬病羸，飛龍但印骨與皮。五十匹縑易一匹，縑去馬來無了日。養無所用去非宜，每歲死傷十六七。縑絲不足女工苦，疏織短截充匹數。藕絲蛛網三丈餘，迴紇訴稱無用處。咸安公主號可敦，遠爲可汗頻奏論。元和二年下新敕，內出金帛酬馬直。仍詔江淮馬價縑，從此不令疏短織。合羅將軍呼萬歲，捧受金銀與繒綵。誰知黠虜啓貪心，明年馬來多一倍。縑漸好，馬漸多。陰山虜，奈爾何！

寅恪案：唐與迴紇在和平時之關係中，馬價為國家財政之一大問題，深可注意。李絳所言許昏迴紇之利，憲宗豈是不知？而終不聽者，實以中國財力有所不及，故寧可吝惜昏費，而僥倖其不來侵邊境也。白香山新樂府之陰山道一詩即寫當日之實狀者，據舊唐書肆捌食貨志（通典陸食貨典租稅下同）云：

開元八年正月敕：「頃者以庸調無憑，好惡須準，故遣作樣，以頒諸州，令其好不得過精，惡不得至濫，任土作貢，防源斯在。而諸州送物，作巧生端，苟欲副於斤兩，遂則加其丈尺，至有五丈爲匹者，理甚不然。闊一尺八寸，長四丈，同文共軌，其事久行，立樣之時，亦載此數，若求兩而加尺，甚暮四而朝三，宜令有司簡閱，有踰於比年常例，丈尺過多，奏聞！」

然則唐代定制，絲織品以四丈為一疋，而迴紇馬價縑一疋長止三丈餘，且疏織，宜召迴紇之怨訴。唐室之應付此項財政困難問題，計出於無聊，抑又可知矣。

又迴紇在和平時期，與唐代中國政府財政關係既如上述之例，其與中國人民經濟關係亦有可略言者。册府元龜玖柒玖外臣部和親門（參考舊唐書壹叁叁李晟傳附甚傳）云：

大和五年六月有龍武大將軍李甚之子某借迴紇錢一萬一千二百貫不償，爲迴紇所訴，貶甚宣州別駕。下詔戒飭曰：「如聞頃來京城內衣冠子弟及諸軍使並商人百姓等多有舉諸蕃客本錢，歲月稍深，徵索不得，致蕃客停滯，市易不合及時。自今已後，諸色人宜准勑互市外，不得輒與蕃客交關，委御史臺及京兆府切加捉搦，仍即作件聞奏，其今日已前所欠負委府縣速與徵理處分！」

又新唐書貳壹柒上回鶻傳（參考舊唐書壹貳柒張光晟傳及通鑑貳貳陸建中元年八月甲午條）云：

始迴紇至中國，常參以九姓胡，往往留京師，至千人，居貲殖産甚厚。（上篇已引。）

據新唐書貳貳壹下西域傳康國傳（上篇已引），九姓胡即中亞昭武九姓族類，所謂西域賈胡者是也。其假借迴紇勢力僑居中國，居貲殖産，殆如今日猶太商人假借歐美列強勢力來華通商致富之比耶？斯亦唐代中國在和平時期人民所受外族影響之一例也。

新唐書壹肆捌康日知傳附承訓傳（參考舊唐書壹玖上懿宗紀咸通四年五年九年十年諸條，及新唐書壹壹肆崔融傳附彥曾傳等）略云：

咸通中南詔復盜邊，武寧兵七百戍桂州（寅恪案：新唐書陸伍方鎮表武寧軍節度使治徐州），六歲不得代。列校許佶、趙可立因衆怒，殺都將，詣監軍使丐糧鎧北還，不許，即擅斧庫，劫戰械，推糧料判官龐勛爲長，勒衆上道。懿宗遣中人張敬思部送，詔本道觀察使崔彥曾慰安之，次潭州，監軍詭奪其兵，勛畏必誅，篡舟循江下，益裒兵，招亡命，遂入徐州，據之。帝遣中人康道隱宣慰徐州，道隱還，固求節度。帝乃拜承訓檢校尚書右僕射義成軍節度使徐泗行營都招討使，率魏博、鄜延、義武、鳳翔、沙陀吐渾兵二十萬討之。勛以（其父）舉直守徐州（承訓使降將張玄稔破徐州），勛聞徐已拔，自石山而西，所在焚掠。承訓悉兵八萬逐北，沙陀將朱邪赤衷急追。至宋州，勛焚南城，爲刺史鄭處沖所破，將南趨亳。承訓兵循渙而東，賊走蘄縣，官兵斷橋，不及濟，承訓乃縱擊之，斬首萬級，餘皆溺死，閱三日，得勛屍。

舊唐書壹玖下僖宗紀（參考舊唐書壹陸壹李光顏傳，新唐書壹陸伍鄭餘慶傳附從讜傳、壹陸柒王播傳附式傳、壹柒壹李光顏傳、壹捌捌楊行密傳、壹捌玖高仁厚傳、貳佰捌宦者傳下田令孜傳、貳壹肆藩鎮澤潞劉悟傳，又同書肆叁下地理志羈縻州迴紇州鷄田州條、陸肆方鎮表興鳳隴欄大中五年條等)略云：

〔乾符四年〕十二月賊(黄巢)陷江陵之郛，〔荆南節度使楊〕知温求援於襄陽，山南東道節度使李福悉其師援之。時沙陀軍五百騎在襄陽，軍次荆門，騎軍擊賊，敗之，賊盡焚荆南郛郭而去。

〔中和三年〕四月庚辰收復京城，天下行營兵馬都監楊復光上章告捷曰：「雁門節度使李克用殺賊無非手刃，入陣率以身先，忠武黄頭軍使龐從等三十二都隨李克用自光泰門入京師，力摧兇逆。伏自收平京國，三面皆立大功，若破敵摧鋒，雁門實居其首。」五月王鐸罷行營都統。時中尉田令孜用事，自負帷幄之功，以鐸用兵無功，而由楊復光建策召沙陀，成破賊之効，欲權歸北司，乃黜王鐸，而悦復光也。(中和三年五月條中篇已引。)

寅恪案：唐中央政府戰勝龐勛、黄巢，實賴沙陀部落之助，蓋府兵制度破壞已久之後，捨胡兵外，殆不易得其他可用之武力也。至黄頭軍疑出自迴紇，與沙陀同為胡族。兹以其問題複雜，史料闕少，未能於此詳論。總之，觀於唐季朝廷之忍恥曲宥沙陀，終收破滅黄巢之效，則外族與内政關係之密切可以推知也。

又新唐書貳貳貳中南蠻傳南詔傳(參通鑑貳伍叁廣明元年條及胡注)云：

會西川節度使陳敬瑄重申和議，時盧携復輔政，與豆盧瑑皆厚〔主和之高〕駢，乃譎説帝

（僖宗）曰：「宣宗皇帝收三州七關，平江嶺以南，至大中十四年内庫貲積如山，户部延資充滿，故宰相（白）敏中領西川，庫錢至三百萬緡，諸道亦然。咸通以來，蠻始叛命，再入安南邕管，一破黔州，四盜西川，遂圍盧耽，召兵東方，戍海門，天下騷動，十有五年，賦輸不内京師者過半，中藏空虛，士死瘴癘，燎骨傳灰，人不念家，亡命爲盜，可爲痛心！」

自咸通以後，南詔侵邊，影響唐財政及内亂頗與明季之「遼餉」及流寇相類，此誠外患與内亂互相關係之顯著例證也。夫黄巢既破壞東南諸道財富之區（見上篇所引舊唐書壹肆憲宗紀上元和二年十二月己卯史官李吉甫撰元和國計簿條），時溥復斷絶南北運輸之汴路（詳見崔致遠桂苑筆耕集及拙著秦婦吟校箋），藉東南經濟力量及科舉文化以維持之李唐皇室，遂不得不傾覆矣。史家推迹龐勛之作亂，由於南詔之侵邊，而勛之根據所在適爲汴路之咽喉，故宋子京曰：「唐亡於黄巢，而禍基於桂林。」（新唐書南詔傳論）。嗚呼！世之讀史者儻亦有感於斯言歟？